"十二五"普通高等教育本科国家级规划教材

国家级重点学科

配套教材

东北财经大学会计学系列

◀ 池国华 樊子君 主编

U0656693

内部控制
习题与案例

Internal Control:Exercises and Cases

第 *4* 版

东北财经大学出版社
Dongbei University of Finance & Economics Press

大连

图书在版编目（CIP）数据

内部控制习题与案例 / 池国华，樊子君主编. —4 版. —
大连：东北财经大学出版社，2019.9（2021.11 重印）
（东北财经大学会计学系列配套教材）
ISBN 978-7-5654-3670-3

Ⅰ．内…　Ⅱ．①池…②樊…　Ⅲ．企业内部管理–高等
学校–教学参考资料　Ⅳ．F272.3

中国版本图书馆 CIP 数据核字（2019）第 179271 号

东北财经大学出版社出版
（大连市黑石礁尖山街 217 号　邮政编码　116025）
网　　址：http://www.dufep.cn
读者信箱：dufep@dufe.edu.cn

大连永盛印业有限公司印刷　东北财经大学出版社发行
幅面尺寸：148mm×210mm　　字数：267 千字　　印张：9
2019 年 9 月第 4 版　　　　　2021 年 11 月第 14 次印刷

责任编辑：田世忠　李　彬　　责任校对：徐　群
　　　　　王芃南　周　慧
封面设计：冀贵收　　　　　　版式设计：钟福建

定价：28.00 元

第4版前言

　　《内部控制》作为"东北财经大学会计学系列教材"之一，自2011年出版以来，先后再版两次，重印多次，累计印数超过15万册，并入选教育部"十二五"普通高等教育本科国家级规划教材。在保持之前3版教材基本特色与优点的前提下，为适应国内外内部控制理论与实务的最新发展以及我国高等院校教学改革的不断变化，我们对教材进行了再次修订。为了适应内部控制课程教学的需要，帮助学习者更好地掌握内部控制的基本理论、基本原理和基本方法，深入理解和掌握内部控制课程的重点和难点内容，我们根据第4版《内部控制》的内容，对与教材配套的《内部控制习题与案例》也进行了相应的修订。

　　本次修订主要体现在：第一，反映了内部控制理论与实务发展的最新变化；第二，对部分习题和案例做出了替换、修改或补充；第三，针对第3版教材在使用过程中发现的错误与问题进行了更正。

　　为了方便教学和学生自我测试，本习题与案例完全按照《内部控制》教材的章节顺序进行编排，共分十章。各章主要内容包括：学习目的与要求；相关准则与制度；预习要览；本章重点与难点；练习题（包括单项选择题、多项选择题、判断题、简答题等题型）；案例分析题；拓展阅读；练习题参考答案。

本习题与案例由池国华教授、樊子君副教授担任主编，同时还吸收了从事内部控制教学的其他一线教师参与编写。具体分工如下：第五章、第七章和第九章（池国华）；第一章、第三章、第八章和第十章（樊子君）；第四章（朱荣）；第二章（池国华、唐大鹏）；第六章（刘媛媛、唐大鹏）。

在编写本习题与案例的过程中，我们参考了许多案例材料，这些案例材料大都来源于相关书籍、报纸杂志和公告信息。根据需要，我们对部分材料进行了不同程度的改编或删节。因为形式所限，我们未一一指出案例的原始出处，在此，对全部案例材料原始版本的所有编写、整理者表示衷心的感谢！

本习题与案例在修订的过程中，得到了东北财经大学副校长、会计学院院长方红星教授的大力支持，在此表示衷心的感谢！

由于编者水平有限，对《企业内部控制基本规范》及其指引和内部控制理论与实务最新变化的理解、把握还有待进一步深入，因此，书中难免存在不足甚至错误之处，恳请读者不吝赐教，以便我们在今后修订时改进。

编　者
2019 年 8 月

目　　录

第一章 总 论

一、学习目的与要求

通过本章的学习，掌握内部控制的产生与发展历经的几个阶段，以及每一阶段的特点。掌握与内部控制整合框架阶段相比，企业风险管理整合框架阶段具有的进步性，了解COSO框架的最新变化，了解内部控制的现实意义，了解我国内部控制相关法规的发展历程，掌握我国新颁布的《企业内部控制基本规范》的框架体系。

二、相关准则与制度

1.《企业内部控制基本规范》

2.《企业内部控制应用指引》

3.《企业内部控制评价指引》

4.《企业内部控制审计指引》

三、预习要览

（一）本章结构（如图1-1所示）

（二）关键概念

内部控制   控制环境

风险评估   控制活动

信息与沟通   监控

内部控制基本规范   内部控制应用指引

内部控制评价指引   内部控制审计指引

（三）关键问题

1.内部控制理论的产生与发展经历了哪些阶段？每一阶段都有什么特点？

内部控制的历史演进 ┤
- 内部牵制阶段
- 内部控制系统阶段
- 内部控制结构阶段
- 内部控制整合框架阶段
- 企业风险管理整合框架阶段

内部控制的现实意义 ┤
- 提升企业管理水平
- 提高企业的风险防御能力
- 维护社会公众的利益

总论 ┤

我国企业内部
控制法规的发展 ┤
- 我国内部控制法规的起步阶段
- 分部门制定相关内部控制法规的阶段
- 各部门联合制定和完善内部控制法规的阶段

我国企业内部控制
规范的框架体系 ┤
- 《企业内部控制基本规范》
- 《企业内部控制应用指引》
- 《企业内部控制评价指引》
- 《企业内部控制审计指引》

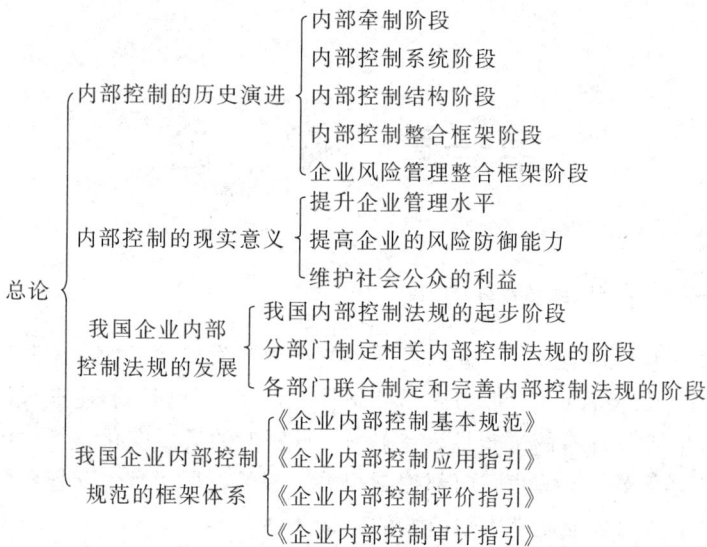

图1-1　本章结构

2.比较《企业风险管理——整合框架》与《内部控制——整合框架》。

3.内部控制的现实意义。

4.我国内部控制法规的发展过程。

5.我国新颁布的《企业内部控制基本规范》的基本框架与具体内容。

6.简要概括我国企业内部控制规范的框架体系。

7.在后金融危机时代，企业建立和实施内部控制具有哪些现实意义？

四、本章重点与难点

1.内部控制的历史演进

内部控制是组织运营和管理活动发展到一定阶段的产物，是科学管理的必然要求。内部控制理论与实践的发展大体上经历了内部牵制、内部控制系统、内部控制结构、内部控制整合框架四个不同的阶段，并已初步呈现向企业风险管理整合框架交融发展的趋势。

（1）控制一词最早产生于17世纪，其原始含义是"由登记者之外的人对账册进行的核对和检查"。20世纪以前，盛行的观念和实务都停留在内部牵制阶段。其主要特点是以任何个人或部门不能单独控制任何一项或一部分业务权力的方式进行组织上的责任分工，每项业务通过正常发挥其他个人或部门的功能进行交叉检查或交叉控制。内部牵制机能主要包括：分权牵制、实物牵制、机械牵制和簿记牵制。这一阶段的不足之处在于人们还没有意识到内部控制的整体性，只强调内部牵制机能的简单运用，还不够系统和完善。

（2）内部控制的第二阶段为内部控制系统阶段，从时间上看大致为20世纪40年代至80年代。为适应这一时期资本主义经济快速发展、所有权与经营权进一步分离的特点，在注册会计师行业的推动下，内部控制由早期的内部牵制逐渐演变为涉及组织结构、岗位职责、人员素质、业务处理程序和内部审计等比较严密的内部控制系统。1972年11月，审计准则执行委员会将内部控制一分为二，由此内部控制进入"制度二分法"或"二要素"阶段。这一阶段的内部控制正式被纳入制度体系之中，同时管理控制成为内部控制的一个重要组成部分。

（3）进入20世纪80年代，人们对内部控制的研究重点逐步从一般含义向具体内容深化。1988年AICPA发布的《审计准则公告第55号》首次以"内部控制结构"的概念代替"内部控制系统"。该公告认为，内部控制结构由下列三个要素组成：控制环境、会计系统和控制程序。内部控制结构阶段对于内部控制发展的贡献主要体现在两个方面：其一，首次将控制环境纳入内部控制的范畴。其二，不再区分会计控制和管理控制，而统一以要素来表述。

（4）1992年9月，COSO发布了著名的《内部控制——整合框架》，并于1994年进行了局部修订。该报告是内部控制发展历程中的一座重要里程碑，它对内部控制的发展所做出的最重要的贡献在于它对内部控制下了一个迄今为止最为权威的定义："内部控制是由主体的董事会、管理层和其他员工实施的，旨在为经营的效率和有效性、财务报告的可靠性、遵循适用的法律法规等目标的实现提供合理保证的过程。"

这个定义反映了一些基本概念：第一，内部控制是一个过程，它是实现目标的手段，而不是目标本身；第二，内部控制是由人员来实施的，它并不仅仅是政策手册和表格，还涉及组织中各个层级人员的活动；第三，内部控制只能为主体目标的实现提供合理保证，而不是绝对保证；第四，内部控制被用来实现一个或多个彼此独立又相互交叉的类别的目标，内部控制目标包括经营目标、财务报告目标和合规目标。此外，COSO报告还明确了内部控制的内容，即内部控制包括五个相互独立而又相互联系的构成要素：控制环境、风险评估、控制活动、信息与沟通和内部监督。

2013年5月，COSO发布了修订后的《内部控制——整合框架》，并提议2014年12月15日以后用该框架取代1992年发布的原框架。与1992年的框架相比，新框架保持不变的主要方面包括：内部控制的核心定义；内部控制仍然包括三个目标和五个要素；有效的内部控制必须具备全部五个要素；在设计、执行内部控制和评价其有效性的过程中，判断仍然起重要作用。发生重大变化的主要方面则包括：关注的商业和经营环境发生了变化；扩充了经营和报告目标；将支撑五个要素的基本概念提炼成原则；针对经营、合规和新增加的非财务报告目标提供了补充的方法和实例。

（5）2004年9月，COSO发布了《企业风险管理——整合框架》（Enterprise Risk Management—Integrated Framework，简称"ERM框架"）。该框架指出，"全面风险管理是一个过程，它由一个主体的董事会、管理层和其他人员实施，应用于战略制定并贯穿于企业之中，旨在识别可能会影响主体的潜在事项、管理风险，以使其在该主体的风险容量之内，并为主体目标的实现提供合理保证"。这一阶段的显著变化是将内部控制上升至全面风险管理的高度来认识。基于这一认识，COSO提出了战略目标、经营目标、报告目标和合规目标四类目标，并指出风险管理包括八个相互关联的构成要素：内部环境、目标设定、事项识别、风险评估、风险应对、控制活动、信息与沟通和内部监督。

相对《内部控制——整合框架》，ERM框架的创新在于：第一，从目标上看，ERM框架不仅涵盖了内部控制框架中的经营、财务报告和合规三个目标，而且还新提出了一个更具管理意义和管理层次的战略管理目标，同时还扩大了报告的范畴；第二，从内容上看，ERM框架除了包括内部控制整合框架中的五个要素外，还增加了目标制定、事项识别和风险应对三个管理要素；第三，从概念上看，ERM框架提出了两个新概念——风险偏好和风险容忍度；第四，从观念上看，ERM框架提出了一个新的观念——风险组合观。

2.内部控制的现实意义

衡量一项制度的价值，不在于其历史渊源多么长久，而在于其在当今社会是否具有普遍的现实意义。随着生产力的发展、企业经营方式的改变、企业制度的变迁，内部控制在企业经营管理活动中的重要性越发凸显，已经逐渐成为企业防范和抵御风险的有效屏障和保障企业实现健康、科学、可持续发展的保护伞。内部控制作为组织内部的一种制度安排，有以下三点意义：①实施内部控制有助于提升企业管理水平；②实施内部控制有助于提高企业的风险防御能力；③实施内部控制有助于维护社会公众的利益。

3.我国企业内部控制法规的发展

（1）我国内部控制法规的起步阶段。1985年《中华人民共和国会计法》（以下简称《会计法》）对会计稽核所作出的规定，是我国首次在法律文件上对内部牵制提出的明确要求。1996年6月，财政部颁发了《会计基础工作规范》。1996年12月，中国注册会计师协会发布了第二批《中国注册会计师独立审计准则》，其中有关内部控制的描述和要求，既是注册会计师执业基准的一部分，又是对企业内部控制工作的推动，这种间接的推动力，提高了我国企业对内部控制的关注程度，促进了我国企业内部控制制度的初步建设。1997年5月，我国专门针对内部控制的第一个行政规定出台——中国人民银行颁布了《加强金融机构内部控制的指导原则》，其中要求金融机构建立健全有效的内部控制运行机制。该指导原则对于金融机构内部控制的建设意义重大，为我国金融机构的内部控制制度建设和发展奠定了基础。

（2）分部门制定相关内部控制法规的阶段。1999年10月新修订的《会计法》颁布，我国将会计监督写入法律当中，这在我国内部控制制度建设历程中是一个重大的突破。2000年11月证监会发布了《公开发行证券公司信息披露编报规则》，使得内部控制信息在企业信息披露中的地位不再仅是会计监督和会计控制的信息，而是成为了与企业风险管理完善程度相关的一个标志。2001年1月新审计基本准则发布实施，从原独立审计准则中要求注册会计师从制度基础审计的角度审查企业的内部控制、对企业内部控制评价发展到对内部控制制度进行测试，外部审计对企业内部控制制度的测试成为了审计的"作业准则"。2001年1月，证监会发布了《证券公司内部控制指引》，要求所有的证券公司建立和完善内部控制机制和内部控制制度，对证券公司建立健全内部控制制度有着重大意义。2001年6月，财政部发布了《内部会计控制——基本规范（试行）》，并相继发布了一系列试行规范，虽然以会计控制规范的形式出台，但是其所涉及的内容已不仅仅局限于会计领域，而是对采购、生产、销售、投资等诸多方面内部控制的规范，它们为未来我国内部控制规范体系的形成提供了参考。此后，注册会计师协会、证监会、保监会、上交所、深交所等部门陆续发布了有关内部控制的指引和意见，对相关行业内部控制的实施作出了规范。

（3）各部门联合制定和完善内部控制法规的阶段。2004年年底和2005年6月，国务院相关领导就强化我国企业内部控制问题作出重要批示，要求"由财政部牵头，联合有关部委，积极研究制定一套完整公认的企业内部控制指引"。2008年5月，财政部等5部委联合发布了《企业内部控制基本规范》，要求2009年7月1日起在上市公司范围内施行，并且鼓励非上市的大中型企业也执行基本规范。2010年4月15日，财政部等5部委出台了《企业内部控制应用指引第1号——组织架构》等18项应用指引、《企业内部控制评价指引》和《企业内部控制审计指引》，要求2011年1月1日起在境内外同时上市的公司实行，在上海证券交易所、深圳证券交易所主板上市公司2012年1月1日起施行，并择机在中小板和创业板上市公司实行，同时也鼓励非上市大中型企业提前实行。

4.我国企业内部控制规范的框架体系

2008年5月22日，财政部会同证监会、审计署、银监会、保监会出台《企业内部控制基本规范》（以下简称"基本规范"）。2010年4月15日，又发布了《企业内部控制应用指引第1号——组织架构》等18项应用指引、《企业内部控制评价指引》和《企业内部控制审计指引》。内部控制基本规范和配套指引的发布，标志着我国内部控制规范体系的形成，是我国内部控制制度发展的里程碑。

基本规范是内部控制体系的最高层次，起统驭作用；应用指引是对企业按照内部控制原则和内部控制五要素建立、健全本企业内部控制所提供的指引，在配套指引乃至整个内部控制规范体系中占主体地位；企业内部控制评价指引是为企业管理层对本企业内部控制有效性进行自我评价提供的指引；企业内部控制审计指引是注册会计师和会计师事务所执行内部控制审计业务的执业准则。三者之间既相互独立，又相互联系，形成一个有机整体。

（1）基本规范是内部控制体系的最高层次，起统驭作用，是制定应用指引、评价指引、审计指引和企业内部控制制度的基本依据。基本规范主要明确了内部控制的目标、原则和要素。内部控制目标规定了五个方面，即合理保证企业经营管理合法合规、资产安全、财务报告及相关信息真实完整，提高经营效率和效果，促进企业实现发展战略。基本规范第四条规定了企业建立与实施内部控制的五项原则：一是全面性原则；二是重要性原则；三是制衡性原则；四是适应性原则；五是成本效益原则。基本规范第五条规定了内部控制的五要素，即内部环境、风险评估、控制活动、信息与沟通和内部监督。

（2）企业内部控制应用指引由三大类组成：即内部环境类指引、控制业务类指引、控制手段类指引。内部环境类应用指引包括组织架构、发展战略、人力资源、社会责任和企业文化等指引。控制业务类应用指引是对各项具体业务活动实施的控制，此类指引包括资金活动、采购业务、资产管理、销售业务、研究与开发、工程项目、担保业务、业务外包、财务报告等指引。控制手段类应用指引包括全面预算、合同管理、内部信息传递和信息系统等指引。

（3）内部控制评价指引是指企业董事会或类似权力机构对内部控制有效性进行全面评价，形成评价结论，出具评价报告的过程。内部控制评价指引主要内容包括：实施内部控制评价应遵循的原则、内部控制评价的内容、内部控制评价的程序、内部控制缺陷的认定及内部控制评价的报告。

（4）内部控制审计是指会计师事务所接受委托，对特定基准日内部控制设计与运行的有效性进行审计。审计指引主要内容包括：审计责任划分、审计范围、整合审计、计划审计工作、实施审计工作、评价控制缺陷、出具审计报告以及记录审计工作。

五、练习题

(一)单项选择题

1.内部控制的基本概念是从早期( )思想的基础上逐步发展起来的。

    A.科学管理   B.内部牵制

    C.内部审计   D.管理控制

2.内部控制结构阶段又称三要素阶段,其中不包括( )要素。

    A.控制环境   B.风险评估

    C.会计系统   D.控制程序

3.COSO著名的《内部控制——整合框架》是在( )发布的,该报告是内部控制发展历程中的一座重要里程碑。

    A.20世纪80年代   B.1992年

    C.2002年   D.2004年

4.( )是指主体对所确认的风险采取必要的措施,以保证其目标得以实现的政策和程序。

    A.控制环境   B.风险评估

    C.控制活动   D.信息与沟通

5.2002年美国国会通过的《萨班斯-奥克斯利法案》第404条款(SOX 404)及相关规则采用的是( )。

    A.内部控制体系   B.内部控制结构

    C.内部控制整合框架   D.企业风险管理整合框架

6.相对《内部控制——整合框架》,ERM框架的创新之处不包括( )。

    A.新提出了一个更具管理意义和管理层次的战略管理目标,同时还扩大了报告的范畴

    B.新增加了目标制定、事项识别和风险应对三个管理要素

    C.提出了两个新概念——风险偏好和风险容忍度

    D.提出了风险评估概念

7.建立健全和有效实施内部控制是（　　　）的责任。

A.董事会　　　　　　　　　　B.高级管理层

C.注册会计师　　　　　　　　D.内审部门

8.在COSO内部控制框架中，控制活动的类别可分为（　　　）。

A.经营、财务报告及合规三个类别

B.经营、信息及合规三个类别

C.信息、财务报告及监察三个类别

D.经营、信息及监察三个类别

9.在COSO内部控制框架中，属于其他内部因素根基的是（　　　）。

A.信息与沟通　　　　　　　　B.监察

C.控制环境　　　　　　　　　D.控制活动

10.代表了成熟阶段的研究成果，堪称内部控制发展史上的里程碑的是（　　　）。

A.美国注册会计师协会的《企业准则公告第55号》

B.英国《综合守则》

C.COSO委员会的《内部控制——整合框架》

D.特恩布尔委员会的特恩布尔报告

11.内部控制的现实意义不包括（　　　）。

A.实施内部控制有助于提升企业管理水平

B.实施内部控制有助于降低企业的经营成本

C.实施内部控制有助于提高企业的风险防御能力

D.实施内部控制有助于维护社会公众的利益

12.关于我国企业内部控制规范的框架体系，下列说法错误的是（　　　）。

A.我国目前内部控制规范框架是由基本规范、应用指引、评价指引和审计指引四部分组成的

B.内部控制应用指引是内部控制体系的最高层次，起统驭作用

C.内部控制评价指引是为企业管理层对本企业内部控制有效性进行自我评价提供的指引

D.内部控制审计指引是注册会计师和会计师事务所执行内部控制审计业务的执业准则

13.关于企业内部控制应用指引，下列说法错误的是（ ）。

A.内部控制应用指引由三大类组成，即内部环境类指引、控制业务类指引、控制手段类指引

B.内部环境是企业实施内部控制的基础，包括人力资源、社会责任和企业文化等

C.控制业务类应用指引是对各项具体业务活动实施的控制，此类指引包括资金活动、采购业务、资产管理

D.控制手段类应用指引偏重于"工具"性质，往往涉及企业整体业务或管理，此类指引包括担保业务、业务外包

14.基于我国内部控制法规的发展，下列说法不正确的是（ ）。

A.1985年《会计法》对会计稽核所作出的规定，是我国首次在法律文件上对内部牵制提出的明确要求

B.2001年1月，证监会发布了《证券公司内部控制指引》，要求所有的证券公司建立和完善内部控制机制和内部控制制度

C.2005年10月，国务院批转了证监会发布的《关于提高上市公司质量意见》，要求上市公司对内部控制制度的完整性、合理性及其实施的有效性进行定期检查和评估

D.2010年出台的应用指引、评价指引和审计指引要求在上海证券交易所、深圳证券交易所主板上市的公司于2011年1月1日起施行

15.依据《企业风险管理——整合框架》的内容，下面有关内部控制的说法中错误的是（ ）。

A.内部控制的思想是以风险为导向的控制

B.内部控制是控制的一个过程，这个过程需要全员的参与，包括董事会、管理层、监事会都需要参与进来，但不包括员工

C.内部控制是一种管理，是对风险的管理

D.内部控制是一种合理保证

16.下列关于内部控制特征的论述，不正确的是（ ）。

A.内部控制是一个不断发展、完善的过程，随着企业经营管理的新情况适时改进

B.内部控制由组织中各个阶层的人员共同实施

C.内部控制从形式上表现为一套相互监督、相互制约、彼此联系的控制方法、措施和程序

D.制定了严格的内部控制制度，就能确保一个企业必定成功

（二）多项选择题

1.有关内部控制的历史演进，下列说法正确的是（　　　）。

A.内部控制理论与实践的发展大体上经历了内部牵制、内部控制系统、内部控制结构、内部控制整合框架四个不同的阶段，并已初步呈现向企业风险管理整合框架交融发展的趋势

B.内部控制的第二阶段为内部控制系统阶段，该阶段将内部控制一分为二，由此内部控制进入"制度二分法"或"二要素"阶段

C.1992年9月，COSO发布了著名的《内部控制——整合框架》提出了一个概念、三个目标和五个要素

D.《企业风险管理——整合框架》晚于《内部控制——整合框架》产生，目前已经替代了后者

E.风险管理整合框架阶段的显著变化是将内部控制上升至全面风险管理的高度来认识

2.下列属于内部控制整合框架构成要素的是（　　　）。

A.控制环境　　　　　　　　　B.风险评估

C.控制活动　　　　　　　　　D.信息与沟通

E.监控

3.下列属于内部控制整合框架中提出的目标是（　　　）。

A.战略目标　　　　　　　　　B.经营目标

C.报告目标　　　　　　　　　D.合规目标

E.发展目标

4.相对《内部控制——整合框架》，ERM框架的创新在于（　　　）。

A.新提出了一个更具管理意义和管理层次的战略管理目标，同时还扩大了报告的范畴

B.增加了目标制定、事项识别和风险应对三个管理要素

C.对内部控制提出了一个迄今为止最为权威的定义

D.提出了两个新概念——风险偏好和风险容忍度

E.提出了一个新的观念——风险组合观

5.下列属于2013年COSO新修订的《内部控制——整合框架》中与原框架相比发生重大变化的有（   ）。

A.关注的商业和经营环境发生了变化

B.增加了战略目标和资产安全目标

C.扩充了经营目标和报告目标

D.将支撑五个要素的基本概念提炼成原则

E.针对经营、合规和新增加的非财务报告目标提供了补充的方法和实例

6.关于我国内部控制法规发展和完善正确的说法是（   ）。

A.2001年1月，证监会发布了《证券公司内部控制指引》，要求所有的证券公司建立和完善内部控制机制和内部控制制度

B.2001年6月，财政部发布了《内部会计控制——基本规范（试行）》，并相继发布了一系列试行规范，这些规范明确了单位建立和完善内部会计控制体系的基本框架和要求

C.2006年6月，上交所发布了《上海证券交易所上市公司内部控制指引》，同年9月，深交所发布了《深圳证券交易所上市公司内部控制指引》，对上市公司保证企业内部控制制度的完整性、合理性和有效性进行了规定

D.2008年5月，财政部等5部委联合发布了《企业内部控制基本规范》，要求2009年7月1日起在上市公司范围内施行，并且鼓励非上市的大中型企业也实行基本规范

E.2010年4月15日，财政部等5部委出台了《企业内部控制应用指引第1号——组织架构》等18项应用指引、《企业内部控制评价指引》和《企业内部控制审计指引》

7.属于《企业内部控制基本规范》第四条规定的企业建立与实施内部控制的原则有（   ）。

A.全面性原则   B.重要性原则

C.成本效益原则   D.适应性原则

E.制衡性原则

8.中国内部控制标准体系包括（   ）。

A.企业内部控制应用指引   B.企业内部控制评价指引

C.企业内部控制监督指引　　　　　D.企业内部控制基本规范

E.企业内部控制审计指引

9.2004年9月，COSO根据《萨班斯法案》要求，颁布《企业风险管理整合框架》，该框架的构成要素包括（　　　）。

A.内部环境、目标设定　　　　　B.事项识别、风险评估

C.风险应对、控制活动　　　　　D.信息与沟通、监控

E.控制环境、监督

10.下列有关企业内部控制的表述中，正确的有（　　　）。

A.内部控制是一个过程

B.内部控制是由企业的董事会和管理层实施的

C.有效的内部控制可以绝对保证控制目标的实现

D.内部控制的目标包括企业经营管理合法合规、企业利润最大化、财务报告真实完整等

E.内部控制不仅仅是制度和手册，而是渗透到企业活动之中的一系列行为

（三）判断题

1.内部控制系统阶段是内部控制发展的第一阶段。　　　　　（　　）

2.根据《柯勒会计辞典》的解释，内部牵制的基本思路是分工和牵制。　　　　　　　　　　　　　　　　　　　　　　　　　　　（　　）

3.内部控制二要素阶段是内部控制结构阶段。　　　　　（　　）

4.内部控制整合框架阶段中明确了内部控制的五个构成要素，这五个要素分别为内部环境、风险评估、控制活动、信息与沟通和内部监督。　　　　　　　　　　　　　　　　　　　　　　　　　　（　　）

5.风险偏好和风险容忍度是在内部控制整合框架中提出来的。

　　　　　　　　　　　　　　　　　　　　　　　　　　　　（　　）

6.合规目标是在《企业风险管理——整合框架》新提出来的内部控制目标。　　　　　　　　　　　　　　　　　　　　　　　　　　（　　）

7.内部控制的现实意义是有助于企业提升自身管理水平、提高风险防御能力、维护社会公众利益，最终服务于企业价值创造的终极目标。

　　　　　　　　　　　　　　　　　　　　　　　　　　　　（　　）

8.我国内部控制规定起步的标志是1985年1月颁布的《中华人民共

和国会计法》。（　　）

9.2013年5月，COSO更新了《内部控制——整合框架》（1992），对原框架的许多重要原则和概念进行了革命性修正。（　　）

10.目前我国企业内部控制规范的框架体系是由《企业内部控制基本规范》、《企业内部控制评价指引》和《企业内部控制审计指引》组成的。（　　）

11.基本规范第五条规定了内部控制的五要素，即内部环境、风险评估、控制活动、信息与沟通和内部监督。（　　）

12.应用指引是对企业按照内部控制原则和内部控制五要素建立、健全本企业内部控制所提供的指引，在配套指引乃至整个内部控制规范体系中占主体地位。（　　）

13.组织架构、发展战略、人力资源属于内部环境类应用指引内容，而合同管理、内部信息传递和信息系统属于控制业务类应用指引。（　　）

14.内部控制评价指引的主要内容包括：实施内部控制评价应遵循的原则、内部控制评价的内容、内部控制评价的程序、内部控制缺陷的认定以及内部控制评价的报告。（　　）

15.内部控制应用指引、评价指引和审计指引之间既相互独立，又相互联系，形成一个有机整体。（　　）

（四）简答题

1.请简述内部控制理论的产生与发展经历的阶段，并指出每一阶段的特点。

2.《企业风险管理——整合框架》（ERM框架）与《内部控制——整合框架》相比具有哪些进步之处？

3.简述我国颁布的《企业内部控制基本规范》的基本框架与具体内容。

4.简要概括我国企业内部控制规范的框架体系。

5.你毕业后被一家上市企业聘用。这家上市企业发展速度很快，但是你发现该企业的内部控制系统有待完善。你应该如何从内部控制理论角度出发劝说你的经理意识到完善企业内部控制系统的重要性？

6.你认为内部控制产生和发展的动因是什么？你认为未来内部控制

发展的方向应是什么，并说明理由。

7.内部控制与风险管理是一回事吗？

六、案例分析题

2011年3月15日，据央视曝光，尽管双汇公司宣称"十八道检验、十八个放心"，但按照双汇公司的规定，十八道检验并不包括"瘦肉精"检测，尿检等检测程序也形同虚设。此前，河南孟州等地添加"瘦肉精"养殖的有毒生猪顺利卖到双汇集团旗下公司。该公司市场部负责产品质量投诉及媒体宣传的工作人员则向记者回应说，原料在入厂前都会经过官方检验，央视所曝光的"瘦肉精"事件，公司正在进行调查核实。

与此同时，农业部第一时间责成河南、江苏农牧部门严肃查办，严格整改，切实加强监管，并立即派出督察组赶赴河南督导查处工作。农业部还表示，将在彻查的基础上，责成有关地方和部门对相关责任人员进行严肃处理，并随后向社会公布结果。

受此影响，15日下午，双汇旗下上市公司双汇发展跌停，并宣布停牌。17日晚间，双汇集团再次发表公开声明：要求涉事子公司召回在市场上流通的产品，并在政府有关部门的监管下进行处理。据了解，截至3月17日，已经控制涉案人员14人，其中养猪场负责人7人、生猪经纪人6人、济源双汇采购员1人。对于双汇发展的投资者来说，不幸只是刚刚开始，复盘后的双汇发展更是连续两天跌停。

瞬时间，双汇公司被推到风口浪尖之上。作为国内规模最大的肉制品企业，"瘦肉精"事件令双汇公司声誉大受影响。继三鹿之后，又一国内重量级公司面临着空前的危机。

要求：

请结合该案例，试分析内部控制对企业的重要性，并阐释内部控制的现实意义。

七、拓展阅读

[1]方红星，池国华.内部控制[M].4版.大连：东北财经大学出版社，2019.

［2］池国华，樊子君．内部控制学［M］．北京：北京大学出版社，2017.

［3］中华会计网校．新企业内部控制规范［M］．北京：中国人民大学出版社，2008.

［4］李三喜，虚荣才．企业内部控制基本规范的超越与应用［M］．北京：经济科学出版社，2008.

［5］中国注册会计师协会．公司战略与风险管理［M］．北京：经济科学出版社，2018.

第二章 内部控制的基本理论

一、学习目的与要求

通过本章的学习，了解内部控制定义的变迁，理解内部控制的定义，了解内部控制全员性，了解内部控制的全员控制与董事会在内部控制的实施过程中领导作用之间的关系，理解内部控制的全面性，理解内部控制的全程性，理解内部控制的目标及其相互之间的关系，熟悉内部控制需要遵循的原则，理解内部控制的五大要素，理解五大要素之间的关系，理解内部控制的局限性。

二、相关准则与制度

1.《上海证券交易所上市公司内部控制指引》
2.《深圳证券交易所上市公司内部控制指引》
3.《企业内部控制基本规范》
4.《企业内部控制应用指引第1号——组织架构》
5.《关于进一步推进国有企业贯彻落实"三重一大"决策制度的意见》

三、预习要览

（一）本章结构（如图2-1所示）
（二）关键概念

内部控制	全面性原则
重要性原则	制衡性原则
适应性原则	成本效益原则
内部环境	风险评估
控制活动	信息与沟通
内部监督	

```
                                    ┌内部控制是一种全员控制
               内部控制的定义 ┤内部控制是一种全面控制
                                    └内部控制是一种全程控制
                                    ┌合规目标
                                    │资产安全目标
               内部控制的目标 ┤报告目标
                                    │经营目标
                                    └战略目标
                                    ┌全面性原则
                                    │重要性原则
   内部控制 ┤内部控制的原则 ┤制衡性原则
                                    │适应性原则
                                    └成本效益原则
                                    ┌内部环境
                                    │风险评估
               内部控制的要素 ┤控制活动
                                    │信息与沟通
                                    └内部监督
                                    ┌越权操作
               内部控制的局限性 ┤合谋串通
                                    └成本限制
```

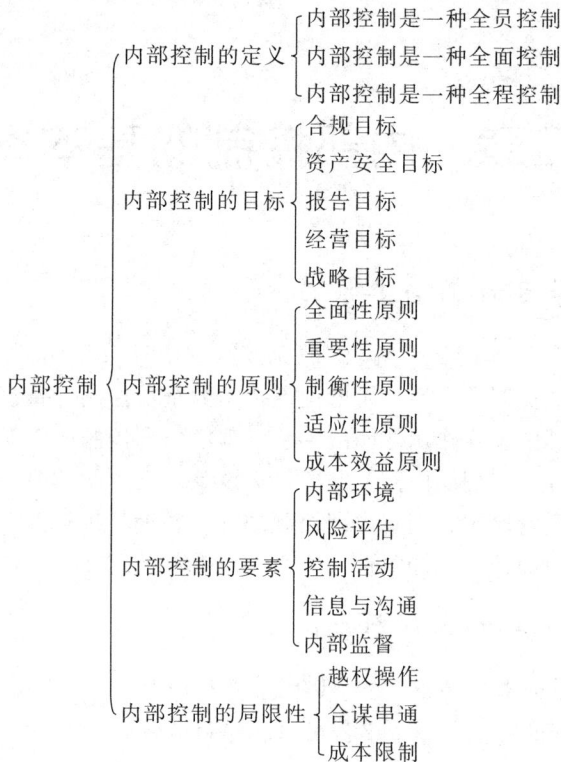

图 2-1　本章结构

（三）关键问题

1.内部控制的"全员控制"与董事会、监事会和经理层在内部控制的建设和实施过程中的领导作用矛盾吗？

2.怎样理解内部控制是一种全面控制？

3.内部控制的全程控制可以从哪些方面理解？

4.内部控制的目标有哪些？

5.阐述资产安全目标的层次。

6.如何确保财务报告及相关信息真实完整？

7.良好的内部控制是如何提高企业经营效率和效果的？

8.简述内部控制目标之间的关系。

9.内部控制的原则有哪些？

10.内部控制的要素包括哪些？

11.简述内部控制五大要素之间的关系。

12.简述内部控制的局限性。

四、本章重点与难点

1.内部控制的定义及其理解

"内部控制是由企业董事会、监事会、经理层和全体员工实施的，旨在实现控制目标的过程。"需要理解概念中的关键词：全体员工实施、旨在实现控制目标、过程。

对内部控制的定义可以从三方面来理解：

（1）内部控制是一种全员控制。内部控制是一种全员控制，即内部控制强调全员参与、人人有责。企业的各级管理层和全体员工都应当树立现代管理理念，强化风险意识，以主人翁的姿态积极参与内部控制的建立与实施，并主动承担相应的责任，而不是被动地遵守内部控制的相关规定。

（2）内部控制是一种全面控制。内部控制是一种全面控制，是指内部控制的覆盖范围要足够广泛，涵盖企业所有的业务和事项，包含每个层级和环节，而且还要体现多重控制目标的要求。内部控制本质上是对风险的管理与控制，所谓风险即偏离控制目标的可能性。《企业内部控制基本规范》规定，内部控制的目标是合理保证企业经营管理合法合规、资产安全、财务报告及相关信息真实完整，提高经营效率和效果，促进企业实现发展战略。

（3）内部控制是一种全程控制。内部控制是一种全程控制，是指内部控制是一个完整的内部控制体系。从时间顺序上看，包括事前控制、事中控制和事后控制；从内容上看，包含制度设计、制度执行与监督评价，以上三环环环相扣，逐步递进，彼此配合，共同构成了一个完整的内部控制体系。

2.内部控制的目标

内部控制的目标，即企业希望通过内部控制的设计和实施来达到企业某一方面的改善，主要表现为业绩的提高、财务报告信息质量的提高、违规行为发生率的降低等。内部控制的目标包括五点：

（1）合规目标。合规目标是指内部控制要合理保证企业在国家法律和法规允许的范围内开展经营活动，严禁违法经营。合法合规是企业生存和发展的客观前提，是内部控制的基础性目标，是实现其他内部控制目标的保证。

（2）资产安全目标。资产安全目标主要是为了防止资产流失。保护资产的安全与完整是企业开展经营活动的物质前提。为了保障内部控制实现资产安全目标，首先必须建立资产的记录、保管和盘点制度，确保记录、保管与盘点岗位的相互分离，并明确职责和权限范围。

（3）报告目标。报告目标是指内部控制要合理保证企业提供了真实可靠的财务信息及其他信息。财务报告反映了企业的过去和现状，并可预测企业的未来发展，是投资者进行投资决策、债权人进行信贷决策、管理者进行管理决策和宏观经济调控部门进行政策决策的重要依据。因此，财务报告目标是经营目标的成果反映。

（4）经营目标。提高经营的效率和效果是内部控制要达到的最直接也是最根本的目标。企业存在的根本目的在于获利，而企业能否获利往往直接取决于经营的效率和效果。

（5）战略目标。促进企业实现发展战略是内部控制的最高目标，也是终极目标。战略与企业目标相关联，是支持其实现的基础，是管理者为实现企业价值最大化的根本目标而针对环境做出的一种反应和选择。如果说提高经营的效率和效果是从短期利益的角度定位内部控制目标，那么促进企业实现发展战略则是从长远利益出发定位内部控制目标。因此，战略目标是总括性的长远目标，而经营目标则是战略目标的短期化与具体化，内部控制要促进企业实现发展战略，必须立足于经营目标，致力于经营效率和效果的提高。只有这样，才能提高企业核心竞争力，促进实现发展战略。

3.内部控制目标之间的关系

内部控制的五个目标不是彼此孤立的，而是相互联系的，共同构成了一个完整的内部控制目标体系。其中，战略目标是最高目标，是与企业使命相联系的终极目标；经营目标是战略目标的细化、分解与落实，是战略目标的短期化与具体化，是内部控制的核心目标；资产安全目标是实现经营目标的物质前提；报告目标是经营目标的成果体现与反映；

合规目标是实现经营目标的有效保证。

4.内部控制的原则

所谓原则，是指处理问题的准绳和规则。要使内部控制达到既定目标，即内部控制有效，就必须在内部控制的建立和实施过程中遵循一定的原则。建立和实施内部控制必须遵循以下五条原则：

（1）全面性原则。全面性原则即内部控制应当贯穿决策、执行和监督全过程，覆盖企业及其所属单位的各种业务和事项。

（2）重要性原则。重要性原则即内部控制应当在兼顾全面的基础上突出重点，针对重要业务和事项、高风险领域和环节采取更为严格的控制措施，确保不存在重大缺陷。

（3）制衡性原则。制衡性原则要求内部控制应当在治理结构、机构设置及权责分配、业务流程等方面形成相互制约、相互监督，同时兼顾运营效率。

（4）适应性原则。适应性原则的思想是基于"权变"理论，所谓权变，是指权宜应变。权变理论认为，在管理中要依据环境和内外条件随机应变，灵活地采取相应的、适当的管理方法，不存在一成不变的、普遍适用的"最好"的管理理论和方法，也不存在普遍不适用的"不好"的管理理论和方法。

（5）成本效益原则。成本效益原则要求实施内部控制应当权衡成本与预期效益，以适当的成本实现有效控制。

5.内部控制的要素

内部控制的内容，归根结底是由基本要素组成的。这些要素及其构成方式，决定着内部控制的内容与形式。《企业内部控制基本规范》第五条规定了内部控制的五要素，即内部环境、风险评估、控制活动、信息与沟通和内部监督。

（1）内部环境。内部环境是企业实施内部控制的基础，一般包括治理结构、机构设置、权责分配、内部审计、人力资源政策、企业文化等。

（2）风险评估。风险评估是单位及时识别、系统分析经营活动中与实现内部控制目标相关的风险，合理确定风险应对策略，是实施内部控制的重要环节。风险评估主要包括目标设定、风险识别、风险分析和风险应对等环节。

（3）控制活动。控制活动是指结合具体业务和事项，运用相应的控制政策和程序，或称控制手段去实施控制。也就是在风险评估之后，单位采取相应的控制措施将风险控制在可承受范围之内。

（4）信息与沟通。信息与沟通是企业及时、准确地收集、传递与内部控制相关的信息，确保信息在企业内部、企业与外部之间进行有效沟通。

（5）内部监督。内部监督是企业对内部控制建立与实施情况的监督检查，评价内部控制的有效性，对发现的内部控制缺陷及时加以改进。它是实施内部控制的重要保证，是对内部控制的控制。

6.内部控制五要素之间的关系

内部环境在最底层，这说明内部环境属于内部控制的基础，对其他要素产生影响。内部环境的好坏决定着内部控制其他要素能否有效运行。

内部监督在最高层，这表示内部监督是针对内部控制其他要素的，是自上而下的单向检查，是对内部控制的质量进行评价的过程。

由于企业在实施战略的过程中会受到内外部环境的影响，因此企业需要通过一定的技术手段找出那些会影响战略目标实现的有利和不利因素，并对其存在的风险隐患进行定量和定性分析，从而确定相应的风险应对策略，这就是风险评估，它是采取控制活动的根据。

根据明确的风险应对策略，企业需要及时采取控制措施，有效控制风险，尽量避免风险的发生，尽量降低企业的损失，这就是控制活动要素。

信息与沟通在这五个要素中处于一个承上启下、沟通内外的关键地位。控制环境与其他因素之间的相互作用需要通过信息与沟通这一桥梁才能发挥作用。风险评估、控制活动和内部监督的实施需要以信息与沟通结果为依据，它们的结果也需要通过信息与沟通渠道来反映。缺少了信息传递与内外沟通，内部控制其他因素就可能无法保持紧密的联系，整合框架也就不再是一个有机的整体。

7.控制活动的概念

控制活动是指结合具体业务和事项，运用相应的控制政策和程序（或称控制措施）去实施控制。也就是说，在风险评估之后，单位采取相应的控制措施将风险控制在可承受的范围之内。控制措施一般包括不相容职务分离控制、授权审批控制、会计系统控制、财产保护控制、预算控制、运营分析控制、绩效考评控制等。企业应通过采用手工控制与自动控制、防护性控制与发现性控制相结合的方法实施相应的控制措施。

8.内部控制的局限性

内部控制的局限性可以概括为以下三个方面：

（1）越权操作。内部控制制度的重要实施手段之一是授权批准控制，授权批准控制使处于不同组织层级的人员和部门拥有大小不等的业务处理和决定权限，但是当内部人控制的威力超过内部控制制度本身的力量时，越权操作就成为了可能。一旦发生越权操作，内部控制分工制衡的基本思想将不再发挥作用，内部控制制度也就形同虚设了。

（2）合谋串通。内部控制制度源于内部牵制的理念：因为相互有了制衡，在经办一项交易或事项时，两个或两个以上人员或部门无意识地犯同样错误的概率要大大小于一个人或部门；两个或两个以上人员或部门有意识地合伙舞弊的可能性大大低于一个人或部门。正是基于这样的思想，才有了不相容岗位分离制度、轮岗制度和强制休假制度等。而串通的结果则完全破坏了内部牵制的设想，削弱了制度的约束力，使内部控制制度无效。

（3）成本限制。根据成本效益原则，内部控制的设计和运行是要花费代价的，企业应当充分权衡实施内部控制带来的潜在收益与成本，运用科学、合理的方法，有目的、有重点地选择控制点，实现有效控制。也就是说，内部控制的实施受制于成本与效益的权衡。内部控制的根本目标在于服务于企业价值创造，如果设计和执行一项控制带来的收益不能弥补其所耗费的成本，就应该放弃该项控制。成本效益原则的存在使内部控制始终围绕着控制目标展开，但同时也制约了内部控制制度难以达到尽善尽美，因此企业实施内部控制应当量力而行，突出重点，兼顾一般，在符合成本效益的范围内开展并改进。

五、练习题

（一）单项选择题

1.对内部控制是一种全员控制理解错误的是（　　　　）。

A.内部控制强调全员参与，人人有责

B.企业的各级管理层和全体员工都应当树立现代管理理念，强化风险意识

C.以主人翁的姿态积极参与内部控制的建立与实施，并主动承担相应的责任

D.被动地遵守内部控制的相关规定

2.下列选项中不属于内部控制参与主体的是（　　　）。

A.企业董事会

B.企业监事会

C.政府对企业进行审计的审计人员

D.企业全体员工

3.关于内部控制只能为控制目标的实现提供"合理保证"，而不能提供"绝对保证"的理解错误的是（　　　）。

A.内部控制对控制目标的实现作用不大

B.企业目标的实现除了受制于企业自身限制外，还会受到外部环境的影响

C.内部控制无法作用于外部环境

D.内部控制本身也存在一定的局限性

4.内部控制是一种全程控制，从时间顺序上看不包括（　　　）。

A.事前控制

B.制度设计、制度执行与监督评价

C.事中控制

D.事后控制

5.在下列内部控制目标中，属于企业获利的基础，同时也是持续经营基础的是（　　　）。

A.资产安全目标　　　　　　　　B.经营目标

C.合规目标　　　　　　　　　　D.战略目标

6.下列关于内部控制目标之间关系的说法错误的是（　　　）。

A.战略目标是最高目标，是与企业使命相联系的终极目标

B.经营目标是战略目标的细化、分解与落实，是战略目标的短期化和具体化

C.资产安全目标是实现经营目标的物质前提

D.报告目标是实现经营目标的有效保证

7.企业开展经营活动的物质前提是（　　　）。

A.财务报告及相关信息真实完整

B.保护资产的安全与完整

C.企业发展战略的制定

D.提高经营的效率和效果

8.内部控制要达到的最直接也是最根本的目标是（　　　）。

A.资产安全目标　　　　　　　　B.报告目标

C.经营目标　　　　　　　　　　D.战略目标

9.内部控制的最高目标，也是终极目标（　　　）。

A.资产安全目标　　　　　　　　B.报告目标

C.经营目标　　　　　　　　　　D.战略目标

10.内部控制的核心目标是（　　　）。

A.资产安全目标　　　　　　　　B.报告目标

C.经营目标　　　　　　　　　　D.战略目标

11.在下列原则中，强调内部控制应当贯穿决策、执行和监督全过程，覆盖企业及其所属单位的各种业务和事项的是（　　　）。

A.全面性原则　　　　　　　　　B.重要性原则

C.制衡性原则　　　　　　　　　D.成本效益原则

12.建立和实施内部控制的核心理念是（　　　）。

A.全程控制　　　　　　　　　　B.监督检查

C.相互制衡　　　　　　　　　　D.全面控制

13.中央在国企推行"三重一大"制度中的"三重"不包括（　　　）。

A.重大决策　　　　　　　　　　B.重大政策变更

C.重大事项　　　　　　　　　　D.重要人事任免

14.内部控制适应性原则的理论依据是（　　　）。

A.最优化理论　　　　　　　　　B.行为科学理论

C.需要层次理论　　　　　　　　D.权变理论

15.内部环境是企业实施内部控制的基础，在内部环境的诸多方面中，重中之重的是（　　　）。

A.治理结构　　　　　　　　　B.机构设置及权责分配

C.内部审计　　　　　　　　　D.人力资源政策

16.企业实施内部控制的基础是（　　　）。

A.内部环境　　　　　　　　　B.内部监督

C.控制活动　　　　　　　　　D.信息与沟通

17.在下列内部控制要素中，被称为对内部控制的控制，是实施内部控制的重要保证的是（　　　）。

A.内部环境　　　　　　　　　B.内部监督

C.控制活动　　　　　　　　　D.风险评估

18.在内部控制五要素之间的关系中，处于一个承上启下、沟通内外的关键地位的要素是（　　　）。

A.内部环境　　　　　　　　　B.内部监督

C.控制活动　　　　　　　　　D.信息与沟通

19.下列选项中不属于内部控制局限性的是（　　　）。

A.越权操作　　　　　　　　　B.合谋串通

C.人为失误　　　　　　　　　D.成本限制

20.内部控制仅仅为目标的实现提供合理保证，而不是绝对保证，原因就在于（　　　）。

A.内部控制人员的执行不力

B.内部控制的目标制定不合理

C.内部控制本身具有一定的局限性

D.内部控制制度有待完善

（二）多项选择题

1.关于内部控制的定义说法正确的是（　　　）。

A.内部控制是一种全员控制　　B.内部控制是一种全面控制

C.内部控制是一种全程控制　　D.内部控制是由董事会实施的

E.内部控制是由除了员工以外的管理层实施的

2.内部控制是一种全程控制，从内容上看包括（　　　）。

A.制度设计　　　　　　　　　B.制度监督

C.制度执行　　　　　　　　　D.监督评价

E.流程再造

3.内部控制的参与主体包括（　　　）。

A.董事会　　　　　　　　　　B.监事会

C.经理层　　　　　　　　　　D.全体员工

E.普通员工

4.内部控制的目标有（　　　）。

A.合规目标　　　　　　　　　B.资产安全目标

C.报告目标　　　　　　　　　D.经营目标

E.战略目标

5.资产安全目标包括（　　　）。

A.确保资产在外形上的完整性

B.确保资产在使用价值上的完整性

C.确保资产在价值量上的完整性

D.确保资产在价值上的完整性

E.确保资产在数量上的完整性

6.要确保财务报告及相关信息真实完整应该做到（　　　）。

A.按照企业会计准则的有关会计制度如实地核算经济业务

B.不相容职务分离

C.防止资产流失

D.日常信息核对

E.惩罚制度

7.下列控制措施中，贯彻了制衡性原则的有（　　　）。

A.不相容职务分离控制　　　　B.轮岗制度

C.会计系统控制　　　　　　　D.财产保护控制

E.强制休假制度

8.内部控制的原则包括（　　　）。

A.全面性原则　　　　　　　　B.重要性原则

C.制衡性原则　　　　　　　　D.适应性原则

E.成本效益原则

9.中央在国企推行"三重一大"制度中的"三重一大"是指（　　　）。

A.重大问题决策　　　　　　　B.重大政策变更

C.重大项目安排　　　　　　　D.大额资金使用

E.重要人事任免

10.内部控制的成本主要体现了（　　　）。

A.内部控制的设计成本　　　　　B.内部控制的时间成本

C.内部控制的实施成本　　　　　D.内部控制的鉴证成本

E.内部控制的计量成本

11.成本效益原则的要义包括（　　　）。

A.努力降低内部控制的成本

B.在管理中要依据环境和内外条件随机应变

C.合理确定内部控制带来的经济利益

D.内部控制过程中的相互制约、相互监督

E.在兼顾全面的基础上突出重点

12.内部控制的要素包括（　　　）。

A.内部环境　　　　　　　　　　B.风险评估

C.控制活动　　　　　　　　　　D.信息与沟通

E.内部监督

13.风险评估的主要环节包括（　　　）。

A.风险监督　　　　　　　　　　B.目标设定

C.风险识别　　　　　　　　　　D.风险分析

E.风险应对

14.信息与沟通的主要环节包括（　　　）。

A.确认、计量、记录有效的经济业务

B.在财务报告中恰当揭示财务状况、经营成果和现金流量

C.保证管理层与单位内部、外部的顺畅沟通

D.采取相应的控制措施将风险控制在可承受范围之内

E.对固有风险可能造成的损失程度进行评估

15.内部控制的局限性可以概括为（　　　）。

A.管理人员徇私舞弊　　　　　　B.越权操作

C.合谋串通　　　　　　　　　　D.成本限制

E.外部审计人员审计不力

（三）判断题

1.内部控制是由企业董事会、监事会、经理层实施的，和普通员工

没有关系。　　　　　　　　　　　　　　　　　　　（　　）

2.内部控制的"全员控制"与董事会、监事会和经理层在内部控制的建设和实施过程中的领导作用是矛盾的。　　　　　（　　）

3.内部控制的覆盖范围广泛，涵盖企业所有的业务和事项，包含每个层级和环节。　　　　　　　　　　　　　　　　　（　　）

4.内部控制从时间顺序上看，包括事前控制和事后控制。（　　）

5.经营管理合法合规不仅仅是获利的基础，也是企业持续经营的基础。　　　　　　　　　　　　　　　　　　　　　　（　　）

6.内部控制的目标是彼此孤立的，并没有实质性的联系。（　　）

7.经营目标是内部控制的最高目标，也是终极目标。（　　）

8.内部控制应当兼顾全面体现了内部控制的全面性原则，所以在实际工作中不需要突出重点。　　　　　　　　　　　　（　　）

9.内部控制制度的建设与时俱进，符合适应性原则。（　　）

10.内部控制建设和实施中贯彻适应性原则有利于防止出现"道高一尺魔高一丈"的现象。　　　　　　　　　　　　　　（　　）

11.对"三重一大"制度实行集体决策审批控制符合重要性原则。
　　　　　　　　　　　　　　　　　　　　　　　　　（　　）

12.在内部控制的五个要素中，内部监督在最高层，这表示内部监督是针对内部控制其他要素的，是自上而下的单向检查，是对内部控制的质量进行评价的过程。　　　　　　　　　　　　　　（　　）

13.内部控制制度在促进企业实现发展战略方面具有一定的作用，但内部控制仅仅为目标的实现提供合理保证，而不是绝对保证。（　　）

14.越权操作属于内部控制的局限性之一。　　　　　（　　）

15.合谋串通的方式有两人串通和多人串通，两人串通的危害极大，往往会形成造假一条龙，不易识别，对公司、股东以及外界的利益相关者带来巨大的损失。　　　　　　　　　　　　　　　（　　）

（四）简答题

1.如何理解内部控制的定义？

2.内部控制的目标分为几个层次？各个目标之间的关系如何？

3.企业如何通过内部控制提高经营效率和效果？

4.企业建立与实施内部控制应把握哪些原则？全面性原则、重要性原则与成本效益原则具有怎样的内在联系?

5.简述"三重一大"制度。

6.我国《企业内部控制基本规范》规定内部控制包含哪五个要素?它们之间具有怎样的联系?

7.为实现内部控制目标,企业在具体业务和事项中应当采取哪些控制措施?

8.内部控制存在哪些局限性?

9.在实施内部控制时,可能会发生越权操作的行为,简述越权操作的危害。

六、案例分析题

1.为符合上市要求和监管规定,某公司在形式上建立了董事会、监事会,聘任了总经理班子。但其董事长由集团公司法人兼任,是典型的"控股股东当家"。该公司的11名董事中,有9名来自大股东和公司内部,经理层人员普遍兼任董事会成员,形成事实上的"内部人控制"。董事会和经理层片面追求规模与业绩的扩张,对科学决策和资金运作中的"业务流程控制"既不明白也不重视,更不愿实施,最终该公司因经营失败和会计造假被取消上市资格。

要求:

(1)内部控制的定义是什么?简要解释一下,并说明该案例中的公司违背了内部控制的哪一条属性?

(2)内部控制的局限性体现在哪几个方面?试用内部控制的局限性来解释案例中出现的现象。

2.2016年11月,乐视网爆发了前所未有的资金链断裂危机,股票一度停牌一个月有余;2017年1月23日,在经历了3个多月的停牌后乐视网重新复牌,其股价从15.33元跌到4.01元,让股权质押比例高达99.54%的贾跃亭彻底爆仓;2017年3月3日,乐视网股价暴跌8%,贾跃亭质押股票,陷入平仓危机;2017年3月30日,乐视网公告,融创驰援乐视网150亿元资金,已支付125.53亿元,此后乐视网便再无公告披露融创支付资金进展情况;2017年4月17日,乐视网停牌,旗下易道创始人声明乐视网挪用资金;2017年7月7日董事长贾跃亭辞职,公司的五大重量级高管也陆续辞职，乐视网股价一路下跌，面临退市风险。自2010年8月乐视网在我国创业板上市，其业务版图不断扩张，在涉及视频、手机、电视等产业以支持其垂直生态链的构想之外，又投入大量资金于体育及汽车制造业上。然而体育及汽车制造行业都是经营周期长、投资规模大、复杂程度高的行业，乐视网核心技术及相关技术与管理人员的缺乏，造成公司投入近百亿元于汽车制造行业，却未取得预想成效。对汽车制造业的盲目投资扩张是造成公司财务危机的最重要原因。乐视网危机全面爆发，深陷财务危机，高管纷纷离职，面临退市风险。乐视网危机的背后是企业内部控制的失效。

要求：

（1）结合上述案例，请分析乐视网未能实现内部控制的哪些目标？并解释原因。

（2）内部控制包含哪些目标？这些目标之间存在什么关系？

（3）请结合本章内容，给出相关建议。

3.某集团公司从以下几个方面保证内部控制的全面性、重要性和客观性：

在自我评价方面，各个职能部门按照职责负责日常监督，对业务按月测试和监控，并将结果反馈内部控制部门，以保证全面评价并为内部控制部门提供重点监控的基础。

针对高风险领域增加评价力度和频度，开展专项自评，加强自评工作的专业纵向指导。

年末评价时，要求根据所属单位的业务性质和收入、资产占比较大原则，确定需要的评价单位，并按照重要性原则和日常监督、专项监督情况，确定需要评价的业务流程和控制点，填写测试底稿。

在保持客观性方面，制定了完整的内部控制评价体系，建立了领导机构和组织体系、操作程序和规范，保证组织有章、程序科学、评价有依、记录规范。

设定了评价方式方法，有明确的评价结果记录格式，并加以固化，保证填制规范，记录清晰完整。

公司以独立于内部控制部门的审计部为主每年开展巡查工作，抽查各下属单位评价工作的组织、实施和记录情况。审计人员和参加巡查人员在评价前参加内部控制评价培训，学习内部控制知识、业务流程、检查方法等内容。

另外，董事会审计委员会每季度听取内部控制方面的汇报（常和内审工作一起汇报），并强调和督促在内部控制评价工作中坚持客观性。

要求：

（1）内部控制的原则有哪些？并加以解释。

（2）该案例中体现了内部控制的哪些原则？并加以简要说明。

4.××公司信息部门负责信息收集、传递及信息化建设，该信息部门制定有关信息资源管理制度，明确了各部门信息收集和传递的职责及权限，确定商业秘密范围，以加强信息管理。主要包括以下方面：

（1）财务报告、经营分析、业务表现等信息的沟通；

（2）行政管理和人力资源政策等信息的沟通；

（3）保密信息与沟通，包括确定保密信息的等级；

（4）审计信息沟通；

（5）雇员提供的信息；

（6）报告信息；

（7）专业信息以及从客户、供应商、经营伙伴、投资者处获得的信息；

（8）管理层与董事会以及职能部门之间的沟通；

（9）与客户、供应商、律师、股东、监管者、外部审计师的沟通；

（10）明确审计、内部控制、财务等部门在反舞弊机制建设中的作用。

要求：

（1）内部控制的要素包括哪些？并加以解释。

（2）该案例中体现了内部控制的哪个要素？该要素在五个内部控制要素中地位和作用是什么？

5.沸沸扬扬的齐鲁银行伪造金融票证案将中国重汽集团济南卡车股份有限公司（以下简称"中国重汽"）推到媒体聚光灯下，其旗下子公司济南桥箱有限公司（控股子公司，持股比例51%）5亿元银行存款在该起伪造金融票证案中涉案；虽然该案的案情细节迄今尚未公开，但中国重汽在其2010年的年度财报中已为此计提了1亿元坏账准备。

中国重汽年报计提坏账准备在市场预料之中，出乎市场预料的是，中国重汽2010年第四季度出现了亏损：2010年前三季度中国重汽实现归属于母公司的净利润7.1亿元，而2010年全年实现净利润仅6.73亿元，这意味着其去年第四季度亏损0.37亿元。

调查发现，中国重汽有可能被关联方通过关联交易占用巨额资金，为了掩饰巨额资金被关联方占用，导致其巨额销售收入难以确认，并因此隐瞒巨额销售收入。

要求：

（1）内部控制的局限性可以概括为几个方面？

（2）该案例中体现了内部控制的哪个方面的局限性？请结合案例加以解释。

七、拓展阅读

［1］中华人民共和国财政部，等．企业内部控制规范2010［M］．北京：中国财政经济出版社，2010.

［2］企业内部控制编审委员会．企业内部控制配套指引解读与案例分析［M］．上海：立信会计出版社，2010.

［3］Treadway委员会发起组织委员会（COSO）．企业风险管理——整合框架［M］．方红星，译．大连：东北财经大学出版社，2005.

［4］Treadway委员会发起组织委员会（COSO）．内部控制——整合框架［M］．方红星，译．大连：东北财经大学出版社，2008.

［5］刘永泽，池国华，等．企业内部控制制度设计操作指南［M］．大连：大连出版社，2011.

［6］财政部会计司．企业内部控制规范讲解2010［M］．北京：经济科学出版社，2010.

第三章　内部环境

一、学习目的与要求

通过本章的学习，了解组织架构的定义，了解组织架构的两个层面及其关系，了解内部机构的四种类型，理解治理结构的主要风险，理解发展战略的定义，理解发展战略的制定，理解人力资源的定义，了解社会责任，了解企业文化，理解组织架构、发展战略、人力资源政策、社会责任、企业文化、诚信与道德价值观在内部控制中的地位与作用，掌握内部环境的构成要素、内容及其作用，掌握组织架构的设计原则，掌握治理结构的设计，掌握发展战略的意义，掌握人力资源管理的主要风险，掌握社会责任的意义，掌握企业文化的意义，掌握诚信和道德价值观的意义。

二、相关准则与制度

1.《中华人民共和国公司法》
2.《上市公司治理准则》
3.《企业内部控制基本规范》
4.《企业内部控制应用指引第1号——组织架构》
5.《企业内部控制应用指引第2号——发展战略》
6.《企业内部控制应用指引第3号——人力资源》
7.《企业内部控制应用指引第4号——社会责任》
8.《企业内部控制应用指引第5号——企业文化》

三、预习要览

（一）本章结构（如图3-1所示）
（二）关键概念
内部环境　　　　　　　　　　　　组织架构

发展战略   人力资源

社会责任   企业文化

诚信和道德价值观

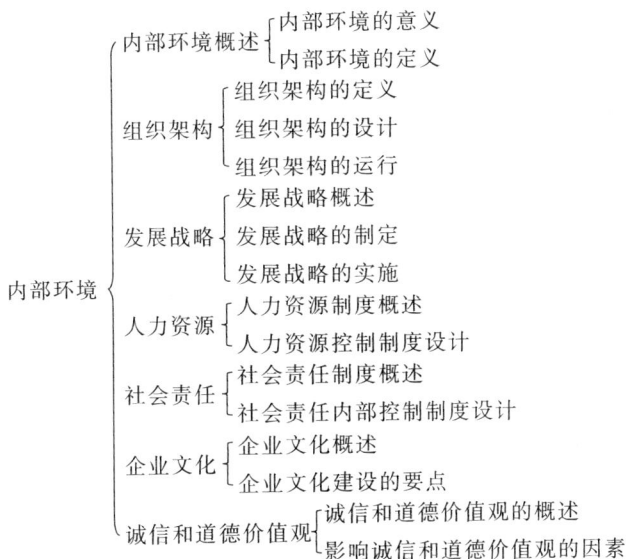

内部环境
- 内部环境概述
  - 内部环境的意义
  - 内部环境的定义
- 组织架构
  - 组织架构的定义
  - 组织架构的设计
  - 组织架构的运行
- 发展战略
  - 发展战略概述
  - 发展战略的制定
  - 发展战略的实施
- 人力资源
  - 人力资源制度概述
  - 人力资源控制制度设计
- 社会责任
  - 社会责任制度概述
  - 社会责任内部控制制度设计
- 企业文化
  - 企业文化概述
  - 企业文化建设的要点
- 诚信和道德价值观
  - 诚信和道德价值观的概述
  - 影响诚信和道德价值观的因素

图 3-1 本章结构

（三）关键问题

1.内部环境的构成要素有哪些？

2.内部控制与内部环境有什么关系？

3.组织架构设计原则是什么？

4.上市公司和国有独资企业治理结构的设计应重点关注哪些方面？

5.发展战略的意义是什么？

6.影响发展战略的因素有哪些？

7.人力资源管理的主要风险有哪些？

8.社会责任的内容是什么？

9.企业履行社会责任有哪些意义？

10.社会责任内部控制制度应该怎样设计？

11.如何理解企业文化？企业文化的作用有哪些？

12.如何理解诚信和道德价值观的意义？

四、本章重点与难点

1.内部环境的构成要素

根据《企业内部控制基本规范》规定，内部环境是企业实施内部控制的基础，一般包括治理结构、机构设置及权责分配、内部审计、人力资源政策、企业文化等。

2.内部控制与内部环境的关系

内部环境奠定了公司的内部控制结构，决定了组织的控制基调，影响着整个组织内所有人员的控制意识和控制行为。内部环境是企业实施内部控制的基础条件，它决定了一个经济组织的内部控制特点及其有效性。

3.组织架构设计原则

（1）符合法律法规要求。治理结构的设计必须遵循我国法律法规的要求，严格规范出资者（主要指股东）、董事会、监事会、经理层的权利和义务，以及相关的聘任条件和议事程序等，合理解决企业各方利益分配问题。

（2）符合发展战略要求。通常情况下，企业发展目标是多重的，且在一段时期保持相对稳定，无论企业的发展目标如何，都必须通过组织架构的合理设计和有效运作予以实现和保证。

（3）符合管理控制要求。组织架构的设计应当考虑各层级之间可以相互监督、相互制约。为达到恰当的控制效果，在组织架构设计时必须找出各种限制组织层级和管理跨度的因素，主要包括：员工的经验与受训程度、工作任务的相似性和复杂性、工作地点的空间距离、使用标准化的程度、企业信息系统管理的先进程度、企业文化的凝聚力及管理层的管理风格等。

（4）符合内外环境要求。组织架构设计应当与企业的市场环境、行业特征、经营规模等相适应。此外，企业还应当根据内外部环境的不断变化，迅速作出反应，及时进行组织架构的优化调整。

4.治理结构的设计

上市公司治理结构的设计应关注：①独立董事制度的设立；②董事会专业委员会的设置；③董事会秘书的设立。

国有独资企业治理结构的设计应反映以下特点：①国有资产监督管理机构代行股东（大）会职权。国有独资企业不设股东（大）会，由国有资产监督管理机构行使股东（大）会职权。②国有独资企业董事会成员中应当包括公司职工代表，董事会成员由国有资产监督管理机构委派。③国有独资企业监事会成员由国有资产监督管理机构委派，但是监事会成员中的职工代表由公司职工代表大会选举产生。监事会主席由国有资产监督管理机构从监事会成员中指定产生。

5.发展战略的意义

（1）发展战略可以为企业找准市场定位。市场定位就是要在激烈的市场竞争环境中找准位置。定位准了，才能赢得市场，才能获得竞争优势，才能不断发展壮大。发展战略要着力解决的正是企业发展过程中所面临的这些全局性、长期性的问题。

（2）发展战略是企业执行层的行动指南。发展战略指明了企业的发展方向、目标与实施路径，描绘了企业未来经营方向和目标纲领，是企业发展的蓝图，关系着企业的长远生存与发展。

（3）发展战略也是内部控制的最高目标。企业内部控制的系列目标中，促进发展战略实现是最高层次的目标。发展战略为企业内部控制指明了方向，内部控制为企业实现发展战略提供了坚实保障。

6.影响发展战略的因素

（1）企业经营环境变化的风险。企业外部环境发了很大变化，顾客、市场、竞争规则、竞争性质都逐渐变得激烈复杂。

（2）科学技术发展的风险。科学技术的飞速发展、电子商务的出现，使得市场营销的某些原理受到严峻挑战。

（3）走向国际化的风险。企业走向国际化，更需要有战略的指导，更需要注意战略的风险。

（4）企业内部发展的风险。企业外部环境发生很大变化时，企业的战略也应该进行调整，因为大部分企业的战略是在过去比较旧的观念下制定的，企业必须建立新的观念。新的观念必须符合当前世界经济一体化、全球信息化的形势，这样才会有新的思路，才会有新的战略，才会给企业带来比较好的效益。

（5）资本运营的风险。资本运营的风险加大，使得企业的兼并、收购、控股、参股等资本扩张需要好的战略，否则会把自己拖垮。

7.人力资源管理的主要风险

（1）人力资源缺乏或过剩、结构不合理、开发机制不健全，可能导致企业发展战略难以实现。

（2）人力资源激励约束制度不合理、关键岗位人员管理不完善，可能导致人才流失、经营效率低下或关键技术、商业秘密和国家机密泄露。

（3）人力资源退出机制不当，可能导致法律诉讼或企业声誉受损。

8.社会责任的内容

根据《企业内部控制应用指引第4号——社会责任》规定，企业社会责任是指企业在经营发展过程中应当履行的社会职责和义务，主要包括安全生产、产品质量（含服务）、环境保护、资源节约、促进就业、员工权益保护等。

9.企业履行社会责任的意义

（1）企业是在价值创造过程中履行社会责任的。

（2）履行社会责任可以提高企业的经济效益。

（3）履行社会责任可以实现企业的可持续发展。

10.社会责任内部控制制度设计

（1）企业高管人员应给予充分重视。

（2）应建立或完善履行社会责任的体制和运行机制。

（3）应建立责任危机处理机制。

（4）应建立良好的企业社会责任报告制度。

（5）应着力防范安全生产风险。

（6）应有效控制产品质量风险。

（7）应切实降低环境保护与资源节约风险。

（8）应切实规避促进就业与员工权益保护风险。

（9）应重点管理产学研用结合风险。

（10）应格外关注慈善事业风险。

11.企业文化的定义及作用

根据《企业内部控制应用指引第5号——企业文化》规定，企业文化是指企业在生产经营实践中逐步形成的价值观、经营理念和企业精神，以及在此基础上形成的行为规范的总称。

企业文化的作用巨大。具体地讲，企业文化建设可以为企业提供精神支柱，可以提升企业的核心竞争力，还可以为内部控制有效性提供有力保证。

12.诚信和道德价值观的意义

内部控制是由人建立、执行和维护的，人是内部控制有效运行的根本因素。人的道德价值观影响着人的行为。企业员工具有良好的道德标准并形成良好的道德氛围，对控制系统的有效运行非常重要。

五、练习题

（一）单项选择题

1.企业按产品、客户、地区等来设立事业部，每一个事业部都是一个有相当自主权的利润中心，独立地进行日常经营决策，各事业部都相当于一个U型企业的组织结构是（ ）。

A.U形结构   B.M形结构

C.H形结构   D.矩阵型结构

2.分别设置不同层次的管理人员及由各专业人员组成的管理团队，针对各项业务功能行使决策、计划、执行、监督、评价的权利并承担相应的义务，是保证业务顺利开展的支撑平台，这指的是企业的（ ）。

A.内部机构   B.治理结构

C.管理机构   D.董事会

3.对国有独资企业的合并、分立、解散、增加或者减少注册资本和发行公司债券有决定权的是（ ）。

A.股东大会   B.董事会

C.总经理   D.国有资产监督管理机构

4.战略委员会的主要职责是对公司的长期发展规划、经营目标、发展方针进行研究并提出建议，战略委员会的主席由（ ）担任。

A.董事长   B.总经理

C.独立董事   D.监事会主席

5.在内部资源的分析中，对企业现有资源的数量和利用效率，以及资源的应变能力等方面的分析称为（ ）。

A.企业资源分析　　　　　　　　　　B.企业能力分析

C.核心竞争力分析　　　　　　　　　D.企业资金结构分析

6.为了实现发展目标而制订具体规划，表明企业在每个发展阶段的具体目标、工作任务和实施路径，这指的是（　　　　）。

A.发展目标　　　　　　　　　　　　B.战略规划

C.企业规划　　　　　　　　　　　　D.企业战略

7.审议战略委员会的发展战略建议方案应提交给（　　　　）。

A.股东大会　　　　　　　　　　　　B.董事会

C.监事会　　　　　　　　　　　　　D.总经理

8.企业组织生产经营活动而录（任）用的各种人员，包括董事、监事、高级管理人员和一般员工，其本质是企业组织中各种人员所具有的脑力和体力的总和，即（　　　　）。

A.人力资源　　　　　　　　　　　　B.企业劳动力

C.企业员工　　　　　　　　　　　　D.人脉资源

9.企业核心技术的创造者和维护者是（　　　　）。

A.股东　　　　　　　　　　　　　　B.高管人员

C.专业技术人员　　　　　　　　　　D.一般员工

10.对企业社会责任管理体系构建起到关键作用的是（　　　　）。

A.企业的高管人员　　　　　　　　　B.企业的全体员工

C.政府的强制要求　　　　　　　　　D.社会的呼吁

11.企业在经营过程中坚持不懈、努力使全体员工都必须信奉的信条，体现了企业核心团队的精神，往往也是企业家身体力行并坚守的理念，这说的是（　　　　）。

A.企业的管理理念　　　　　　　　　B.总经理的信念

C.企业的核心价值观　　　　　　　　D.法律、法规

12.为企业提供精神支柱，提升企业的核心竞争力，还可以为内部控制有效性提供有力保证的是（　　　　）。

A.企业的规章制度　　　　　　　　　B.企业文化

C.管理层的管理理念　　　　　　　　D.管理者与员工的关系

（二）多项选择题

1.内部控制与内部环境的关系是（　　　　）。

A.内部环境是内部控制的基础

B.内部环境与内部控制相互联系又相互依存

C.内部环境与内部控制相互制约

D.内部环境与内部控制是互动关系

E.内部环境与内部控制意义不同、相互无关

2.内部环境是企业实施内部控制的基础，具体包括 （   ）。

A.企业文化　　　　　　　　　　B.内部审计

C.人力资源政策　　　　　　　　D.治理结构

E.机构设置及权责分配

3.组织架构的设计原则包括 （   ）。

A.符合法律法规要求　　　　　　B.符合发展战略要求

C.符合管理控制要求　　　　　　D.符合内外环境要求

E.符合公司股东要求

4.治理结构可以分为 （   ）。

A.决策机构　　　　　　　　　　B.执行机构

C.管理机构　　　　　　　　　　D.监督机构

E.生产机构

5.现代企业组织结构的基本形式包括 （   ）。

A.U形结构　　　　　　　　　　B.M形结构

C.H形结构　　　　　　　　　　D.矩阵型结构

E.V形结构

6.具体而言，上市公司治理结构设计应重点关注的方面包括 （   ）。

A.独立董事制度的设立　　　　B.董事会专业委员会的设置

C.设立董事会秘书　　　　　　D.国有资产监督管理机构

E.监事会的设置

7.国有独资企业治理结构设计应反映的特点包括 （   ）。

A.国有资产监督管理机构代行股东（大）会职权

B.国有独资企业董事会成员中应当包括公司职工代表，董事会成员
  由国有资产监督管理机构委派

C.国有独资企业监事会成员由国有资产监督管理机构委派，但是监
  事会成员中的职工代表由公司职工代表大会选举产生

D.监事会主席由国有资产监督管理机构从监事会成员中指定产生

E.国有独资企业董事应由企业职工选取

8.内部机构的设计是组织架构设计的关键环节。内部结构的设计应满足的要求包括（　　　）。

A.明确各机构的职责权限，避免职能交叉、缺失或权责过于集中，形成各司其职、各负其责、相互制约、相互协调的工作机制

B.企业应当对各机构的职能进行科学合理的分解，确定具体岗位的名称、职责和工作要求等，明确各个岗位的权限和相互关系

C.企业应当制定组织结构图、业务流程图、岗（职）位说明书和权限指引等内部管理制度或相关文件，使员工了解和掌握组织架构设计及权责分配情况，正确履行职责

D.企业对机构的职能无须进行科学合理的分解，而是要体现不相容岗位相分离原则，努力识别出不相容职务

E.对于不相容的职务企业可以不进行分解，派一个人兼任即可

9.影响企业发展战略的因素包括（　　　）。

A.企业经营环境变化的风险　　　　B.科学技术发展的风险

C.走向国际化的风险　　　　　　　D.企业内部发展的风险

E.资本运营的风险

10.企业制定科学合理的发展战略的重要意义体现在（　　　）。

A.发展战略可以为企业找准市场定位

B.发展战略是企业执行层的行动指南

C.发展战略也是内部控制的最高目标

D.没有发展战略，企业就不会成功

E.发展战略是企业发展的基础

11.企业A要制定本企业的发展战略，它要做的工作有（　　　）。

A.建立和健全发展战略制定机构

B.分析评价影响发展战略的因素

C.科学制定发展战略

D.保证发展战略的实施

E.将发展战略分解成各个部门的目标

12.企业发展目标是指导企业生产经营活动的准绳。在制定企业发展目标的过程中,应当重点关注 (   )。

A.发展目标应当突出主业。在制定发展目标时应突出主业,只有集中精力做强主业,才能增强企业核心竞争力,才能在行业发展、产业发展中发挥引领和带头作用

B.发展目标不能过于激进,不能盲目追逐市场热点,不能脱离企业实际

C.发展目标不能过于保守,否则会丧失发展机遇和动力

D.发展目标应当组织多方面的专家和有关人员进行研究论证

E.发展目标应当兼顾企业的非主营业务,不能过分损害企业的非主营业务

13.企业人力资源的组成部分包括 (   )。

A.股东   B.高管人员
C.专业技术人员   D.一般员工
E.负责公司年审的外部会计师事务所人员

14.人力资源管理中的主要风险工作包括 (   )。

A.人力资源缺乏或过剩、结构不合理、开发机制不健全,可能导致企业发展战略难以实现

B.人力资源市场供大于求

C.人力资源退出机制不当可能导致法律诉讼或企业声誉受损

D.人力资源激励约束制度不合理、关键岗位人员管理不完善,可能导致人才流失、经营效率低下或关键技术、商业秘密和国家机密泄露

E.人力资源的来源渠道

15.人力资源管理审计是预防和控制高管人员使用和退出风险的最有效机制之一,其具体内容包括(   )。

A.检查和评价与人力资源管理有关的内部控制制度的适当性与有效性

B.利用会计指标和非会计指标判断人力资源管理信息的可靠性和有效性

C.对企业人力资源管理者的责任审计，包括企业负责人任期内的人力资源资产的增减变动情况，任期内人力资源资产有关增长指标的完成情况，人力资源资产的利用情况等

D.人力资源管理效益审计

E.企业高管人员（尤其是第一责任人）离职前，不需要根据有关法律法规的规定进行工作交接或离任审计

16.关于企业人力资源管理内部控制，下列说法错误的有（   ）。

A.企业在选拔员工时，应当切实做到因人设岗、以人选岗，确保选聘人员能够胜任岗位职责要求

B.企业对经考核确定不能胜任岗位要求的员工，应直接解除劳动合同

C.企业人力资源管理风险包括人力资源退出机制不当，可能导致法律诉讼或企业声誉受损

D.企业应当定期对年度人力资源计划执行情况进行评估

E.对于具备足够业务能力和忠诚度的员工，向其提供走向管理层的机会

17.企业社会责任包括（   ）。

A.安全生产、产品质量（含服务）

B.环境保护

C.促进就业

D.员工权益保护

E.资源节约

18.企业在发展过程中履行社会责任的意义是（   ）。

A.履行社会责任是政府的强制要求

B.企业是在价值创造过程中履行社会责任

C.履行社会责任可以提高企业经济效益

D.履行社会责任可以实现企业可持续发展

E.履行社会责任必然会导致企业的竞争力下降，但会提高企业的社会形象

19.企业履行社会责任应关注的主要风险包括（   ）。

A.安全生产措施不到位、责任不落实，可能导致企业发生安全事故

B.产品质量低劣、侵害消费者利益，可能导致企业巨额赔偿、形象

受损，甚至破产

C.环境保护投入不足，资源耗费大，造成环境污染或资源枯竭，可能导致企业巨额赔偿，缺乏发展后劲，甚至停业

D.促进就业和员工权益保护不够，可能导致员工积极性受挫，影响企业发展和社会稳定

E.企业承担过多社会责任，影响企业的正常经营

20.企业在保护员工合法权益方面的风险主要包括 （   ）。

A.侵犯员工民主权利的风险　　　B.侵犯员工人身权益的风险

C.薪酬管理风险　　　　　　　　D.员工发展风险等

E.缺乏足够工作岗位

21.企业文化建设应关注的主要风险包括 （   ）。

A.缺乏积极向上的企业文化，可能导致员工丧失对企业的信心和认同感，企业缺乏凝聚力和竞争力

B.缺乏开拓创新、团队协作和风险意识，可能导致企业发展目标难以实现，影响可持续发展

C.缺乏诚实守信的经营理念，可能导致舞弊事件的发生，造成企业损失，影响企业信誉

D.忽视企业间的文化差异和理念冲突，可能导致并购重组失败

E.企业文化只存在于企业纸面上，没有落实到企业的日常工作中

22.企业文化建设过程中，应重点关注 （   ）。

A.塑造企业核心价值观

B.充分体现以人为本的理念，强化企业文化建设中的领导责任

C.并购重组中的文化整合

D.推进厂区设施建设

E.打造多个文化形象品牌

23.下列各项中，表明内部控制环境存在缺陷的有 （   ）。

A.甲企业为上市公司，其关键管理人员在母公司兼职，在该人员的指令下，上市公司承担了本应由母公司承担的捐款任务

B.乙企业为降低生产成本，减少环保投入，致使大量污水排入周边水域，造成环境污染

C.丙企业设立审计委员会，负责监督公司内部控制的有效实施和内部控制自我评价情况

D.丁企业的企业文化是"不惜一切代价做大市场"

E.戊企业将纪检部门、内审部门、风控部门、法务部门整合为一个部门，在董事会（或者主要负责人）直接领导下开展工作，向其负责并报告工作

（三）判断题

1.公司治理结构是构成内部环境的因素之一，包括股东（大）会、董事会、监事会、经理层、审计委员会、内部机构及权责划分，发挥了基础性作用。　　　　　　　　　　　　　　　　　　（　　）

2.完善的内部环境是企业内部控制有效性的保障，有效的内部控制又将推进内部环境的不断完善。　　　　　　　　　　　　　（　　）

3.不良的内部环境，必然导致企业缺乏一套行之有效的监督制衡机制，但是即使内部环境不佳，也不会影响内部控制发挥其最大效用。

（　　）

4.一个企业的组织架构存在缺失或缺陷，其他一切生产、经营、管理活动都会受到影响。　　　　　　　　　　　　　　　　（　　）

5.狭义公司治理结构是用来协调公司所有权益主体之间的制衡关系的体系。因此，它包括内部治理结构与外部治理结构。外部治理结构是指公司与外部各权益主体之间权益制衡关系的体系。　　（　　）

6.治理结构主要服务于促进企业实现发展战略、保证经营合法合规；而内部机构则主要服务于另外三类控制目标，即保证企业资产安全、保证财务报告及相关信息真实完整、提高经营效率和效果。因此二者是相互区别的，并没有联系。　　　　　　　　　　（　　）

7.企业董事会及战略委员会可以聘请社会专业人士担任顾问，提供专业咨询意见。　　　　　　　　　　　　　　　　　　　（　　）

8.M形结构是一种在公司总部下设立若干个子公司，公司总部作为母公司对子公司进行控股、承担有限责任的组织结构。　　（　　）

9.发展战略是企业在对现实状况和未来趋势进行综合分析和科学预测的基础上，制定并实施的中长期发展目标与战略规划。　（　　）

10.经营环境分析最常用的工具是五力分析模型，用以确定企业在

行业中的竞争优势和行业可能达到的最终资本回报率。（ ）

11.宏观环境分析一般通过政治和法律环境、经济环境、社会和文化环境、技术环境等因素分析企业所面临的状况。（ ）

12.要确保发展战略有效实施，加强组织领导是关键。企业董事会作为发展战略制定的直接参与者，往往比一般员工掌握更多的战略信息，对企业发展目标、战略规划和战略实施路径的理解和体会也更加全面深刻，应当担当发展战略实施的领导者。（ ）

13.发展战略决定了人力资源政策；反过来，良好的人力资源政策对发展战略却不具有积极的促进作用。（ ）

14.人力资源管理主要包括引进、开发、使用和退出四个方面。
（ ）

15.社会责任只会增加企业的负担不会给企业带来任何经济利益。
（ ）

16.2008年1月，国资委发布《关于中央企业履行社会责任的指导意见》，要求有条件的企业要定期发布社会责任报告。（ ）

17.企业文化是指企业在生产经营实践中逐步形成的价值观、经营理念和企业精神，以及在此基础上形成的行为规范的总称。（ ）

18.可能导致并购重组失败的一个重要原因是忽视企业间的文化差异和理念冲突。（ ）

19.员工终止雇佣关系后就不再和原受雇公司有任何关系，因此，也就没有义务再保护原受雇公司的机密信息。（ ）

20.当与业务相关时，偶尔赠送非政府雇员价值较低的商业礼物的做法是可以接受的，就算未得到道德委员会事先批准，也是可以的。
（ ）

（四）简答题

1.内部环境构成要素的内容是什么？

2.现代企业的组织结构一般包括哪几种基本形式？

3.人力资源管理的主要风险有哪些？

4.请简述企业履行社会责任的意义。

5.内部环境是内部控制要素之一，有人认为正是因为内部环境不好，企业才需要建立内部控制，所以企业无须改善内部环境。你认为这种说法正确吗？如果不正确，请说明理由并说明二者的关系；如果正确，请叙述你的理由。

6.社会责任作为企业需要履行的义务，有很多人认为既然企业的目标是获得更大的利润，而履行社会责任会导致企业经济利益流出，企业不应该负担这项义务。还有人认为履行社会责任从长远来看会提高企业经济利益。你认为这两种观点哪种正确并说明理由。

7.影响诚信和道德价值观的因素有哪些？

六、案例分析题

1.沃尔玛从一家不起眼的小店发展成为当今世界上最大的零售企业，必定有其独特的经营之道。约翰·科特在进行企业文化与企业业绩关系的研究中惊奇地发现，沃尔玛这家服务性公司在企业文化力量方面平均分值排名第一，而同期的企业经营业绩增长指数排名也位居前列（排名第二）。在众多成功因素当中，沃尔玛的文化和因其文化而聚集的团队起了重要的作用。在美国管理界，沃尔玛被公认为是最具文化特色的公司之一和最适宜工作的公司之一。可以说，沃尔玛文化打造的团队是沃尔玛其他战略得以成功实施的肥沃土壤。

张瑞敏说，海尔的核心竞争力就是海尔文化，海尔的任何东西别人都可以复制，唯独海尔文化无法复制。

历史悠久、卓越不凡的团队如IBM，它们的产品在不断地更新换代，经营模式在不断地改变，CEO也经历了很多代人，但它始终能抓住机遇。为什么？就是因为它有自己优秀、独特的团队文化。

要求：

（1）如何理解企业文化？

（2）企业文化的意义是什么？

2.2018年7月，长生生物内部的一名员工实名举报疫苗生产存在造假问题，随后，国家药监局会同吉林省局对长生生物的涉嫌造假案件进行立案调查，经查明，发现长生生物存在编造生产记录和产品检验记录、随意变更工艺参数和设备等违法行为，其行政处罚书载明其将不同批次的原液进行勾兑配制、更改涉案产品的生产批号或生产日期等8项违法事实。随着疫苗案件的持续发酵，相关调查人员还发现长生生物曾多次卷入贿赂案中，在过去10年，至少涉入12起贿赂案件，大多都与该公司为获得疫苗的优先采购权、销售人员向负责人提供好处费有关。此外，长生生物2015—2017年的年报及内部控制自我评价报告均存在虚假记录现象。

企业的社会责任要求企业在追求自身利益的同时，还要主动承担对利益相关者的责任。首先，从消费者的角度来说，长生生物作为医药企业，这样的行为显然违背了医药企业最基本的营业原则。医药作为一种特殊的商品，本该用以救人，疫苗造假导致消费者最基本的健康都不能得到保障，更不用说发挥医药预防疾病的作用。其次，从市场角度来看，市场上其他的医药竞争者因长生生物的贿赂行为丧失部分市场份额，盈利水平降低，扰乱了市场的良性竞争秩序，长生生物的造假行为在一定程度上使部分人对国产产品更加怀疑，导致同类企业的销售额下降。很显然，长生生物造假案暴露了极为严重的企业社会责任问题，一个将公众利益置之不顾，甚至为了一己私利不惜牺牲公众利益的企业必然为社会所唾弃。

要求：

请对企业社会责任问题进行深入分析研究，提出政策建议。

七、拓展阅读

［1］郭建鸾，马倩．公司并购双方强势文化整合——海信收购科龙文化整合解析［J］．财务与会计，2010（3）．

［2］刘克梁．企业文化实务与经典案例评析［M］．北京：当代世界出版社，2009.

［3］罗赛切．品牌背后的故事：企业文化与全球品牌［M］．黎晓旭，译.桂林：广西师范大学出版社，2006.

［4］约翰·C.肖．公司治理与风险：一种系统方法［M］．张先治，译.大连：东北财经大学出版社，2009.

［5］沈乐平．公司治理原理与案例［M］．大连：东北财经大学出版社，2009.

［6］杨自然．公司治理的中国模式［M］．北京：社会科学文献出版社，2009.

［7］韦尔林. 公司治理案例［M］. 吕彦儒，尤佳，译. 上海：上海人民出版社，2008.

［8］葛玉辉. 人力资源管理［M］. 2版. 北京：清华大学出版社，2008.

［9］董临萍. 人力资源管理案例与练习［M］. 上海：复旦大学出版社，2010.

［10］财政部会计司. 企业内部控制规范讲解2010［M］. 北京：经济科学出版社，2010.

第四章　风险评估

一、学习目的与要求

通过本章的学习，从战略目标和业务层面目标的设定进一步理解目标设定的含义，熟悉战略目标设定的原则、步骤和方法，掌握战略目标的分解。了解风险识别的概念和内容，理解风险识别的过程，掌握风险识别的方法。在了解风险分析的概念和内容的基础之上，理解风险分析的核心内容，掌握定量分析法和定性分析法。理解风险应对的概念，掌握风险规避、风险降低、风险分担、风险承受四种风险应对策略。

二、相关准则与制度

1.《企业内部控制基本规范》

2.《企业内部控制配套指引》

3. COSO《内部控制——整合框架》（2013年）

三、预习要览

（一）本章结构（如图4-1所示）

（二）关键概念

目标设定　　　　　　　　战略目标

业务层面目标　　　　　　风险偏好

风险承受能力　　　　　　风险识别

风险分析　　　　　　　　风险应对

风险规避　　　　　　　　风险降低

风险分担　　　　　　　　风险承受

（三）关键问题

1.如何设定内部控制目标？

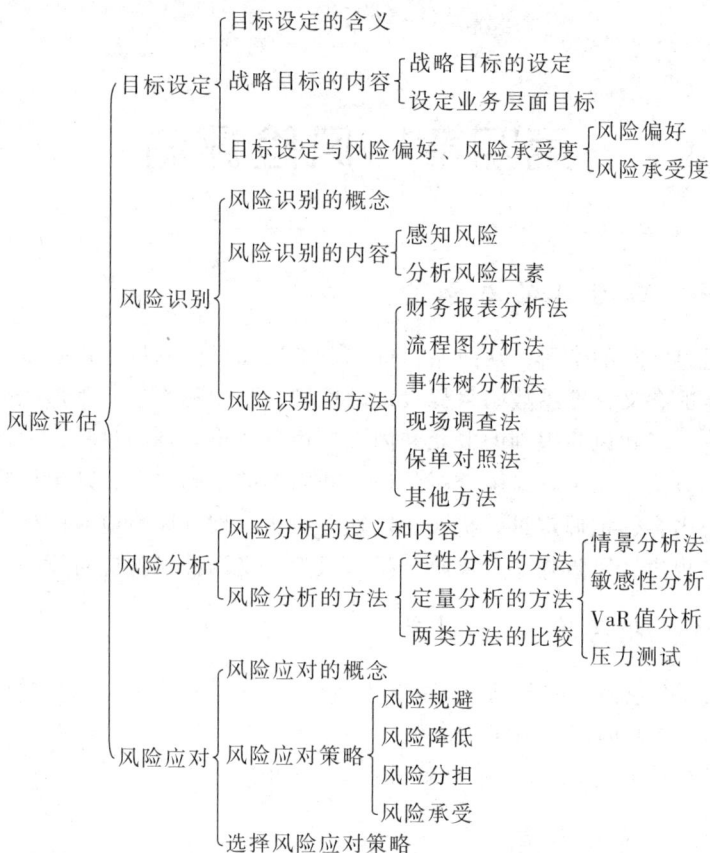

- 风险评估
  - 目标设定
    - 目标设定的含义
    - 战略目标的内容
      - 战略目标的设定
      - 设定业务层面目标
    - 目标设定与风险偏好、风险承受度
      - 风险偏好
      - 风险承受度
  - 风险识别
    - 风险识别的概念
    - 风险识别的内容
      - 感知风险
      - 分析风险因素
    - 风险识别的方法
      - 财务报表分析法
      - 流程图分析法
      - 事件树分析法
      - 现场调查法
      - 保单对照法
      - 其他方法
  - 风险分析
    - 风险分析的定义和内容
    - 风险分析的方法
      - 定性分析的方法
      - 定量分析的方法
        - 情景分析法
        - 敏感性分析
        - VaR值分析
        - 压力测试
      - 两类方法的比较
  - 风险应对
    - 风险应对的概念
    - 风险应对策略
      - 风险规避
      - 风险降低
      - 风险分担
      - 风险承受
    - 选择风险应对策略

图4-1 本章结构

2.风险识别的方法有哪些？各种方法的优点和局限性是什么？

3.风险分析的核心内容是什么？风险分析方法具体有哪些？

4.如何理解定性分析法和定量分析法之间的关系？

5.风险应对策略有哪些？各种策略的优点和局限性是什么？

6.选择风险应对策略时应考虑哪些因素？

四、本章重点与难点

1.风险评估的概念

风险评估是指单位及时识别、科学分析经营活动中与实现控制目标相关的风险，合理确定风险应对策略。风险评估是实施内部控制的重要环节，主要包括目标设定、风险识别、风险分析、风险应对。

2.内部控制目标的设定

企业的战略目标一般是稳定的，但与其相关的业务层面的目标具有动态性，会随着内部和外部的条件而调整。在企业内部控制目标的设计过程中，首先要确定企业层面的目标，即战略目标。

战略目标需要通过董事会及员工的相互沟通后确定，同时还要有支持其实现的资金预算及战略计划。战略目标的设定需要经过以下四个步骤：

（1）明确企业发展目标。企业在其中长期规划中应明确自身的发展目标和发展方向，通过培训、宣传手册、领导讲话等方式将企业层面的目标清晰地传达给员工。

（2）制定实现目标的战略规划。企业通过SWOT分析，在了解自身的优势、劣势、机会和威胁的基础上制定帮助企业实现目标的战略规划。

（3）编制年度计划及资金预算。企业根据制定的中长期战略规划，编制年度经营计划、年度资金预算等。该年度经营计划及预算应符合企业中长期战略规划的效益目标、投资方向和投资结构。

（4）企业编制《企业预算管理办法》，明确编制预算的基本原则、内容、编制依据等。

业务层面目标（包括经营目标、资产目标、报告目标和合规目标）来自于企业战略目标及战略规划，并且制约和促进企业战略目标的实现。业务层面的目标应具体并具有可衡量性，且与重要业务流程密切相关。业务层面目标的设定需要经过以下四个阶段：

（1）设定业务层面目标。企业的总目标及战略规划为业务层面的目标指明方向，业务层面根据自身的实际情况及总体目标的要求提出本单位的目标，通过上下不断沟通最终确定。

（2）根据企业的发展变化，定期更新业务活动的目标。

（3）配置资源以保证业务层面目标的顺利实现。企业在确定各业务单位的目标之后，将人、财、物等资源合理分配下去，以保证各业务单位有实现其目标的资源。

（4）分解业务目标并下达。企业确定业务层面的目标后，再将其分解至各具体的业务活动中，明确相应岗位的目标。

3.风险识别

风险识别是对企业面临的各种潜在风险进行确认。所谓潜在风险，是指来自企业内部和外部可能影响企业执行战略和实现目标的单个或者一系列偶发风险。企业应采用一系列技术来识别有关风险并考虑有关风险的起因，对企业过去和未来的潜在风险以及风险的发生趋势进行计量。

风险识别包括两方面的内容：（1）感知风险。通过调查和了解，识别风险的存在。按风险的来源，企业风险可以划分为内部风险和外部风险；按风险的层级，企业风险可以划分为组织层面的风险与交易层面的风险。（2）分析引起风险的内外部因素。通过归类分析，掌握引起风险的原因和条件，以及风险具有的性质。这两者是相辅相成、互相联系的。

4.定性分析法与定量分析法

定性分析法与定量分析法在实际应用中并非相互排斥，而是相互补充，相辅相成。

理论上讲，通过定量分析可以对风险进行精确的分析，且定量分析的结果很直观，容易理解，但定量分析法的应用是以可靠的数据指标为前提的。事实上，在信息系统日益复杂多变的今天，定量分析所依据的数据的可靠性是很难保证的，再加上数据统计缺乏长期性，获得更多的数据需要更高的成本，这都给分析的细化带来了很大的困难。此外，定量分析法虽然较精确，但许多非计量因素无法考虑。例如，国家的方针政策以及政治经济形势的变动，消费者心理以及习惯的改变，投资者的意向以及职工情绪的变动等，这些因素都是定量分析无法量化的。

与定量分析相比较，定性分析的准确性稍好但精确性不够。定性分析虽然可以将一些非计量因素考虑进去，但估计的准确性在很大程度上受分析人员的经验和能力的影响，这不可避免使风险分析结果因人而异，带有一定的主观随意性，且定性分析的结果也很难有统一的解释。

5.风险应对策略的选择

选择风险应对策略的主要依据有:

(1)风险承受能力。企业抵抗风险的能力决定了企业能够承受多大的风险,也决定了企业应对策略的选择。企业抵抗风险的能力取决于多种因素,包括管理者的风险偏好、企业的资源和财力水平、企业的风险态度等。

(2)成本与效益。实际上每一种风险应对策略在设计和实施过程中都会产生一些直接或间接的成本,这些成本要与其创造的效益相权衡。只有风险应对策略的成本小于其带来的收益时,这种风险应对策略才是可行的。

(3)风险的特性。制定风险应对策略,必须以风险的特性为依据,对不同特性的风险制定相应的应对措施。例如,对于风险较大(超出企业的风险承受度)的业务,企业一般采用风险规避策略;对于自然灾害等不可抗力风险,企业一般采用风险转移策略。

(4)可供选择的措施。对于某一特定风险,如果可以采取多种应对策略,那么风险应对措施的制定就需要在多种策略中进行比较,选择最有效的风险应对措施。

五、练习题

(一)单项选择题

1.企业风险评估的起点是(   )。

A.目标设定   B.风险识别

C.风险分析   D.风险应对

2.根据《企业内部控制基本规范》,最高层次的内部控制目标是(   )。

A.经营目标   B.资产目标

C.战略目标   D.报告目标

3.下列各项中,不属于平衡计分卡维度的是(   )。

A.财务   B.客户

C.内部运营   D.生产与安全

4.下列各项中,不属于经营目标特征的是(   )。

A.应考虑风险承受度

B.应形成资源配置的基础

C.应反映资产在使用价值上的完整性

D.应反映管理层在主体架构、行业因素及业绩等方面的选择

5.目标设定是否科学、有效，取决于其是否符合企业的（　　　）。

A.风险偏好   B.企业的发展规模

C.风险承受度   D.A、C两者均是

6.下列各项中，不属于造成信息系统风险的原因是（　　　）。

A.系统失灵   B.市场扭曲

C.数据的存取和处理   D.系统的安全性与可用性

7.COSO《内部控制——整合框架》（2013 年）原则 8 指出，组织应在评估影响其目标实现的风险时，考虑（　　　）。

A.营运风险   B.战略风险

C.舞弊风险   D.财务风险

8.下列各项中，不属于企业外部风险的是（　　　）。

A.财务风险   B.市场风险

C.法律风险   D.政治风险

9.杜邦分析系统的核心和出发点是（　　　）。

A.销售净利率   B.净资产收益率

C.资产周转率   D.权益乘数

10.下列各项中，属于内部风险识别应关注的因素是（　　　）。

A.财务状况   B.经济形势

C.法律法规   D.技术进步

11.最常见的风险定性分析方法是（　　　）。

A.问卷调查法   B.风险评估图法

C.情景分析法   D.压力测试法

12.按照表现形式划分，流程图分为（　　　）。

A.内部流程图和外部流程图

B.简单流程图和复杂流程图

C.实物形态流程图和价值形态流程图

D.一般流程图和特殊流程图

13.敏感性分析是用来衡量（　　）。

A.全部因素的变化对项目评价标准的影响程度

B.确定因素的变化对项目评价标准的影响程度

C.不确定因素的变化对项目净利润的影响程度

D.不确定因素的变化对项目评价标准的影响程度

14.下列方法中，适用于在极端影响事件的情景下，分析评估风险的是（　　）。

A.情景分析　　　　　　　　B.压力测试

C.敏感性分析　　　　　　　D.问卷调查

15.可以用简单明了的金额来衡量市场风险大小的方法是（　　）。

A.VaR法　　　　　　　　　B.蒙特卡罗法

C.情景分析法　　　　　　　D.压力测试

16.M公司是甲国一家稀土矿开采企业，管理层考虑拓展海外业务，到乙国开采稀土矿。乙国政府能快速取得国外企业资产的控制权并收取高额税负，M公司的下列措施中，属于风险转移的是（　　）。

A.为资产投保

B.邀请乙国政府为企业共有人

C.邀请乙国稀土矿开采企业参与投资

D.大范围融资满足对资金的需求

17.下列各项中，适用于应对损失概率和损失程度相当大的某种特定风险的策略是（　　）。

A.风险规避　　　　　　　　B.风险转移

C.风险降低　　　　　　　　D.风险承受

18.下列各项中，不属于控制型非保险转移的是（　　）。

A.出售　　　　　　　　　　B.外包

C.股份化　　　　　　　　　D.售后回租

19.下列各项中，不属于风险承受方法优点的是（　　）。

A.成本较低　　　　　　　　B.操作手法灵活多样

C.控制理赔进程　　　　　　D.有利于货币资金的运用

20.下列风险中，可以分散的是（　　）。

A.税制改革　　　　　　　　B.经营风险

C.会计准则改革　　　　　　　　D.宏观经济形势变动

(二) 多项选择题

1.下列各项中，属于业务层面目标的是（　　　）。

A.经营目标　　　　　　　　　　B.资产目标

C.战略目标　　　　　　　　　　D.报告目标

E.合规目标

2.企业在设定战略目标时，需要综合考虑的因素有（　　　）。

A.所在行业的平均水平

B.企业过去和现在已经达成的目标

C.所在行业的最优水平或标杆业绩

D.市场竞争程度和竞争对手的实力

E.依据使命和愿景，企业应该达到的水平

3.下列各项中，关于目标设定表述正确的是（　　　）。

A.内部控制目标既相互独立又互有重叠

B.目标一经设定，一般在五年内保持不变

C.内部控制目标要与风险偏好、风险承受度相一致

D.战略目标要与企业的使命和愿景相协调，并支持使命和愿景

E.业务层面目标来自战略目标及战略规划，并制约或促进战略目标
　　的实现

4.企业设定战略目标需要经过的步骤有（　　　）。

A.明确企业发展目标

B.制定实现目标的战略规划

C.编制年度计划

D.编制年度预算

E.年度预算可行性分析

5.下列各项中，属于企业内部风险的是（　　　）。

A.法律风险　　　　　　　　　　B.市场风险

C.营运风险　　　　　　　　　　D.财务风险

E.灾害风险

6.下列各项中，属于风险识别方法的是（　　　）。

A.财务报表分析法　　　　　　　B.流程图分析法

C.事件树分析法　　　　　　　　D.现场调查法

E.保单对照法

7.下列各项中，属于财务报表分析法具体方法的是（　　　　）。

A.故障法　　　　　　　　　　　B.趋势分析法

C.比率分析法　　　　　　　　　D.因素分析法

E.保单对照法

8.下列各项中，属于VaR常用计算方法的是（　　　　）。

A.历史模拟法　　　　　　　　　B.趋势分析法

C.现场调查法　　　　　　　　　D.方差-协方差法

E.蒙特卡罗模拟法

9.下列各项中，属于风险定量分析方法的是（　　　　）。

A.情景分析法　　　　　　　　　B.敏感性分析法

C.风险评估图法　　　　　　　　D.VaR法

E.压力测试法

10.下列各项中，属于非保险型风险转移优点的是（　　　　）。

A.适用对象广泛　　　　　　　　B.直接成本低

C.操作手法灵活多样　　　　　　D.损失保证相对确定

E.经过严密的审核

11.根据目的不同，风险降低可以划分为（　　　　）。

A.风险转移　　　　　　　　　　B.风险分散

C.损失预防　　　　　　　　　　D.损失抑制

E.售后回租

12.下列各项中，属于风险转移策略的是（　　　　）。

A.保险　　　　　　　　　　　　B.非保险转移

C.完全放弃　　　　　　　　　　D.损失抑制

E.计划

13.下列各项中，属于保险型风险转移缺点的是（　　　　）。

A.费用相对高

B.损失保证不确定

C.受到有关法律许可的限制

D.对合同条文的理解有差异

E.受到合同条款的严格限制

14.下列各项中，属于风险规避局限性的是（　　　）。

A.获得服务的种类和质量受限制

B.有些风险无法规避

C.有些风险规避可能不利于获取经济效益

D.消极规避风险，可能让企业安于现状

E.可能造成员工关系紧张

15.选择风险应对策略时需要考虑的因素有（　　　）。

A.风险承受度　　　　　　　　B.成本与效益

C.风险的特性　　　　　　　　D.可供选择的措施

E.风险的可规避性

（三）判断题

1.目标设定是企业风险评估的起点，是风险识别、风险分析和风险应对的前提。　　　　　　　　　　　　　　　　　　　　　（　　）

2.事件风险指因市场或竞争环境出现预期以外的变化而导致损失的风险。　　　　　　　　　　　　　　　　　　　　　　　　　（　　）

3.感知风险事项是风险识别的基础，分析风险事项是风险识别的关键。　　　　　　　　　　　　　　　　　　　　　　　　　　（　　）

4.一般来说，风险分析是分析风险发生的可能性和影响程度。
　　　　　　　　　　　　　　　　　　　　　　　　　　　　（　　）

5.企业在风险承受能力之内经营，能够使其在风险偏好之内向管理层提供更大的保证，进而对企业实现其目标提供更高程度的保证。
　　　　　　　　　　　　　　　　　　　　　　　　　　　　（　　）

6.企业开展风险评估，应当准确识别与实现控制目标相关的内部风险和外部风险，确定相应的风险承受度。　　　　　　　　　　　（　　）

7.和定性分析方法相比，定量分析方法具有很强的主观性。（　　）

8.目标设定是否科学、有效，取决于其是否符合企业的风险偏好和风险承受度。　　　　　　　　　　　　　　　　　　　　　　　（　　）

9.敏感性分析就是从改变可能影响分析结果的不同因素的数值入手，估计结果对这些变量的变动的敏感程度，属于定量分析方法。
　　　　　　　　　　　　　　　　　　　　　　　　　　　　（　　）

10.风险评估过程应当包括管理层对资产安全性和财务报表舞弊的风险评估。 （　　）

11.财务报表分析法能综合反映一个风险管理单位的财务状况，因此是最好的风险识别方法。 （　　）

12.已经发生的确定性事件可能会加大企业的战略风险。 （　　）

13.损失抑制以降低损失概率为目的，损失预防以缩小损失程度为目的。 （　　）

14.财务型非保险转移是指利用经济处理手段转移经营风险，比较常用的手段有保证、再保证、证券化、股份化等。 （　　）

15.压力测试法是指评估那些具有极端影响事件的情景下，分析评估风险管理模型或内控流程的有效性，发现问题，制订改进措施的方法。 （　　）

（四）简答题

1.风险识别包括哪些内容？

2.风险识别的方法有哪些？各自的优缺点是什么？

3.风险分析的主要内容是什么？

4.定量分析和定性分析是风险分析的两类方法，如何理解两者的关系？

5.选择风险应对策略时应考虑哪些因素？

六、案例分析题

2019年6月14日，奥马电器的股价在早间开盘后一字跌停，无疑成为A股市场上舆论的焦点。事情源于6月13日晚上奥马电器发布的一则公告，公告称：截至6月12日，公司逾期债务合计2.72亿元，公司将因支付大量违约金、滞纳金等，面临财务费用增加、融资能力下降等问题，由此将加剧公司资金紧张状况，对部分业务造成不利影响。该公告一出，市场哗然。

2019年4月25日，奥马电器董事会通过了使用不超过13亿元自由闲置资金进行委托理财的议案，并且5月17日还收到华鑫信托的9.7亿元纾困资金。奥马电器有22.7亿元的闲置资金而还不上2.72亿元的债务这一现象，令市场费解，迷局背后的疑团也慢慢解开。

奥马电器在 2002 年创立，于 2012 年 4 月 16 日在中小板挂牌。公司主营冰箱的设计、制造和销售，公司 70% 营业收入来自海外，因而被称为"出口冰箱之王"。上市之后直至 2015 年，虽然奥马电器没有十分亮眼的经营业绩，但营业收入和净利润逐年稳步增长。

2015 年是奥马电器生命中的转折点。当年 10 月 28 日，从京东副总裁职务离职的赵国栋入主奥马电器，其受让了奥马电器 20.38% 股权。出身金融业的赵国栋入主后的第一步就是发力金融行业。2015 年 11 月，赵国栋推动奥马电器以 6.12 亿元现金收购中融金 51% 股权。2017 年 4 月，奥马电器又支付 7.84 亿元现金收购了中融金剩下的 49% 股权。除了收购中融金，奥马电器还通过投资设立、参与增资等途径，相继拥有宁夏小贷、钱包好车、广投资管、钱包易行、钱包保险经纪、网金创新等众多互金公司，并拥有地方资产管理牌照、互联网小贷牌照、商业保理牌照、融资租赁牌照等。此外，奥马电器还入股长治银行、石嘴山银行。

在互金领域大肆攻城略地，奥马电器形成了冰箱与金融双主业，直至 2018 年，金融业务都给其带来不菲的业绩。然而 2018 年后，受国内外宏观经济形势、金融政策和金融环境整体的影响，互金整治持续推进，P2P 网贷行业出现集中性风险，奥马电器部分网贷平台合作方属于出清范围，奥马电器预计大量贷款逾期并无法收回。在此种情况下，奥马电器对 2018 年商业保理、助贷、车贷等业务部分应收账款计提坏账准备 14.15 亿元，并对此前高溢价收购的中融金计提商誉减值准备 5.48 亿元，这将对平台投资人的合法权益造成严重影响。资产减值损失合计高达 20.47 亿元，致使奥马电器 2018 年巨亏 19.03 亿元。除了亏损，因资金周转困难，奥马电器旗下子公司还面临多起债务诉讼纠纷，多家银行和湖南省资产管理有限公司因合同纠纷对奥马电器、钱包汇通（平潭）商业保理、钱包金服（北京）、钱包智能（平潭）、中融金（北京）提起了民事诉讼。

钱包金服出现的兑付问题，也引发了奥马电器的连锁反应：债务危机接连爆发、高管频频辞职、实际控制人股权质押爆仓、公司股价持续下挫。早在 2018 年，奥马电器原董秘、副总经理何石琼，原财务总监、副总经理杨锐志，原副董事长、副总经理李迎晨等多位高管相继提出辞职，并抛售公司股票；2019 年，接替何石琼担任董秘、副总经理的宁芳琦也递交了辞呈。接连离职的高管，似乎早已洞悉奥马电器躲不过的风险。2018 年年末，公司 20 多个银行账户和所持的多家子公司股权被冻结，各路债权机构也纷纷申请保全财产并强制执行。而赵国栋也一直在通过股权转让、爆仓质押等多种方式扭转颓势，但情况未见实质性好转，奥马电器的股价一直在跌跌不休。2018 年 3 月，奥马电器的股价一度达到 16 元/股以上，经历了一年的持续下跌之后，目前报 5.87 元/股，一年多时间跌幅超 60%，市值蒸发超百亿元。

从最新公布的 2019 年一季度业绩来看，奥马电器归属母公司的净利润扭亏为盈，实现超过 9 000 万元的盈利。然而，奥马电器的偿债能力依然堪忧，近三年奥马电器的流动比率持续下降，2018 年年末降至 0.98，2019 年一季度末流动比率指标升至 1.05。另外，奥马电器连续两年利息保障倍数为负，说明公司存在严重的偿债风险。

要求：

根据上述材料，分析奥马电器在由盛转衰这一过程中面临的主要风险有哪些？

七、拓展阅读

［1］池国华，樊子君．内部控制学［M］．2 版．北京：北京大学出版社，2013．

［2］池国华，朱荣．内部控制与风险管理［M］．2 版．北京：中国人民大学出版社，2018．

［3］叶陈刚，郑君彦，等．企业风险评估与控制［M］．2 版．北京：机械工业出版社，2013．

［4］拉桑德．风险评估（理论方法与应用）［M］．北京：清华大学版社，2013．

［5］胡为民．内部控制与企业风险管理：案例与评价［M］．2 版．北京：电子工业出版社，2013．

［6］霍普金．风险管理：理解、评估和实施有效的风险管理［M］．北京：中国铁道出版社，2013．

［7］COSO．企业风险管理——整合框架［M］．方红星，王宏，译．

大连：东北财经大学出版社，2013.

[8] COSO．内部控制——整合框架（2013）[M]．财政部会计司，译．北京：中国财政经济出版社，2014.

[9] 穆勒．2013版COSO内部控制实施指南 [M]．秦荣生，等，译．北京：电子工业出版社，2015.

第五章 控制活动

一、学习目的与要求

通过本章的学习，理解不相容职务分离控制、授权审批控制、会计系统控制、财产保护控制、预算控制、运营分析控制、绩效考评控制、合同控制等控制活动的定义；掌握一般需要分离的六种不相容职务；掌握授权审批控制的基本原则和"三重一大"事项决策审批程序；掌握会计系统控制的方法和会计系统控制的内容；掌握财产保护控制的措施；了解全面预算的作用，掌握全面预算的实施主体和流程；掌握营运分析的流程和方法；掌握绩效考评系统的构成，熟悉绩效考评的三种模式，理解各模式的优缺点及其相互间的区别；了解合同控制的意义，熟悉合同控制的一般流程，掌握合同控制的措施。

二、相关准则与制度

1.《企业内部控制基本规范》
2.《企业内部控制应用指引第 15 号——全面预算》
3.《企业内部控制应用指引第 16 号——合同管理》

三、预习要览

（一）本章结构（如图5-1所示）
（二）关键概念

不相容职务分离控制	全面预算
授权审批控制	运营分析控制
会计系统控制	绩效考评控制
财产保护控制	合同控制
预算控制	

```
                              ┌ 不相容职务分离控制的定义
            不相容职务分离控制 ┤
                              └ 不相容职务分离控制的内容
                              ┌ 授权审批控制的定义
                              │            ┌ 授权的种类
            授权审批控制 ┤ 授权控制 ┤ 授权控制的基本原则
                              │            └ 授权的形式
                              │ 审批控制
                              └ "三重一大"制度
                              ┌ 会计系统控制的定义
            会计系统控制 ┤ 会计系统控制的方法
                              └ 会计系统控制的内容
                              ┌ 财产保护控制的定义
            财产保护控制 ┤
                              └ 财产保护控制的措施
控制活动 ┤                   ┌ 全面预算和预算控制
                              │ 全面预算的作用
            预算控制 ┤ 全面预算的实施主体
                              └ 全面预算的流程
                              ┌ 运营分析控制的定义
            运营分析控制 ┤ 运营分析控制的流程
                              └ 运营分析控制的方法
                              ┌ 绩效考评控制的定义
            绩效考评控制 ┤ 绩效考评系统的内容
                              └ 绩效考评的三种模式
                              ┌ 合同控制的定义
                              │ 合同控制的意义
            合同控制 ┤ 合同控制的一般流程
                              └ 合同控制的措施
```

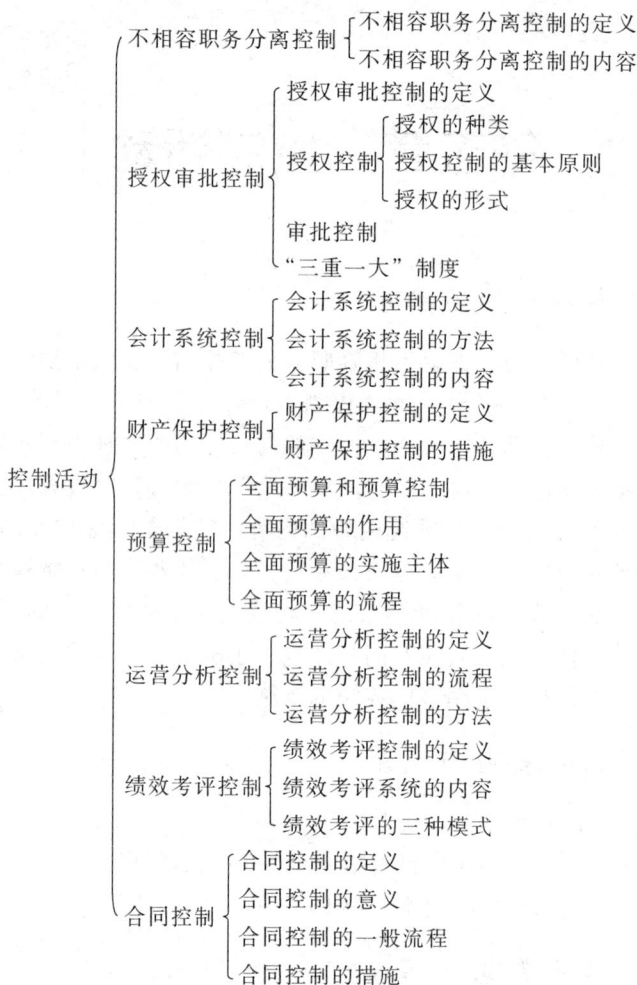

图 5-1　本章结构

（三）关键问题

1.内部控制活动主要有哪几种？它们之间有什么关系？

2.什么是不相容职务？它通常包括哪些职务？一般情况下需要分离的不相容职务有哪几种？

3.授权审批控制的要求是什么？有哪些基本原则和形式？

4.什么是会计系统控制？它包括哪些内容？

5.全面预算的实施主体分为哪几个层次？完整的全面预算流程主要包括哪几个阶段？

6.什么是运营分析控制？有哪些进行运营分析控制的方法？

7.构成绩效考评系统的基本要素是什么？它们之间有什么关系？

8.实践中普遍应用的有哪几种绩效考评模式？它们各自有哪些特点？

9.什么是合同控制？其控制流程包括哪些环节？

四、本章重点与难点

1.不相容职务分离控制

不相容职务分离控制要求企业全面系统地分析、梳理业务流程中所涉及的不相容职务，实施相应的分离措施，形成各司其职、各负其责、相互制约的工作机制。根据大部分企业的经营管理特点和一般业务性质，需要分离的不相容职务主要有以下六种：①可行性研究与决策审批相分离；②业务执行与决策审批相分离；③业务执行与审核监督相分离；④会计记录与业务执行相分离；⑤业务执行与财产保管相分离；⑥财产保管与会计记录相分离。在实践中区分与实施不相容职务分离时，需要注意以下两点：①不相容职务分离针对的对象是岗位，而不是部门；②建立岗位轮换和强制休假制度。

2.授权审批控制

授权审批控制要求企业按照授权审批的相关规定，明确各岗位办理业务和事项的权限范围、审批程序和相应责任。企业内部各级管理人员必须在授权范围内行使职权和承担责任，业务经办人员必须在授权范围内办理业务。

授权控制的基本原则：授权要依事而非依人、不可越权授权、适度授权、以监督为授权的保障。

审批控制的基本原则：不得越权审批、不得随意审批。

"三重一大"事项决策审批程序如下：

(1)"三重一大"事项提交会议集体决策前应当认真调查研究并提前告知所有参与决策人员，并为所有参与决策人员提供相关材料，经过必要的研究论证程序，充分吸收各方面意见。如重大的投融资项目应事前充分听取相关专家的意见；重要的人事任免应该事先征求相关企业主要投资者等主要利益相关者的意见；关于企业改制等关系企业员工切身利益的重大事件，应当听取企业工会的意见，并通过职工代表大会或者其他形式听取职工群众的意见和建议。

（2）企业应当以会议的形式，对职责权限内的"三重一大"事项做出集体决策。不得以个别征求意见等方式做出决策。紧急情况下由个人或少数人临时做出决定的，事后应及时向相关领导部门报告；临时决定人应当对决策情况负责，相关负责部门应当在事后按程序予以追认。

（3）决策会议的召开需要符合规定的人数。与会人员应充分讨论并发表意见，主要负责人应当最后发表总结性意见。若会议涉及多个事项时，应逐项研究决定。若存在严重分歧，一般应当推迟做出决定。会议决定的事项、过程、参与人及其意见、结论等内容，应当完整、详细记录并存档备查。

（4）决策做出后，企业应当及时向股东或履行出资人职责的机构报告有关决策情况；企业负责人应当按照分工来组织实施，并明确责任部门和责任人。参与决策的个人对集体决策有不同意见，可以保留或者向上级反映，但在没有做出新的决策前，不得擅自变更或者拒绝执行。如遇特殊情况需对决策内容作重大调整，应当重新按规定履行决策程序。

（5）建立"三重一大"事项决策审批的回避制度和决策考评制度，逐步健全决策失误纠正机制和责任追究制度。

3.会计系统控制

会计系统控制是指利用记账、核对、岗位职责落实和职责分离、档案管理、工作交接程序等会计控制方法，确保企业会计信息真实、准确、完整。

会计系统控制的方法：

（1）会计凭证控制

会计凭证控制指在填制或取得会计凭证时实施的相应控制措施，包括原始凭证与记账凭证的控制。

（2）会计账簿控制

会计账簿控制指在设置、启用及登记会计账簿时实施的相应控制措施。

（3）财务报告控制

财务报告控制指在编报财务报告时实施的相应控制措施。

（4）会计复核控制

会计复核控制指对各项经济业务记录采用复查核对的方法进行的控制。其目的是避免发生差错和舞弊，保证财务会计信息的准确与可靠，及时发现并改正会计记录中的错误，做到证、账、表记录相符。

会计系统控制的内容包括：

（1）会计准则和会计制度的选择。企业管理层应当依据企业的具体情况选择适用的会计准则和相关会计制度。

（2）会计政策选择。企业的会计政策，是指企业在会计确认、计量和报告中采用的原则、基础和会计处理方法。企业管理层应当以真实、公允地反映企业状况为标准来选择适当的会计政策，变更会计政策时要说明合理变更的原因。

（3）会计估计确定。会计估计，是指企业对其结果不确定的交易和事项以最近可利用的信息为基础所作出的判断。企业管理层需要依据企业的真实情况，作出合理的会计估计。

（4）文件和凭证控制。企业应当对经济业务文件进行记录并且凭证需要连续编号，避免业务记录的重复或遗漏，同时也便于业务查询，并在一定程度上防范舞弊行为的发生。

（5）会计档案保管控制。会计档案的内容一般指会计凭证、会计账簿、会计报表以及其他会计核算资料等。企业应当详细记录且妥善保管合同、协议、备忘录、出资证明等重要的法律文书，作为企业重要的档案资料以备查用。

（6）组织和人员控制。企业应当依法设置会计机构，配备会计从业人员。从事会计工作的人员，必须取得会计从业资格证书。会计机构负责人应当具备会计师以上专业技术职务资格。大中型企业应当设置总会计师。设置总会计师的企业，不得设置与其职权重叠的副职。

（7）建立会计岗位制度。企业应根据自身规模大小、业务量多少等具体情况设置会计岗位。一般大中型企业设置会计主管、出纳、流动资产核算、固定资产核算、投资核算、存货核算、工资核算、成本核算、利润核算、往来核算、总账报表、稽核、综合分析等岗位。小型企业因业务量较少，应适当合并减少部分岗位。这些岗位可以一人一岗、一人多岗，也可以一岗多人，但出纳人员不得兼任稽核，会计档案保管，收入、费用、债权债务账目的登记工作。

（8）业务流程控制。企业应当采用业务流程图的形式清晰反映其业务流程，使得员工能够充分理解企业的业务流程，从而清楚自己在整个业务流程中的地位，采取适当的工作方式实现自己的岗位责任。

4.财产保护控制

财产保护控制要求企业建立财产日常管理制度和定期清查制度，采取财产记录、实物保管、定期盘点、账实核对等措施，确保财产安全。

财产保护控制的措施包括：

（1）财产档案的建立和保管。企业应当建立财产档案，全面、及时地反映企业财产的增减变动，以实现对企业资产的动态记录和管理。企业应妥善保管涉及财产物资的各种文件资料，避免记录受损、被盗、被毁。有计算机处理记录的文件材料需要备份，以防数据丢失。

（2）限制接近。限制接近是指严格限制未经授权的人员对资产的直接接触，只有经过授权审批的人员才能接触资产。限制接近包括限制对资产本身的接触和通过文件批准方式对资产使用或分配的间接接触。

（3）盘点清查。盘点清查是指定期或不定期地对存货、固定资产等进行实物盘点和对库存现金、银行存款、债权债务进行清查核对，将盘点清查的结果与会计记录进行比较核对，并进行差异处理的过程。若在盘点中发现差异，应当及时分析原因，提出处理意见，出具清查报告，并将其结果及处理办法向企业的董事会或相关机构报告。一般来说，盘点清查范围主要包括存货、库存现金、票据、有价证券以及固定资产等。

（4）财产保险。财产保险控制是指运用财产投保（如火灾险、盗窃险、责任险等），增加实物资产受损后的补偿程度或机会，从而将意外情况发生、资产受损时给企业带来的影响降到最低程度，分担不确定性所带来的风险。企业可以根据实际情况考虑，对其重要或特殊的财产投保，使得企业可以在意外情况发生时通过保险获得补偿，减轻损失程度。

5.预算控制

预算控制要求企业实施全面预算管理制度，明确各责任单位在预算管理中的职责权限，规范预算的编制、审定、下达和执行程序，强化预算约束。

全面预算的实施主体：

（1）决策机构——预算管理委员会。预算管理委员会是预算管理的领导机构和决策机构，应作为预算控制的最高级别控制主体承担监控职责。

（2）工作机构——预算管理工作机构。预算管理工作机构履行预算管理委员会的日常管理职责，对企业预算执行情况进行日常监督和控制，收集预算执行信息，并形成分析报告。

（3）执行单位——各责任中心。各责任中心既是预算的执行者，又是预算执行的监控者，各责任中心在各自职权范围内以预算指标作为生产经营行为的标准，同预算指标比较，进行自我分析，并上报上级管理人员以便采取相应措施。

全面预算的流程：

（1）预算编制。预算编制主要由预算编制、预算审批和预算下达三个方面构成。

预算编制是企业预算总目标的具体落实以及将其分解为责任目标并下达给预算执行者的过程。预算编制质量的高低直接影响预算执行结果，也影响对预算执行者的绩效考评。

预算审批是指企业全面预算应该按照《中华人民共和国公司法》等相关法律法规及企业章程的规定报经审议批准。

预算下达是指企业全面预算经过审议批准后应及时以文件形式下达执行。

企业在预算编制环节应当关注以下风险：不编制预算或预算不健全可能导致企业经营缺乏约束或盲目经营；预算目标不合理、编制不科学，可能导致企业资源浪费或发展战略难以实现。

（2）预算执行。预算执行是全面预算的核心环节，是预算目标能否实现的关键。预算执行主要包括预算指标的分解和责任落实、预算执行控制、预算分析和预算调整四部分。

预算管理委员会以董事会批准的企业年预算为依据，分解预算指标，将整个企业的预算分解为各责任中心的预算，并下达给各责任中心，以此来约束和考评责任主体；各责任中心以下达的预算为依据，安排生产经营活动，并制作专门由预算管理员登记的预算台账，形成预算执行统计记录，定期与财务部门核对；在预算执行的过程中，对于预算内支出按照预先授权审批，对于预算外支出需要提交预算管理委员会审议；财务部门对各责任中心的日常业务进行财务监督和审核，重点是财务支出的审核，尤其是成本支出和资本支出。

企业在预算执行环节应当关注以下风险：预算缺乏刚性、执行不力可能导致预算管理流于形式。

（3）预算考核。预算考核是对企业内部各级责任部门或责任中心预算执行结果进行评价，将预算的评价结果与预算执行者的薪酬相挂钩，实行奖惩制度，即预算激励。

企业在预算考核环节应注意预算考核不严也可能导致预算管理流于形式。

6.运营分析控制

运营分析控制要求企业建立运营情况分析制度，经理层应当综合运用生产、购销、投资、筹资、财务等方面的信息，通过对比分析、比率分析、趋势分析、因素分析、综合分析等方法，定期开展运营情况分析，发现存在的问题，及时查明原因并加以改进。

运营分析控制的流程：

（1）数据收集。企业各职能部门应根据本部门运营分析的目的收集相关数据，一方面在履行本部门职责过程中应注意相关数据的收集与积累，另一方面可以通过外部各种渠道（如网络媒体、行业协会、中介机构、监管部门等）广泛收集各种数据。

（2）数据处理。数据是血液、是资产，但也可能是垃圾。也就是说，不是所有的数据都能够产生有用的信息。企业各职能部门只有对数据进行有效的清理与筛选，即消除噪音和删除不合格的数据，数据才能变成有用的信息。

（3）数据分析。企业各职能部门围绕本部门运营分析的目的，采用各种分析方法（包括比较分析法、比率分析法、趋势分析法、因素分析法、综合分析法等）对处理后的数据进行分析，充分挖掘数据背后所隐藏的原因或规律，并对未来经营做出预测。

（4）结果运用。在数据分析结果的基础上形成总结性结论，并提出相应的建议，从而对发展趋势、策略规划、前景预测等提供重要的分析指导，为企业的效益分析、业务拓展提供有力的保障。

运营分析控制的方法包括：

（1）比较分析法。比较分析法也称比较法，是运营分析最基本的方法，有纵向比较法和横向比较法。纵向比较公司历史数据，可以知道公司某一方面的变动情况；横向是与同行业其他上市公司比较，可以衡量公司在同行业中的竞争力和地位。

（2）比率分析法。比率分析法是利用两个或若干相关数据之间的某种关联关系，运用相对数形式来考察、计量和评价，借以评价企业运营状况的一种分析方法。

（3）趋势分析法。趋势分析法是根据企业连续若干会计期间（至少三期）的分析资料，通过指数或动态比率的计算，比较与研究不同会计期间相关项目的变动情况和发展趋势的一种财务分析方法，也叫动态分析法。

（4）因素分析法。因素分析法是通过分析影响财务指标的各项因素，计算其对指标的影响程度，来说明财务指标前后期发生变动或产生差异的主要原因的一种分析方法。因素分析法按分析特点可分为连环替代法和差额计算法两种。

（5）综合分析法。综合分析法，是指将反映企业运营各个方面的指标纳入一个有机的整体之中，以系统、全面、综合地对企业运营状况进行分析与评价。目前在实践工作当中应用比较广泛的综合分析体系包括杜邦财务分析体系、可持续增长率分析体系、EVA价值树分析体系等。

7.绩效考评控制

绩效考评控制要求企业建立和实施绩效考评制度，科学设置考核指标体系，对企业内部各责任单位和全体员工的业绩进行定期考核与客观评价，将考评结果作为确定员工薪酬以及职务晋升、评优、降级、调岗、辞退等的依据。

绩效考评系统的内容包括：

（1）评价主体与客体。绩效考评系统的评价主体主要是公司董事会和各级管理者，评价客体是各级管理人员和全体员工，当然也涉及对部门的绩效考评。

（2）评价目标。评价目标是指通过绩效考评所要达到的目的。企业应当建立以绩效为核心的分配激励制度，将绩效考核与薪酬相挂钩，切实做到薪酬安排与员工贡献相协调，既体现效率优先又兼顾公平，杜绝高管人员获得超越其实际贡献的薪酬。同时，要注意发挥企业福利对企业发展的重要促进作用，既吸引企业所需要员工，降低员工的流动率，同时又激励员工，提高员工士气及对企业的认可度与忠诚度。

（3）评价指标。评价指标是指对评价客体的某些方面进行评价。目前，评价指标的反映内容已从财务结果逐步拓展到驱动财务结果的非财务活动。考虑到绩效考核的目的不同，故要准确、客观地评价客体的业绩，必须对不同目的的绩效考核评价指标进行个性化处理。

（4）评价标准。评价标准是判断评价客体业绩优劣的基准。就目前而言，绩效考评系统最为常用的三类标准是预算标准、历史标准和行业标准（包括竞争对手的标准）。

（5）评价方法。评价方法解决的是如何评价的问题，即采用一定的方法运用评价指标和评价标准获得评价结果。目前在实践中应用比较广泛的评价方法主要有三类：单一评价方法（比如经济增加值方法）、综合评价方法（比如综合评分法）和多角度平衡评价方法（比如平衡计分卡方法）。

（6）评价报告。评价报告实际上属于绩效考评系统的输出信息，也是绩效考评系统的结论性文件。评价报告的编制应按照评价指标制定与计算、评价指标的实际值与评价标准的差异计量与分析、评价结论的得出、形成评价报告、奖惩建议等几个步骤进行，但其关键步骤在于评价指标计算和差异分析。

8.合同控制

所谓合同控制，就是企业通过梳理合同管理的整个流程，分析关键风险点，并采取有效措施，将合同风险控制在企业可接受范围内的整个过程。

企业加强合同控制的措施包括：

（1）建立分级授权管理制度。企业应当根据经济业务性质、组织机构设置和管理层级安排，建立合同分级管理制度。对于重大投资类、融资类、担保类、知识产权类、不动产类合同的上级部门应加强管理。下级单位认为确有需要签署涉及上级管理权限的合同，应当提出申请，并经上级合同管理机构批准后办理。上级单位应当加强对下级单位合同订立、履行情况的监督检查。

（2）实行统一归口管理。企业可以根据实际情况指定法律部门等作为合同归口管理部门，对合同实施统一规范管理，具体负责制定合同管理制度，审核合同条款的权利义务对等性，管理合同标准文本，管理合同专用章，定期检查和评价合同管理中的薄弱环节，采取相应控制措施，促进合同的有效履行等。

（3）明确职责分工。公司各业务部门作为合同的承办部门负责在职责范围内承办相关合同，并履行合同调查、谈判、订立、履行和终结责任。公司财会部门侧重于履行对合同的财务监督职责。

（4）健全考核与责任追究制度。企业应当健全合同管理考核与责任追究制度，开展合同后评估，对合同订立、履行过程中出现的违法违规行为，应当追究有关机构或人员的责任。

五、练习题

（一）单项选择题

1.不相容职务分离控制的核心是（　　）。

A.各司其职　　　　　　　　　B.各负其责

C.协调合作　　　　　　　　　D.内部牵制

2.在处理"三重一大"的过程中，企业不应该（　　）。

A.以个别征求意见等方式进行决策

B.紧急情况下可以由个人或少数人临时决定，事后需要及时向上级报告

C.实行集体决策审批或者联签制度

D.建立"三重一大"事项决策审批的回避制度和决策考评制度

3.对授权进行监督的重点主要是为了防止出现（　　）。

A.滥用职权　　　　　　　　　B.因人授权

C.越权授权　　　　　　　　　D.下级越权操作和"先斩后奏"

4.下列各项中，不属于常见内部控制活动的是（　　）。

A.预算控制　　　　　　　B.会计系统控制

C.运营分析控制　　　　　D.财务决算控制

5.随着全面风险管理意识的加强，甲公司的股东要求管理层建立重大风险预警机制，明确风险预警标准，对可能发生的重大风险条件，制订应急方案，明确相关责任人和处理流程、程序和政策，确保重大风险事件得到及时、稳妥的处理。甲公司股东的要求所针对的内部控制要素是（　　　）。

A.控制活动　　　　　　　B.内部监督

C.信息与沟通　　　　　　D.风险评估

6.以下关于审批的说法，不正确的是（　　　）。

A.不得越权审批

B.不得口头审批

C.不得随意审批

D.对于重大决策、重大事项、重要人事任免及大额资金支付业务等，企业应当按照规定的权限和程序实行集体决策审批或者联签制度

7.以下关于会计岗位设置的说法，不正确的是（　　　）。

A.企业应根据自身规模大小、业务量多少等具体情况建立会计岗位制度

B.小型企业因业务量较少，应适当合并减少部分岗位

C.出纳人员可以兼任稽核、会计档案保管和收入、费用、债权债务账目的登记工作

D.可以一人一岗、一人多岗，也可以一岗多人

8.下列各项中，符合《企业内部控制应用指引第15号——全面预算》规定的是（　　　）。

A.公司的股东大会负责审核全面预算草案

B.公司预算管理机构一般设在财务部门

C.公司预算管理委员会由企业财务负责人及内部相关部门负责人组成

D.由于市场环境等客观因素导致预算执行发生重大差异确需调整时，可由公司财务经理调整预算

9.绩效考评系统的评价主体主要是（　　　）。

A.公司董事会和各级管理者　　B.各级管理者

C.全体员工　　D.各个部门

10.以下绩效考评模式考虑了资本成本且着眼于企业长期发展的是（　　　）。

A.会计基础绩效考评模式　　B.平衡计分卡绩效考评模式

C.经济基础绩效考评模式　　D.战略管理绩效考评模式

11.企业中内部控制最为疏忽和薄弱的环节一般是（　　　）。

A.合同管理　　B.采购管理

C.生产管理　　D.销售管理

12.财产保护控制的内部控制目标是（　　　）。

A.提供真实可靠的财务信息　　B.保证企业经营活动合法合规

C.保护资产的安全与完整　　D.提高资产运营的效率与效果

13.授权的形式有多种，最好的形式是（　　　）。

A.面谈　　B.电子邮件

C.电话　　D.书面

14.企业应当加强资金收付业务的预算控制，下列方面应当实行严格的审批制度的是（　　　）。

A.超预算资金支付　　B.预算外资金支付

C.两者都正确　　D.两者都不正确

15.作为预算控制的最高级别控制主体承担监控职责的是（　　　）。

A.预算管理委员会　　B.预算管理工作机构

C.各责任中心　　D.各利润中心

16.下列选项中不属于全面预算流程所包括的阶段的是（　　　）。

A.预算编制　　B.预算执行

C.预算考核　　D.预算分析

17.作为全面预算的核心环节，关乎预算目标能否实现的关键是（　　　）。

A.预算编制　　B.预算执行

C.预算控制　　D.预算考核

18.评价标准是判断评价客体业绩优劣的基准，目前绩效考评系统最为常用的标准不包括（　　）。

A.经验标准　　　　　　　　　　B.历史标准

C.行业标准　　　　　　　　　　D.预算标准

19.（　　）是对企业内部各级责任部门或责任中心预算执行结果进行评价，将预算的评价结果与预算执行者的薪酬相挂钩，实行奖惩制度。

A.预算编制　　　　　　　　　　B.预算执行

C.预算控制　　　　　　　　　　D.预算考核

20.通过分析影响重要指标的各项因素，计算其对指标的影响程度，来说明指标前后期发生变动或产生差异的主要原因的分析方法是（　　）。

A.比率分析法　　　　　　　　　B.趋势分析法

C.因素分析法　　　　　　　　　D.综合分析法

21.以下不属于经济增加值评价系统优点的是（　　）。

A.注重资本增值　　　　　　　　B.着眼长期发展

C.考虑了全部资本成本　　　　　D.指标计算相对简单

22.下列不属于合同控制措施的是（　　）。

A.统一归口管理　　　　　　　　B.建立分级授权管理制度

C.限制接近　　　　　　　　　　D.明确职责分工

（二）多项选择题

1.需要分离的不相容职务主要有（　　）。

A.业务执行与决策审批　　　　　B.业务执行与财产保管

C.可行性研究与决策审批　　　　D.财产保管与会计记录

E.会计记录与业务执行

2.针对企业的采购与付款业务，以下属于不相容岗位的是（　　）。

A.请购与审批

B.采购合同的洽谈、订立不能由同一部门或同一人（生产、销售、财务）完成

C.合同的谈判与审批

D.询价与确定供应商

E.采购合同的订立与审核

3.下列控制活动中反映了内部牵制思想的是（　　）。

A.不相容职务分离控制　　　　　B.会计系统控制

C.授权审批控制　　　　　　　　D.岗位轮换

E.强制休假制度

4.授权审批控制中，授权的种类一般分为（　　）。

A.长期授权　　　　　　　　　　B.临时授权

C.中期授权　　　　　　　　　　D.常规授权

E.特别授权

5.授权控制的基本原则不包括（　　）。

A.依事不依人　　　　　　　　　B.适度越权授权

C.适度授权　　　　　　　　　　D.需要监督

E.不得随意授权

6.会计系统控制的方法有（　　）。

A.会计凭证控制　　　　　　　　B.会计账簿控制

C.财务报告控制　　　　　　　　D.会计人员控制

E.会计复核控制

7.财产保护控制的措施有（　　）。

A.财产档案的建立和保管　　　　B.预算控制

C.限制接近　　　　　　　　　　D.盘点清查

E.财产保险

8.一般来说，进行盘点清查的资产范围包括（　　）。

A.库存现金　　　　　　　　　　B.有价证券

C.固定资产　　　　　　　　　　D.票据

E.存货

9.会计账簿控制内容包括（　　）。

A.按照规定设置会计账簿

B.启用会计账簿时要填写"领用表"

C.会计凭证必须经过审核无误后才能够登记入账

D.对会计账簿中的账页连续编号

E.按照规定的方法与时间结账

10.全面预算的实施主体一般不包括（　　）。

A.决策机构　　　　　　　　B.工作机构

C.监管部门　　　　　　　　D.执行单位

E.控制机构

11.下列说法中，符合采购业务内部控制要求的有（　　　）。

A.企业应当对办理采购业务的人员定期进行岗位轮换

B.对于重要和技术性较强的采购业务，企业应当组织相关专家进行论证

C.对于重要和技术性较强的采购业务，企业应当实行集体决策和审批

D.对于所有采购业务来说，企业不得安排统一机构办理采购业务全过程

E.采购部门负责人是采购业务的唯一决策者

12.会计系统控制的内容主要包括（　　　）。

A.文件和凭证控制　　　　　B.会计档案保管控制

C.组织和人员控制　　　　　D.建立会计岗位制度

E.业务流程控制

13.运营分析控制的流程包括（　　　）。

A.数据收集　　　　　　　　B.数据处理

C.数据比较　　　　　　　　D.数据分析

E.结果运用

14.运营分析控制的方法主要有（　　　）。

A.比率分析法　　　　　　　B.趋势分析法

C.因素分析法　　　　　　　D.综合分析法

E.比较分析法

15.企业应当加强全面预算工作的组织领导，明确预算管理体制以及各预算执行单位的（　　　）。

A.职责权限　　　　　　　　B.授权批准程序

C.会计职能　　　　　　　　D.工作协调机制

E.考核机制

16.会计基础绩效考评的方法主要包括（　　　）。

A.经济增加值　　　　　　　B.综合指数法

C.平衡计分卡　　　　　　　D.综合评分法

E.功效系数法

17.合同业务的一般流程分为的两个阶段是（　　　）。

A.合同订立　　　　　　　　B.合同审批

C.合同履行　　　　　　　　D.合同结算

E.合同解除

18.企业在预算编制环节应当关注的风险包括（　　　）。

A.不编制预算或预算不健全

B.预算缺乏刚性、执行不力

C.预算目标不合理，编制不科学

D.预算考核不严

E.预算调整未履行审批程序

19.根据我国《企业内部控制基本规范》的规定，会计系统控制要求企业严格执行国家统一的会计准则制度，（　　　）。

A.加强会计基础工作

B.加强财产保管

C.明确会计凭证、会计账簿和财务会计报告的处理程序

D.保证会计资料真实完整

E.强化预算管理

20.构成一个典型的绩效考评系统的基本要素包括（　　　）。

A.评价主体和客体　　　　　B.评价目标

C.评价标准　　　　　　　　D.评价指标

E.评价方法

（三）判断题

1.为了保持业务的连续性，提高采购效率，从采购合同的洽谈、订立到审批，应由同一人或同一部门来完成。　　　　　　（　　　）

2.大中型企业应当设置总会计师，一般情况下应设置与其职权重叠的副职，以便相互牵制。　　　　　　　　　　　　　（　　　）

3.对于"三重一大"事项，企业应当按照规定的权限和程序实行集体决策审批或者联签制度。个人对集体决策有不同意见的，可以保留或者向上级反映，也可以拒绝执行。　　　　　　　　　　（　　　）

4.重大项目的立项，应当报经董事会或类似权力机构集体审议批准。（　　）

5.总经理出差期间将某些事项的决策权交给下属的某个副总属于临时授权。与常规授权不同，临时授权不需要考虑不相容职务的分离。（　　）

6.限制接近包括限制对资产本身的接触和通过文件批准方式对资产使用或分配的间接接触。（　　）

7.编制的会计报表必须由单位负责人、总会计师以及审计人员审阅、签名并盖章。（　　）

8.企业在为会计机构配备会计人员时，除会计机构负责人外其他会计人员无须取得会计从业资格证。（　　）

9.支票、汇票、发票、有价证券等易变现的非现金资产一般采用确保两个人同时接近资产的方式加以控制，或在银行租用保险柜存放这些特殊资产。（　　）

10.资产清查一般要采取定期清查和抽查相结合的形式，每个会计年度财务会计报告之前要进行一次全面的财产清查。（　　）

11.比较分析法是利用两个或若干相关数据之间的某种关联关系，运用相对数形式来考察、计量和评价，借以评价企业运营状况的一种分析方法。（　　）

12.目前，国资委引入EVA对中央企业负责人的经营业绩进行考核，这是采用会计基础指标作为绩效考评指标的绩效考核模式。（　　）

13.从某种意义上讲，全面预算也是对企业经济业务规划的授权批准。（　　）

14.战略管理绩效考评模式与会计基础绩效管理模式相比不仅考虑了债务成本，而且考虑了资本成本。（　　）

15.企业应当对经济业务文件进行记录并且凭证需要连续编号，避免业务记录的重复或遗漏，便于业务查询，并在一定程度上防范舞弊行为的发生。（　　）

16.授权的依据之一是依事而不是依人，是指企业应该本着有利于实现战略目标，有利于资源配置的目的来设置职务并进行授权，而不必

考虑被授权者的能力。   （   ）

（四）简答题

1.内部控制的主要控制活动有哪几种？它们之间具有什么关系？

2.何为不相容职务分离控制？一般情况下需要分离的不相容职务有哪些？

3.何为授权审批控制？它的基本种类和形式包括哪些？

4.何为会计凭证控制？它的内容包括什么？

5.何为财务报告控制？它的具体内容有哪些？

6.何为会计账簿控制？它的具体内容包括什么？

7.什么是预算控制？全面预算的作用有哪些？

8.全面预算的流程包括哪几个阶段？各阶段应注意的风险有哪些？

9.何为运营分析控制？它的流程包括哪几个阶段？它的具体分析方法有几种？

10.何为绩效考评控制？实践中存在几种绩效考评模式？各有什么特点？

11.绩效考评系统包括哪些基本要素？各要素之间具有什么关系？

12.何为合同控制？它的主要控制措施包括哪些？

六、案例分析题

1.据《浙商》杂志报道，2008年10月7日，被称为绍兴"雷曼"的江龙控股总部工厂全面停产，董事长夫妇一夜之间神秘失踪，企业濒临倒闭，留下的是4 000多名职工、至少12亿元银行欠款和8亿元民间借贷。据了解，在江龙的治理框架中，企业控制权力集中于陶寿龙一人手中，机构设置形同虚设，毫无权力制衡机制。陶与其妻一手创办了江龙控股，二人分别是江龙集团的董事长和总裁。作为元老，他们完全将企业当作自己的儿子，把握所有的决策权。要资本运作，企业就得资本运作；要举债，企业就得举债，就连进货验收也是单凭陶寿龙一句话。

在资金运作方面，陶寿龙采取过于激进的融资方式，却没有任何防范风险的配套方案。2006年9月7日，江龙印染以"中国印染"之名在新加坡主板成功上市。但就在上市前一月，陶寿龙再次斥资4亿元买下南方控股集团位于绍兴柯桥的南方科技公司。2007年，传来南方科技正在筹备在美国纳斯达克上市的消息。时隔不到两年时间，陶寿龙就计划在两家证交所上市融资，这样的融资计划连底子很厚的老企业也难以实施。

公司的会计账簿完全由陶寿龙夫妇控制。面临公司破产而又无力回天时，他们在逃离之前，烧毁了江龙控股所有账簿。

要求：

从内部控制活动的角度分析该公司存在的内部控制缺陷，并简要说明理由。

2.某公司最高权力机关是董事会，指定财务部为预算管理机构。2018年初董事会根据上年度的生产经营状况，结合对未来各种因素的合理估计，制订当年的年度预算方案，并将内容详细的预算下发给内部各单位执行。到2018年10月，年度经营实际执行只完成了预计的一半。销售部门认为下半年属于销售淡季，全年任务肯定不能完成，因此向预算管理机构（财务部）提出调整经营预算。财务部认为，既然实际销售情况和预算相去甚远，预算不能发挥应有的作用，那么就将预算中销售收入调整为原来的2/3。年末，预算管理机构向董事会报告，全面完成全年经营预算。

要求：

从内部控制活动的角度分析该公司在预算控制过程中存在哪些问题？应该采取哪些措施？

3.某公司工程谈判小组与某建筑公司签订的一宗标的不清、价款与工程严重不符的工程承包合同，结果多付给承包商100万元。原来，在今年年初，该公司计划在县城修建一座酒店。工程预算总造价400万余元，其中装饰工程100万元。同年6月，该公司谈判小组与建筑公司签订了关于修建酒店基建工程合同，合同及其附件写明：只将土建部分包给建筑公司。装饰工程剥离出来另行发包，而工程造价却未将装饰工程部分剥离出来，仍按400万元总额包给建筑公司。结果执行合同使该酒店多给承包商100余万元的造价款。公司管理层为了防止此次失误影响自身形象，事后未对相关人员进行调查、责任追究。

要求：

从内部控制活动的角度，分析公司在外包工程过程中存在的问题，请说明理由，并提出改进措施。

4.为了提高政府机关的办事效率，创建人民满意的服务型政府，2018年C市以其所辖B区、P区两区作为试点，对政府各部门开展公共支出绩效评价，有关情况如下：

（1）对于C市市容市政管理委员会，其中一项重要职责是承担本市城市容貌管理责任，负责市容环境综合整治工作，负责本市环境卫生的组织管理和监督检查工作。2018年C市市政市容委组织专家、市民对全市市容环境卫生工作进行综合考评。综合考评内容涵盖了背街小巷、公共厕所、重点旅游景区周边、门前"三包"环境卫生责任区等群众身边区域环境卫生。按照专业评价：社会评价：问题评价=5：4：1的权重计算，得出2018年环境卫生干净指数。2018年B区和P区得分分别为80.61分和79.88分。

（2）C市文化局2018年的一项重要工作是通过建设图书馆丰富社区的文化生活，开展"书香社区"文化年活动，为响应该号召，B区、P区分别投入了500万元、400万元在社区设立了自助图书馆。

（3）对于C市劳动与社会保障局，其主要职责是负责劳动制度改革、劳动合同管理、下岗失业人员再就业、企业职工工资宏观管理、依法行使对用人单位的监督检查等。其中，下岗失业人员再就业成为社会关注的焦点。为此，2018年B区和P区开展了下岗失业人员再就业培训，取得了很大的成绩。

要求：

（1）分析、判断对C市市容市政管理委员会采取的是何种绩效评价方法，并简要说明理由。

（2）分析、判断对C市文化局适宜采取何种绩效评价方法，并简要说明理由。

（3）分析、判断对下岗再就业培训适宜采用何种绩效评价方法，并简要说明理由。

5.蓝天公司拟于20×0年在深交所创业板上市，为了符合证监会与深交所的监管要求，公司新修订了公司内部控制制度，公司内部控制制度的设计与运行情况如下（截取）：

（1）单位财务处长负责支票的签署，外出时其职责由副处长代为履行；副处长负责银行预留印鉴卡的保管和财务专用章的管理，外出时其职责由财务处长代为履行；财务人员乙负责空白支票的管理，仅在出差期间交由财务处长管理。负责签署支票的财务处长的个人名章由其本人亲自掌管，仅在出差期间交由副处长代管。

（2）关于货币资金支付的规定：部门或个人用款时，应提前向审批人提交申请，注明款项的用途、金额、支付方式或相关证明；对于金额在 10 000 元以下的用款申请，必须经过财务副处长的审批，金额在 10 000 元以上的用款申请，应经过财务处长的审批。出纳人员根据已经批准的支付申请，按规定办理货币资金支付手续，及时登记库存现金和银行存款日记账；货币资金支付后，应由专职的复核人员进行复核，复核货币资金的批准范围、权限、程序、手续、金额、支付方式、时间等，发现问题后及时纠正。

（3）公司领导规定当出纳会计因事不在班时，为了不影响工作，出纳业务由主管会计代理。

（4）公司财务科主管会计李海建与出纳会计秦志简，两人经过两年交往于目前结婚，在结婚典礼上经理举杯祝贺说："祝你们夫妻在今后的会计和出纳工作中配合得更好，为公司财务工作做出更大的贡献。"

（5）公司销售部门经理张永雷经常外出，回来后填制"差旅费报销单"，在"领导批示"栏直接签署同意，即予报销。

要求：

指出蓝天公司新修订的内部控制制度是否存在不恰当之处；如果存在，提出改进建议。

6.A 企业是一家电动车生产企业，其品牌知名度并不高，但其产品在全国的销售量却一度排在前几名。让人意想不到的是，这家企业却在销售量与日俱增的短短几年间，由于资金严重缺乏，而不得不关门停业。是什么使一家销售量居高不下的企业走向关门歇业呢？下面是 A 企业在销售方面的相关情况。

从 2002 年开始企业采取新的销售政策，为鼓励公司员工，制定了以实现销售收入为评价指标的鼓励政策。公司规定任何销售人员都可以签订销售合同，完成指标的销售人员不但可以升职提薪，还可获得公司为其购买的豪宅。规定刚开始执行时销售质量很高，但随着完成指标人员的升职提薪，各销售网点为了完成销售指标，不惜大量地对外赊销商品，有的甚至乱折扣、乱折让。短短几年的时间里，企业账上的应收账款就达到了1.5亿元，随着应收账款的不断增加，企业内部资金周转困难，严重影响了企业的正常运营，最后不得不宣告关门歇业。而在这期间任职的各销售网络的负责人，不但拿着高薪，还住着公司配备的豪宅。

要求：

（1）从内部控制的角度，分析企业在销售商品过程中存在的问题。

（2）针对发现的问题，提出改进措施。

七、拓展阅读

［1］企业内部控制编审委员会. 企业内部控制基本规范及配套指引案例讲解［M］. 上海：立信会计出版社，2016.

［2］沙安文. 参与式预算［M］. 北京：中国财政经济出版社，2019.

［3］财政部，等. 企业内部控制规范2010［M］. 北京：中国财政经济出版社，2010.

［4］财政部会计司. 企业内部控制规范讲解［M］. 北京：经济科学出版社，2010.

［5］池国华，朱荣. 内部控制与风险管理［M］. 2版.北京：中国人民大学出版社，2018.

［6］傅胜，池国华. 企业内部控制规范指引操作案例点评［M］. 北京：北京大学出版社，2011.

［7］国际内部控制协会（ICI）. 内部控制管理技能［M］. 北京：企业管理出版社，2017.

［8］普及法律工作办公室. 越权审批合同违反内控和合同管理制度［N］. 中国石化报，2009-09-28.

［9］钱力，胡能武. 企业盈利关键点：全面预算管理［M］. 北京：北京联合出版有限公司，2019.

［10］萧鸣政. 绩效考评与管理方法［M］. 北京：北京大学出版社，2017.

［11］周常发. 企业内部控制实施细则手册［M］. 3版. 北京：人民邮电出版社，2017.

第六章　信息与沟通

一、学习目的与要求

通过本章的学习，理解内部信息传递的基本流程与原则。掌握内部信息传递各环节的主要风险点及其控制措施。掌握信息系统的定义及各种开发方式的区别。掌握信息系统建设基本流程及其风险点和控制措施。掌握信息系统实践的新变化及其给内部控制建设带来的影响。掌握沟通的渠道与方式。了解内外部沟通的要点。

二、相关准则与制度

1.《企业内部控制基本规范》

2.《企业内部控制应用指引第17号——内部信息传递》

3.《企业内部控制应用指引第18号——信息系统》

三、预习要览

（一）本章结构（如图6-1所示）

（二）关键概念

信息　　　　　　　　　　　　内部管理报告

信息系统　　　　　　　　　　信息系统建设基本流程

信息系统过程控制体系（COBIT）　沟通

内部信息沟通和外部信息沟通　正式沟通和非正式沟通

（三）关键问题

1.什么是内部信息传递？

2.信息有哪些特征？企业中不同级别层次的管理人员对信息有什么需求特征？

3.内部信息传递的基本流程是什么？

$$
信息\\与沟通
\begin{cases}
内部信息传递
\begin{cases}
内部信息传递的定义 \\
内部信息传递的总要求 \\
内部信息传递基本流程 \\
内部信息传递各环节的主要风险点及其控制措施
\end{cases} \\[2pt]
信息系统
\begin{cases}
信息系统的定义 \\
信息系统的基本流程 \\
信息系统开发的主要风险点及其控制措施 \\
信息系统运行与维护的主要风险点及其控制措施 \\
信息系统实践的新变化
\end{cases} \\[2pt]
沟通
\begin{cases}
沟通的内涵 \\
内部沟通的主要风险点及其控制措施 \\
外部沟通的主要风险点及其控制措施
\end{cases}
\end{cases}
$$

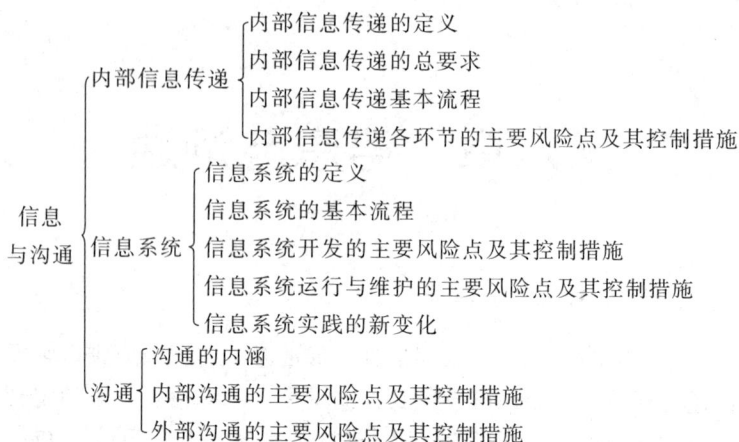

图 6-1　本章结构

4.内部信息传递时有什么总体要求？

5.内部信息传递各环节都存在哪些风险？应如何控制？

6.信息系统开发方式有哪些？

7.信息系统建设的基本流程是什么？各阶段的主要工作是什么？

8.信息系统开发过程中的主要风险点有哪些？应如何控制？

9.信息系统运行与维护过程中的主要风险点有哪些？应如何控制？

10.谈谈对信息系统实践新变化的理解？

11.沟通有哪些方式？各有什么优缺点？

12.内部信息沟通和外部信息沟通的载体分别是什么？

13.内部沟通有哪些风险点？

14.外部沟通有哪些风险点？

四、本章重点与难点

1.内部信息传递的总体要求和基本流程

根据有效信息的要求，结合信息的特性，企业内部信息传递应该遵循以下基本原则：及时有效性原则、反馈性原则、预测性原则、真实准确性原则、安全保密性原则和成本效益原则。

内部信息传递流程是根据企业生产经营管理的特点来确定的，其形式千差万别，没有一个最优的方案。一般来说，内部信息传递至少包括三个阶段：一是信息形成阶段；二是信息使用阶段；三是信息评价阶段。

以内部报告为例，内部报告形成阶段的起点是报告中指标的建立；根据所确定的报告指标，确定所要搜集和存储的相关信息；对搜集的信息进行加工，以一种美观的和可理解的表现形式组织这些信息，形成内部报告；审核形成的内部报告，如果不符合决策要求，就要重新修订或补充有关信息，直到达到标准为止。内部报告使用阶段的起点是内部报告向指定位置和使用者的传递。使用者获得内部报告后，要充分地理解和有效地利用其中的信息，以评价业务活动和制定相关决策；与此同时，要定期对企业内部报告的全面性、真实性、及时性、安全性等进行评估，一旦发现不妥之处，要及时地进行调整。

2.信息系统建设的基本流程

信息系统建设的基本流程一般要经过信息系统规划期、信息系统开发期和信息系统运行与维护期三个主要阶段。

在信息系统规划期，主要应该考虑实现企业发展战略向信息化流程的转变。因此，需要将信息系统战略规划的管理控制作为出发点，分析企业流程，研究信息技术的发展趋势，实现信息系统战略规划与企业发展战略的匹配，并由此制定信息系统管理、业务和技术三个方面的规范。同时，信息系统管理部门与企业各个层面的管理者、业务部门和最终用户要进行充分的沟通，以实现业务需求向信息化流程的转移。在此基础上，根据信息系统规划进行项目立项和可行性研究，以确定信息系统建设方案。信息系统开发期的任务是完成软件的设计和实现，具体包括系统分析阶段、系统设计阶段、系统实施阶段三个阶段。系统投入运行后，需要经常进行维护和评价，记录系统的运行情况，根据一定的标准对系统进行必要的修改，评价系统的工作质量和经济效益。信息系统的运行与维护主要包含三方面的内容：日常运行维护、系统变更和安全管理。

3.内部沟通的主要风险点及控制措施

内部沟通应当重点关注以下风险点：

（1）明确的职责和有效的控制

各部门定期组织对本部门员工进行相关岗位培训，使员工明确其行为要达到的目标以及自己的职责与他人的职责如何相互影响。

人事部门根据公司制定的各种绩效考核办法对各级人员进行绩效考核，并及时将考核结果反馈给被考核人，以有效检查各级人员对其职责的理解和有效控制。

（2）不同层级的内部沟通与交流

管理层定期向董事会就最新的业绩、发展、风险、重要事件或事故等问题进行汇报。

公司管理层定期或不定期召开各种会议，及时与相关职能部门领导、下属单位负责人就生产、运营等情况进行沟通、交流。

财务部门应该定期向各部门交流和通报财务状况、经营成果、预算执行情况等，还应该定期将应收账款情况反馈给销售（信用）部门和清欠办公室。

生产部门应该与销售部门定期沟通，以确保生产出的产品不至于积压或者生产不至于满足不了市场的需求。

采购部门、下属单位采购部门应该定期组织与其他业务部门就采购需求、价格信息、采购经验等方面进行沟通与交流。

员工除了正常向其直属上级汇报工作这一沟通渠道之外，还可以通过各种方式与本单位主要领导进行直接沟通。将公司各职能部门负责人的联系方式公布在通讯录上，员工可以通过电话、邮件、视频、面谈等方式与其直接进行沟通、交流。

公司员工需要有在组织中向上传递重要信息的渠道，可以通过书信（可匿名）、电话、电子邮件、视频等形式，向审计部门或内部控制与企业风险管理部门反映违规违纪问题及有关意见、建议和要求。在问题发生时，每天处理重要经营事项的一线员工常常处在认识问题的最佳位置：销售代表或客户主管可能了解重要客户的产品设计需求；生产人员可能发现高成本的流程缺陷；采购人员可能面临来自供应商的不当刺激；会计部门的员工可能知悉销售额或库存的虚报，或发觉出于私人利益使用主体资源的情形。要想使这些信息得以向上汇报，必须既有开放的沟通渠道，又有明确的倾听意愿。员工必须相信他们的上级确实想了解问题，并且将会有效地解决问题。同时，公司应规定对举报的处理时限及查报结果的要求。对举报属实、查处后为公司挽回或减少重大损失的，应酌情奖励举报人。

公司组织开展合理化建议活动，鼓励员工对公司管理、生产、研发等各方面提出合理化建议，并对有突出贡献的单位和个人给予适当的奖励。

管理层与董事会及其委员会之间的沟通至关重要。管理层必须让董事会了解最新的业绩、发展、风险、主要行动以及其他任何相关的事项或情形。与董事会沟通越好，董事会就能越有效地行使监督职责，在重大事项上起到尽责的董事会的作用，并提供建议和忠告。反过来也一样，董事会也应该与管理层沟通所需的信息，并进行指导和反馈。以管理层与审计委员会的沟通为例，审计委员会可能关注的问题包括：公司主要的经营风险是什么？这些风险是否在财务报表中适当地反映出来了？对于未能在财务报表中反映出来的重大风险，管理层对此是如何处理的？向公司董事会提供的关于公司业绩的相关信息，与通过财务报告和信息披露向投资者提供的业绩信息是否一致？管理层应就上述问题尽量与审计委员会成员沟通。

五、练习题

（一）单项选择题

1.企业在管理控制系统中为企业内部各级管理层以定期或者非定期的形式记录和反映企业内部管理信息的各种图表和文字资料的报告是（　　）。

A.财务报告　　　　　　　　　B.内部报告

C.外部报告　　　　　　　　　D.内部审计报告

2.内部报告的使用阶段的起点是内部报告（　　）。

A.向指定位置和使用者的传递

B.确定报告指标

C.搜集整理内外部信息

D.全面评估

3.内部传递的信息能否满足使用者的需要，取决于信息是否（　　）。

A.安全可靠　　　　　　　　B.及时相关

C.有高价值　　　　　　　　D.真实准确

4.内部报告指标体系的设计，最重要的依据是（　　）。

A.社会公众的需求　　　　　B.企业内部报告使用者的需求

C.企业的外部环境　　　　　D.企业财务状况

5.关于内部报告的传递过程，下列说法正确的是（　　）。

A.内部报告的传递过程需有严密流程和安全的渠道

B.内部报告的传递过程要有公众监督

C.内部报告的传递要公开透明

D.内部报告的传递不需要设置专门的保密措施

6.下列信息系统的开发方式中适用于企业自身技术力量雄厚，而且市场上没有能够满足企业需求的成熟的商品化软件和解决方案的是（　　）。

A.业务外包方式　　　　　　B.外购调试方式

C.自行开发方式　　　　　　D.接受赠予

7.信息系统开发时，系统设计阶段的任务是（　　）。

A.建立信息系统的物理模型　B.目标系统逻辑模型

C.编程和测试　　　　　　　D.用户需求分析

8.信息系统建设的基本流程中系统分析报告在（　　）形成。

A.信息系统规划期　　　　　B.信息系统开发期

C.信息系统运行期　　　　　D.信息系统维护期

9.信息系统外购调试的缺点是（　　）。

A.开发周期较长、技术水平和规范程度较难保证，成功率相对
　较低

B.难以满足企业的特殊需求

C.开发方难以深刻理解企业需求，可能导致开发出的信息系统与企
　业的期望有较大偏差

D.可能泄露企业机密信息

10.下列业务类型中，适合信息系统外包的是（　　）。

A.附加值较低、成本较高的非核心信息系统业务

B.附加值较低、成本较高的核心信息系统业务

C.附加值较高、成本较低的非核心信息系统业务

D.附加值较高、成本较低的核心信息系统业务

11.在信息系统的运行与维护阶段，日常运行维护的目标是（   ）。

A.保证系统正常运转　　　　　B.硬件的升级扩容

C.保障信息系统安全　　　　　D.软件的修改与升级

12.针对信息系统开发的业务外包方式，选择服务商时应采取的控制措施是（   ）。

A.充分考虑服务商的市场信誉、资质条件、财务状况、服务能力、对本企业业务的熟悉程度、既往承包服务成功案例等因素，进行严格筛选

B.明确自身需求，对比分析市场上的成熟软件产品，合理选择软件产品的模块组合和版本

C.要评价其现有产品的功能、性能，还要考察其服务支持能力和后续产品的升级能力

D.不仅要考核其对软件产品的熟悉、理解程度，还要考核其是否深刻理解企业所处行业的特点、是否理解企业的个性化需求、是否有过相同或相近的成功案例

13.沟通按照其对象划分，可以分为（   ）。

A.自下而上沟通、自上而下沟通

B.单向沟通、双向沟通

C.内部信息沟通、外部信息沟通

D.正式沟通、非正式沟通

14.内部信息沟通是指（   ）。

A.在企业正式结构、层次系统进行的沟通

B.通过正式系统以外的途径进行的沟通

C.企业生产和服务的经营管理所需的内部信息、外部信息在企业内部的传递与共享

D.企业与利益相关者之间信息的沟通

15.书面沟通的优点是（   ）。

A.规范、信息传递准确度高、信息传递范围广、有据可查、便于保护

B.为了形式规范而耗用较长的时间导致成本效益不对等

C.反馈性强并且反馈机制灵敏

D.安全性高

（二）多项选择题

1.内部信息传递至少包括（　　　）。

A.信息输入阶段 　　　　　　　B.信息输出阶段

C.信息形成阶段 　　　　　　　D.信息使用阶段

E.信息评价阶段

2.关于内部信息传递的预测性原则，下列说法正确的有（　　　）。

A.预测性原则是指企业传递和使用的经营决策信息需要具备预测性的功能

B.信息预测性的功能在于提供提高决策水平所需的发现差别、分析和解释差别，从而在差别中减少不确定的信息

C.预测性是说提供给使用者的信息不一定就是真实的未来信息

D.预测信息与未来的信息必须有着密切的关联，必须具有符合未来变化趋势的可预测的特征，即具有相关性

E.预测信息要有相关性，同时还要注意排除过多的、相关的冗余信息

3.提供信息带来的可计量收益包括（　　　）。

A.增加营业收入 　　　　　　　B.降低人工成本、降低物料成本

C.改善产品质量 　　　　　　　D.提高生产能力

E.降低管理费用、提高资金周转率

4.内部报告指标体系中应该包含关键信息指标和辅助信息指标，还要根据企业内外环境政策，建立指标的调整和完善机制，使指标体系具有（　　　）。

A.动态性 　　　　　　　　　　B.权变性

C.制度性 　　　　　　　　　　D.流程性

E.静态性

5.在建立内部报告指标环节，主要风险点具体可细分为（　　　）。

A.未以企业战略和管理模式为指导设计内部报告及指标体系

B.内部报告体系或者指标体系不完整或者过于复杂

C.报告指标体系运行过程中的硬件问题

D.指标信息难以获得或者成本过高

E.指标体系缺乏调整机制

6.编制内部报告的总体原则包括（　　　）。

A.信息完整　　　　　　　　　　B.格式统一

C.内容与决策相关　　　　　　　D.所提供的信息越多越好

E.表述便于理解

7.企业内部信息传递应当关注的风险有（　　　）。

A.内部报告系统缺失、功能不健全、内容不完整，可能影响生产
　经营有序运行

B.内部信息传递不通畅、不及时，可能导致决策失误、相关政策措
　施难以落实

C.部门分工不合理

D.内部信息传递中泄露商业机密，可能削弱企业核心竞争力

E.内部信息传递内容不准确

8.关于信息系统，以下说法正确的有（　　　）。

A.信息系统由计算机硬件、软件、人员、信息流和运行规程等要
　素组成

B.信息系统的实施触发了企业管理模式、生产方式、交易方式、作
　业流程的变革

C.信息系统的实施使企业原有的内部控制开始不适应企业的业务发
　展和管理的提升

D.信息系统在改变企业传统运营模式的同时，并未对传统的内部
　控制观点和控制方法产生深远的影响

E.信息系统的实施为管理工作的重心从经营成果的反映向经营过程
　的控制转移创造了技术条件

9.信息系统建设的基本流程一般要经过的主要阶段包括（　　　）。

A.信息收集期　　　　　　　　　B.系统规划期

C.系统开发期　　　　　　　　　D.使用反馈期

E.系统运行与维护期

10.信息系统开发中，系统设计阶段的任务包括（　　　）。

A.设计系统的模块结构，合理划分子系统边界和接口

B.选择系统实现的技术路线，确定系统的技术架构，明确系统重要组件的内容和行为特征，以及组件之间、组件与环境之间的接口关系

C.数据库设计，包括主要的数据库表结构设计、存储设计、数据权限和加密设计

D.设计系统的网络拓扑结构、系统部署方式

E.编制程序说明书、设计数据编码规范、设计输入输出界面

11.信息系统外购调试的优点包括（　　　　）。

A.开发人员熟悉企业情况，可以较好地满足本企业的需求，尤其是具有特殊性的业务需求

B.开发建设周期短

C.成功率较高

D.成熟的商品化软件质量稳定，可靠性高

E.专业的软件提供商具有丰富的实施经验

12.信息系统开发自行开发方式的缺点包括（　　　　）。

A.开发周期较长

B.技术水平和规范程度较难保证

C.成功率相对较低

D.系统的后期升级进度受制于商品化软件供应商产品更新换代的速度，企业自主权不强，较为被动

E.难以满足企业的特殊需求

13.信息技术过程控制体系提出了促成企业IT的治理和管理的关键原则，分别是（　　　　）。

A.满足利益相关者需求　　　　　　B.端到端覆盖企业

C.采用分散式框架　　　　　　　　D.启用一种整体的方法

E.区分管理和治理

14.信息系统内部控制的目标是（　　　　）。

A.促进企业有效实施内部控制

B.提高企业现代化管理水平，减少人为操纵因素

C.增强信息系统的安全性、可靠性和合理性

D.确保相关信息的保密性、完整性和可用性

E.为建立有效的信息与沟通机制提供支持保障

15.制定信息系统战略规划的主要风险有（　　　）。

A.需求本身不合理，对信息系统提出的功能、性能、安全性等方面的要求不符合业务处理和控制的需要

B.技术上不可行、经济上成本效益倒挂，或与国家有关法规制度存在冲突

C.需求文档表述不准确、不完整，未能真实全面地表达企业需求，存在表述缺失、表述不一致甚至表述错误等问题

D.信息系统规划风险，即缺乏战略规划或规划不合理，可能造成信息孤岛或重复建设，导致企业经营管理效率低下

E.信息技术无法有效满足业务需求的风险，即没有将信息化与企业业务需求结合，降低了信息系统的应用价值

16.针对信息系统自行开发编程和测试环节的主要风险，应采取的措施有（　　　）。

A.项目组应建立并执行严格的代码复查评审制度

B.项目组应建立并执行统一的编程规范，在标识符命名、程序注释等方面统一风格

C.应使用版本控制软件系统，保证所有开发人员基于相同的组件环境开展项目工作，协调开发人员对程序的修改

D.应区分单元测试、组装测试（集成测试）、系统测试、验收测试等不同测试类型，建立严格的测试工作流程，提高最终用户在测试工作中的参与程度，改进测试用例的编写质量，加强测试分析，尽量采用自动测试工具提高测试工作的质量和效率

E.具备条件的企业，应当组织独立于开发建设项目组的专业机构对开发完成的信息系统进行验收测试，确保在功能、性能、控制要求和安全性等方面符合开发需求

17.在信息系统运行与维护阶段，安全管理的关键风险点包括（　　　）。

A.硬件设备分布物理范围广，种类繁多，安全管理难度大，可能导致设备生命周期短

B.业务部门信息安全意识薄弱，对系统和信息安全缺乏有效的监管手段

C.对各种计算机病毒防范清理不力，导致系统运行不稳定甚至瘫痪

D.缺乏对信息系统操作人员的严密监控，可能导致舞弊和利用计算机犯罪

E.对系统程序的缺陷或漏洞安全防护不够，导致遭受黑客攻击，造成信息泄露

18.信息系统建设过程中出现的16个新技术包括（　　　）。

A.电子发票　　　　　　　　　B.机器学习

C.区块链　　　　　　　　　　D.人工智能

E.物联网

19.云技术的三种服务模式包括（　　　）。

A.人工服务　　　　　　　　　B.计算机服务

C.基础架构即服务　　　　　　D.平台即服务

E.软件即服务

20.大数据的"4V"特点包括（　　　）。

A.Volume（大量）　　　　　　B.Velocity（高速）

C.Variety（多样）　　　　　　D.Value（价值）

E.Valid（有效）

21.三种沟通方式的优点对应正确的是（　　　）。

A.书面沟通坚持成本效益对等的原则

B.书面沟通迅速、灵活且反馈及时

C.电子沟通在网络媒介多元化蓬勃发展的背景下开始扮演越来越重要的角色

D.书面沟通的信息传递准确度高、信息传递范围广、有据可查、便于保护

E.电子沟通的安全性最强

22.良好的外部沟通有利于企业（　　　）。

A.对外部有关方面的建议、投诉和收到的其他信息进行记录，并及时予以处理、反馈

B.通过开放的沟通渠道，客户和供应商就能够对产品或服务的设计

或质量提供非常重要的信息，使公司能够应对不断变化的客户需求和偏好

C.扩大企业的影响力

D.使企业获得很多有效内部控制的重要信息

E.帮助企业实现良好的内部控制体系

23.外部沟通应重点关注的领域有（　　　）。

A.企业与投资者和债权人的沟通

B.企业与客户的沟通

C.企业与供应商的沟通

D.企业与中介机构的沟通

E.企业与政府监管机构的沟通

24.不同信息使用者与信息沟通载体的对应关系正确的有（　　　）。

A.中小股东——外部财务报告

B.大股东——内部管理报告和外部财务报告

C.中高层管理人员和基层操作人员——内部管理报告

D.债权人——外部财务报告

25.不属于企业利用信息系统实施内部控制应当关注的风险有（　　　）。

A.信息系统缺乏或规划不合理，可能造成信息孤岛或重复建设，导致企业经营管理效率低下

B.营销政策变更不及时

C.系统运行维护和安全措施不到位，可能导致信息泄露或损失，系统无法正常运行

D.系统开发不符合内部控制的要求，授权管理不当，可能导致无法利用信息技术实施有效控制

（三）判断题

1.传递的信息以不同种形式或载体呈现，其中，对于企业最为重要的、最普遍的信息传递形式就是内部报告。　　　　　　（　　　）

2.内部信息传递流程是根据企业生产经营管理的特点来确定的，虽然形式千差万别，但总有一个最优的方案。　　　　　　（　　　）

3.企业作决策时需要提供相关预测性的信息，信息越多越好，不用考虑传递成本等，因为信息无成本。　　　　　　　　（　　　）

4.根据信息提供的预测性原则，提供给使用者的信息一定是真实的未来信息，才能作出与未来相关的确定的决策。　　　　　　（　　）

5.内部报告的组成和内容不用配合企业内部管理控制的程序和方法，也可以使得内部报告更好地为企业管理控制服务。　　　（　　）

6.内部报告指标体系形成以后，要根据企业内外部环境因素的变化进行适时的调整，更好地为企业服务。　　　　　　　　　（　　）

7.信息系统是由计算机硬件、软件、人员、信息流和运行规程等要素组成的。　　　　　　　　　　　　　　　　　　　　　（　　）

8.信息系统有自行开发、外购调试、业务外包三种开发方式。
　　　　　　　　　　　　　　　　　　　　　　　　　　　　（　　）

9.《信息和相关技术的控制目标》（COBIT）提出了满足利益相关者需求、端到端覆盖企业、采用单一集成框架、启用一种整体的方法、管理和治理相统一的五大关键原则。　　　　　　　　　　　　（　　）

10.在信息系统开发过程中，每个阶段都是相互独立的，所以可以忽略其顺序，先完成相对简单的任务。　　　　　　　　　（　　）

11.系统投入运行后，为节约成本，除了对系统进行必要的修改外，无须对系统进行日常维护。　　　　　　　　　　　　　（　　）

12.若企业的信息系统规划未服从于企业总体战略规划，容易出现各个信息系统各自为政、信息孤岛现象。　　　　　　　　（　　）

13.内部控制具有独立于业务活动、事后反映和检查性的特征。
　　　　　　　　　　　　　　　　　　　　　　　　　　　　（　　）

14.选择外购调试方式进行信息系统建设，应当采用公开招标等形式择优选择供应商或开发单位。　　　　　　　　　　　　（　　）

15.信息系统的运行与维护主要包含日常运行维护和安全管理两方面的内容。　　　　　　　　　　　　　　　　　　　　　（　　）

16.系统终结是信息系统生命周期的最后一个阶段。在该阶段，信息系统将停止运行，有数据泄露风险。　　　　　　　　　（　　）

17.企业应当建立信息系统开发、运行与维护等环节的岗位责任制度和不相容职务分离制度，防范利用计算机舞弊和犯罪。　（　　）

18.大数据具有 Volume（大量）、Velocity（高速）、Variety（多样）、Value（价值）、Valid（有效）的特点。　　　　　　　　（　　）

19.沟通是把信息提供给适当的人员，以便他们能够履行与经营、财务报告和合规相关的职责。 （ ）

20.电子沟通包括互联网、电子邮件、电话传真、视频、微信等方式，这种沟通方式在现代企业中已经开始扮演越来越重要的角色，是目前安全性最强的一种沟通方式。 （ ）

21.口头沟通包括例行会议、专题会议、座谈会、讲座等形式。这种形式沟通迅速、灵活且反馈及时，同时也可以非常好地保证信息的完整性。 （ ）

22.沟通是双向的，信息传递者在传递信息后任务并没有结束，还应积极从信息接受者那里获取反馈信息，以促进信息获取质量的改进和信息传递程序的优化。 （ ）

23.信息沟通机制要求内部所需要的内部信息、外部信息在企业内部准确、及时传递和共享，确保董事会、管理层和企业员工之间有效沟通。 （ ）

24.内部管理报告包括财务信息以便于管理层做决策，而外部财务报告包括管理信息以便于外部信息使用者了解财务信息的真实性和合理性。 （ ）

25.内部信息沟通更侧重于内部信息在企业各层级间生成和传递的整合机制，而内部信息传递更侧重于将沟通的方式和载体固化到流程中的各个岗位上。 （ ）

（四）简答题

1.什么是内部报告？它有什么作用？

2.内部信息传递中及时有效性原则、反馈性原则和预测性原则的要求是什么？

3.内部信息传递时，编制及审核内部报告环节的主要风险有哪些？有什么相应的控制措施？

4.信息系统建设基本流程分为哪几个阶段？每个阶段的任务是什么？

5.信息系统的开发方式主要有哪几种？其优缺点是什么？主要适用于什么企业？

6.信息系统规划时期应关注哪些主要风险点？对此可以采取哪些控

制措施？

7.信息系统运行与维护中，日常运行维护的主要风险点是什么？应采取怎样的控制措施？

8.云计算的特点有哪些？常见的三种服务模式是什么？

9.区块链是如何增强财务信息的真实性和可靠性的？

10.内部沟通对企业有什么重要意义？

11.列举三个内部沟通的方式，并分别说说它们的优缺点。

12.外部沟通对外部信息使用者有什么作用？

六、案例分析题

1.随着信息技术的发展，越来越多的企业开始利用信息技术为生产经营服务，信息系统的建立与维护成为企业活动的一个重要组成部分，其重要性日益显著。但是，企业的资源是有限的，大部分企业特别是中小企业不具备独立开发与维护信息系统的能力，信息系统外包为企业提供了一种以有限能力和较低投入开发与使用信息系统的途径。外包是企业通过将部分业务出包给其他单位，实现整合利用其外部最优秀的专业资源，从而达到降低成本、提高效率、充分发挥自身核心竞争力和增强企业对环境迅速应变能力的一种管理模式。

欧派橱柜先将欧洲"整体厨房"的概念引入中国，被誉为中国"厨房革命"的倡导者、整体橱柜的领潮人。在北京有十余家分店及售后安装部门，办公设备数十台。这种情况如不采用 IT 外包，需数名技术人员奔走于各分部之间，而且可能会造成设备故障不能及时处理的问题，会影响公司的正常业务。与神州在线签约 IT 外包后，各部门设备出现故障时，神州在线即可安排工程师，快捷、专业、及时上门排除故障。[①]

要求：

结合以上资料分析信息技术外包的优缺点。

2.A 公司在 2010 年与软件商 B 公司签订了 ERP 系统建设合同。合同约定 B 公司在六个月内完成系统建设工作，若 B 公司不能按时交工，将

---

① 吕鹏.轻松过关——公司战略与风险管理［M］.北京：经济科学出版社，2010.

按合同标的 5‰ 支付违约金，这一赔偿金比例远远高于当时市场平均违约金赔偿率 2‰。据悉，所要安装的 ERP 软件系统是由 B 公司的独家代理商 C 公司提供的 M 型计算机管理信息系统。系统建设过程中，B 公司发现 C 公司设计的软件产品与企业生产经营状况有所脱节，造成软件安装后 A 公司的一些经营性表格、单据等无法正确生成。由于 C 公司负责该产品的项目经理正在国外参加技术培训，使得此问题暂时搁置起来。在 A 公司的再三催促下，B 公司请 C 公司的其他技术人员对软件产品进行技术修改，但一些关键技术问题仍无法彻底解决，导致系统建设工程最终失败。此后，A 公司委托其他软件公司承担系统建设工作，并按照合同约定要求 B 公司赔偿 150 万元违约金。后经调解，考虑到 B 公司为系统建设工作付出了一定的财力物力，赔偿违约金 100 万元。[①]

要求：

结合材料，从信息与沟通的角度，分析 B 公司的内部控制中存在的突出问题。

3. 某银行进行信用卡客户信息管理的信息系统设计开发，考虑到成本效益问题，该银行采用了业务外包的方式进行此项业务的开发。在开发过程中，银行派出了一名信用卡管理部门的工作人员王某同外包商一起进行该项工作，为外包商提供关于银行需求的详细信息，同时也参与信息系统开发的程序设计工作。双方沟通融洽，合作顺利，在合约时间内很好地完成了该项工作。开发完成的信息系统交由银行进行系统的初始化录入工作。由于王某参与了系统开发，对该系统比较了解，银行决定仍由他主持参与该系统的初始化工作。在录入过程中，王某利用自己对系统程序的掌握，在信用卡透支限额扫描、超额锁卡等的信息录入中，篡改了程序，使系统扫描跳过了对自己的信用卡的检测，使自己的信用卡不会因透支限额限制而停止使用。这次之后，王某的信用卡就成了没有任何透支限额的"至尊卡"。但是一年多以后，由于一次偶发的停电事故，银行不得不对信用卡透支额度做人工扫描，这时才发现王某的信用卡已存在了巨额透支，并且仍可以正常使用，而系统却从未检测到。经过有关部门的调查取证，最终对王某进行了相应处罚，银行最终

---

① 吕鹏. 轻松过关——公司战略与风险管理［M］. 北京：经济科学出版社，2010.

也修护了信用卡信息系统。

要求：

根据材料，分析在信息系统开发、维护等阶段存在何种风险，应如何应对。

4.2009年，已从某大型超市一分店辞职的方某、陈某和当时在该店任咨询员的于某合谋，利用非法程序截留超市营业款。此后一年多时间里，由方某设计并定期修改非法程序，利用其他人担任超市咨询员、收银员的工作便利，将方某设计的非法应用程序安装传送到该超市其他数个分店的收银系统，并从社会上物色和招聘人员，进行面试和犯罪技能培训，然后将"自己人"安插到超市收银员等岗位，先后侵吞营业款近400万元。上述赃款由收银员上交后，再按比例分成，涉案人员各得赃款几千元至数十万元不等。

众所周知，正因为有了功能强大的信息系统——POS系统，零售业才有了脱胎换骨的变化。然而，信息技术是一把双刃剑。随着企业信息系统的应用和会计信息系统的普及，信息技术帮助企业改善了经营管理，加强了会计的反映和监控职能，整体提高了企业的营运效率和信息质量水平，这些都显现出了信息技术的有利一面。但与此同时，恶意的数据窃取、计算机舞弊、病毒侵袭、黑客的肆意妄为、非法的程序变更现象屡见不鲜，这又折射出了信息技术不利的一面。[①]

要求：

（1）该大型超市收银舞弊案发生的主要原因是什么？

（2）针对这种舞弊案，应该如何加强超市内部控制，特别是POS系统的内部控制功能？

5.某民营服装企业创业十余年，发展规模不断壮大，随着知名度、市场、销量、产能的不断发展，一个棘手的问题摆在眼前——居高不下的存货占用了大量资金。针对这个问题，各部门的经理都振振有词。

销售经理：生产有问题。生产计划根据每年的订货会确定，从采购原材料到最终成品送往各分公司一共要2到5个月。我们生产半年后的成衣，但半年后这些成衣又不是客户所需要的，自然会有大量积压。

---

① 张瑞君. 会计信息系统［M］. 北京：高等教育出版社，2008.

生产经理：生产部根据每年三次订货会制订生产计划，再根据分公司的日报表和月报表调整计划。如果不按订货会生产，很可能导致分公司到时提不到货。而且分公司信息反馈不准确，再加上我们依靠手工计划，不可能十分准确和细化。

分公司经理：信息反馈速度慢和不准确是手工管理的必然后果。人工盘点、电话传真订货的确做不到精确控制。

要求：

该企业在发展过程中遇到了什么问题？可以相应采取什么控制措施？

6. 2010年4月开始，三泰集团内部审计部联合管理咨询公司组成内部控制项目组（以下简称"项目组"），依据《企业内部控制基本规范》《企业内部控制应用指引第18号——信息系统》等有关规定，对三泰集团控股的三泰公司信息系统内部控制进行设计。

项目启动前，三泰集团整体规划不健全，有规划的部分也存在不少不合理之处，这是企业形成信息孤岛的一个隐患，有可能会使企业因重复建设而导致资源浪费。三泰集团当前所使用的系统授权管理不当，不符合内部控制要求，可能导致无法利用信息技术实施有效控制。而且系统运行维护和安全措施不到位，信息泄露或毁损现象时有发生，导致系统无法正常运行。

项目组对识别出来的风险点认真分析和评估后，确定新的信息系统在以下几个方面尤为关注：一是职责分工、权限范围和审批程序明确规范，机构设置和人员配备科学合理，重大信息系统开发与使用事项审批程序；二是信息系统开发、变更和维护流程；三是访问安全制度，操作权限、信息使用、信息管理制度的有效性，硬件管理和审批程序的合理性。

要求：

根据材料，总结出三泰集团信息系统内部控制的风险点和关键控制点，并尝试提出一些相应的控制措施。[①]

7. xx公司信息部门负责信息收集、传递及信息化建设，该信息部门制定有关信息资源管理制度，明确了各部门信息收集和传递的职责及权

---

① 李三喜，武战伟. 三泰公司信息系统内部控制案例及分析［J］. 中国内部审计，2010（6）.

限，确定商业秘密范围，以加强信息管理，主要包括以下方面：

（1）财务报告、经营分析、业务表现等信息的沟通；

（2）行政管理和人力资源政策等信息的沟通；

（3）保密信息与沟通，包括确定保密信息的等级；

（4）审计信息沟通；

（5）雇员提供的信息；

（6）报告信息；

（7）专业信息以及从客户、供应商、经营伙伴、投资者所获得的信息；

（8）管理层与董事会以及职能部门间的沟通；

（9）与客户、供应商、律师、股东、监管者、外部审计的沟通；

（10）明确审计、内部控制、财务等部门在反舞弊机制建设中的作用。

要求：

（1）内部控制的要素包括哪些？并加以解释。

（2）该案例中体现了内部控制的哪个要素？该要素在五个内部控制要素中的地位和作用是什么？

七、拓展阅读

［1］财政部，等. 企业内部控制规范2010［M］. 北京：中国财政经济出版社，2010.

［2］刘永泽，池国华. 企业内部控制制度设计操作指南［M］. 大连：大连出版社，2011.

［3］财政部会计司. 企业内部控制规范讲解2010［M］. 北京：经济科学出版社，2010.

［4］傅胜，池国华. 企业内部控制规范指引操作案例点评［M］. 北京：北京大学出版社，2010.

［5］企业内部控制编审委员会. 企业内部控制配套指引解读与案例分析［M］. 上海：立信会计出版社，2010.

［6］张瑞君. e时代财务管理［M］. 3版. 北京：中国人民大学出版社，2009.

第七章　业务活动控制

一、学习目的与要求

通过本章的学习，了解内部控制的九项业务活动，包括资金活动、采购业务、资产管理、销售业务、研究与开发、工程项目、担保业务、业务外包以及财务报告；同时对各个业务活动的内部控制总体要求加以了解；熟悉各个业务活动的业务流程；掌握各个业务活动的关键风险点及控制措施。

二、相关准则与制度

1.《企业内部控制应用指引第6号——资金活动》

2.《企业内部控制应用指引第7号——采购业务》

3.《企业内部控制应用指引第8号——资产管理》

4.《企业内部控制应用指引第9号——销售业务》

5.《企业内部控制应用指引第10号——研究与开发》

6.《企业内部控制应用指引第11号——工程项目》

7.《企业内部控制应用指引第12号——担保业务》

8.《企业内部控制应用指引第13号——业务外包》

9.《企业内部控制应用指引第14号——财务报告》

三、预习要览

（一）本章结构（如图7-1所示）

（二）关键概念

资金活动　　　　　　　　　采购业务

资产管理　　　　　　　　　销售业务

研究与开发　　　　　　　　工程项目

担保业务　　　业务外包
财务报告

```
                       ┌资金活动内部控制的总体要求
              资金活动 ┤ 资金活动内部控制的具体流程
                       └资金活动内部控制的关键风险点及控制措施
                       ┌采购业务内部控制的总体要求
              采购业务 ┤ 采购业务内部控制的具体流程
                       └采购业务内部控制的关键风险点及控制措施
                       ┌资产管理内部控制的总体要求
              资产管理 ┤ 存货管理
                       │ 固定资产管理
                       └无形资产管理
                       ┌销售业务内部控制的总体要求
              销售业务 ┤ 销售业务内部控制的具体流程
                       └销售业务内部控制的关键风险点及控制措施
                       ┌研究与开发内部控制的总体要求
 业务活动控制 研究与开发┤研究与开发内部控制的具体流程
                       └研究与开发内部控制的关键风险点及控制措施
                       ┌工程项目内部控制的总体要求
              工程项目 ┤ 工程项目内部控制的具体流程
                       └工程项目内部控制的关键风险点及控制措施
                       ┌担保业务内部控制的总体要求
              担保业务 ┤ 担保业务内部控制的具体流程
                       └担保业务内部控制的关键风险点及控制措施
                       ┌业务外包内部控制的总体要求
              业务外包 ┤ 业务外包内部控制的具体流程
                       └业务外包内部控制的关键风险点及控制措施
                       ┌财务报告内部控制的总体要求
              财务报告 ┤ 财务报告内部控制的具体流程
                       └财务报告内部控制的关键风险点及控制措施
```

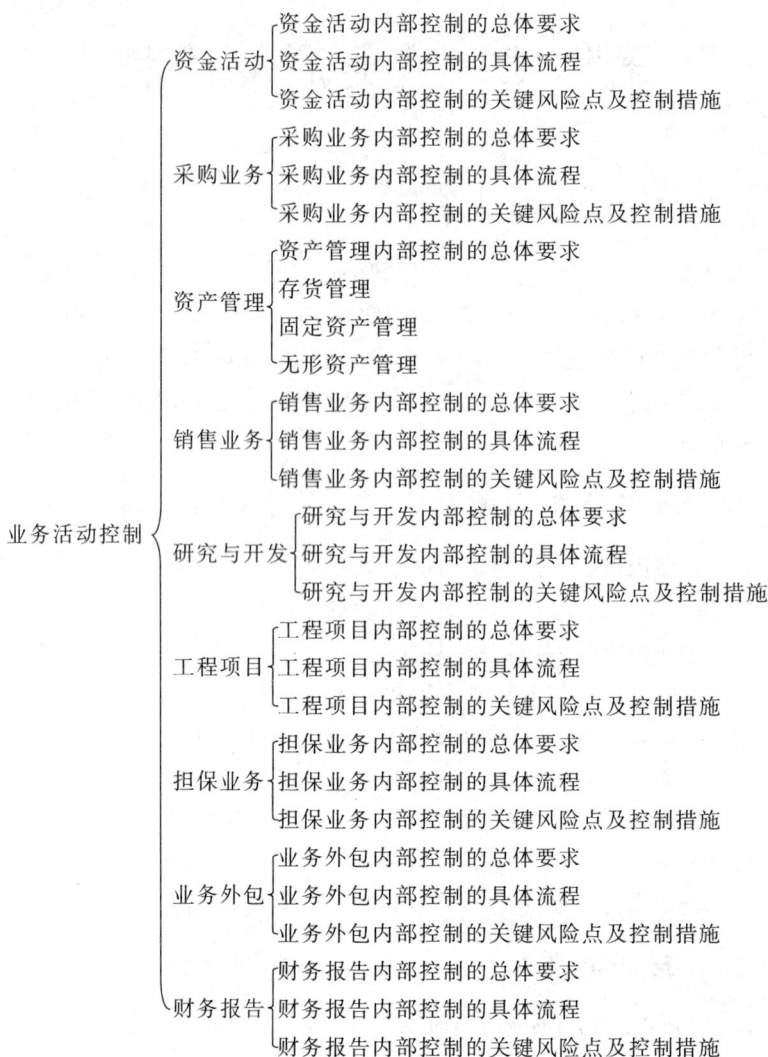

图7-1　本章结构

（三）关键问题

1.资金活动内部控制的关键风险点都有哪些？

2.采购业务内部控制的总体要求是什么?

3.简要描述资产管理的基本流程。

4.销售业务内部控制的关键风险点有哪些?应如何进行控制?

5.简要描述研究与开发项目立项环节存在的主要风险。

6.在工程项目管理中,哪些不相容岗位应分离?

7.担保业务的基本流程一般如何划分?对担保业务进行控制的总体要求是什么?

8.业务外包的审核批准环节的关键风险有哪些?一般应该采取哪些基本控制措施?

9.财务报告对外提供前应经过哪些人员的审核?他们审核的目的分别是什么?

四、本章重点与难点

1.资金活动的关键风险点

(1)筹资活动关键风险点

①拟订筹资方案,该环节的主要风险有缺乏经营战略规划,对企业资金现状认识不清,筹资方案内容不完整、考虑不够周密、测算不准确等。

②筹资方案论证,该环节的主要风险有对筹资方案论证不科学、不全面等。

③筹资方案审批,该环节主要风险有缺乏完善的授权审批制度、审批不严等。

④筹资计划的编制与实施,该环节的主要风险有筹资计划不完整、筹资成本支付不足、缺乏对筹资活动严密的跟踪管理等。

⑤筹资活动的会计系统控制,该环节的主要风险是缺乏有效的筹资会计系统控制、会计记录和处理不准确等。

(2)投资活动的关键风险点

①拟订投资方案,该环节的主要风险是投资方案与公司发展战略不符、风险与收益不匹配、投资项目未突出主业等。

②投资方案的可行性论证,该环节的主要风险是论证不全面、不科学。

③投资方案决策审批，该环节的主要风险有缺乏严密的授权审批制度、审批不严等。

④投资计划的编制与实施，该环节的主要风险有投资计划不科学、缺乏对项目的跟踪管理。

⑤投资项目的到期处置，该环节的主要风险有处理不符合企业利益、缺乏责任追究制度等。

⑥投资活动的会计系统控制，该环节的主要风险是缺乏有效的投资会计系统控制，会计记录和处理不及时、不准确等。

（3）资金营运活动的关键风险点

资金营运活动中的主要风险有资金调度不合理、营运不畅、资金活动管控不严等。控制措施包括：资金平衡、预算管理、有效调度、会计控制。

2.采购业务的关键风险点

①编制需求预算和采购预算，该环节的主要风险有需求预算和采购预算安排不合理、采购与生产经营计划不协调等。

②采购申请与审批，该环节的主要风险包括：缺乏采购申请制度，请购审批不当或越权审批，对市场变化趋势预测不准确。

③选择供应商，该环节的主要风险包括：缺乏供应商评估和准入制度以及供应商管理系统和淘汰制度，供应商评估不严，供应商选择不当，采购物资质次价高，采购舞弊行为等。

④确定采购方式和采购价格，该环节的主要风险有采购方式选择不当、招投标或定价机制不科学、定价方式不合理、缺乏对重要物资价格的跟踪监控、采购价格过高等。

⑤订立采购合同，该环节的主要风险有未订立采购合同或未经授权对外订立采购合同、合同内容存在重大疏漏和欺诈等。

⑥管理供应过程，该环节的主要风险包括缺乏对采购合同履行的跟踪管理，运输工具和方式选择不当，忽视投保等。

⑦验收，该环节的主要风险有缺乏验收制度、验收程序不规范、验收标准不明确、对验收过程中的异常情况未作处理等。

⑧付款，该环节的主要风险有付款审核不严、付款不及时、付款方式不当、预付款项损失等。

⑨退货，该环节的主要风险有缺乏退货管理制度、退货不及时等。

⑩加强会计系统控制，该环节的主要风险包括：缺乏有效的采购会计系统控制，会计记录、采购记录与仓储记录不一致，会计处理不准确、不及时等。

3.资产管理的关键风险点

（1）存货管理的关键风险点

①存货取得，该环节的主要风险包括存货预算编制不科学，采购计划不合理，取得方式不合理，不符合成本效益原则。

②验收入库，该环节的主要风险有验收程序和方法不规范、标准不明确。

③存货保管，该环节的主要风险有存货储存保管方式不当、监管不严，可能造成存货被盗、流失、变质损坏、贬损、浪费等。

④领用发出，该环节的主要风险有存货领用发出审核不严、程序不规范。

⑤盘点清查，该环节的主要风险有：盘点清查制度不完善、盘点计划不合理以及执行不严等。

⑥销售处置，该环节主要风险有处置责任不明确、审批不严等。

⑦会计系统控制，该环节的主要风险有会计记录和处理不及时、不准确。

（2）固定资产管理的关键风险点

①固定资产取得，该环节的主要风险有固定资产预算不科学、审批不严等。

②固定资产验收，该环节的主要风险是固定资产验收程序不规范。

③登记造册，该环节的主要风险是固定资产登记内容不完整。

④固定资产投保，该环节的主要风险是固定资产投保制度不健全。

⑤固定资产运行维护，该环节的主要风险包括固定资产操作不当、维修保养不到位。

⑥固定资产更新改造，该环节的主要风险是固定资产更新改造不及时、技术落后。

⑦固定资产盘点清查，该环节的主要风险是清查制度不完善。

⑧固定资产抵押、质押，该环节的主要风险是固定资产抵押制度不

完善。

⑨固定资产淘汰处置，该环节的主要风险包括处置制度不完善、处置方式不合理、处置定价不恰当等。

⑩会计系统控制，该环节的主要风险包括会计记录和处理不及时、不准确，不能反映固定资产实际情况。

（3）无形资产管理的关键风险点

①无形资产的取得与验收，该环节的主要风险包括无形资产购建审批不严、没有自主权、取得的资产不具先进性、无形资产权属不清等。

②无形资产的使用与保护，该环节的主要风险包括无形资产使用效率低下，缺乏严格的保密措施，其他企业侵权等。

③技术升级和更新换代，该环节的主要风险是无形资产未及时更新换代。

④无形资产处置，该环节的主要风险包括缺乏处置制度、无形资产处置不当等。

⑤会计系统控制，该环节的主要风险包括会计记录和处理不及时、不准确，不能反映无形资产实际情况。

4.销售业务的关键风险点

（1）销售计划管理，该环节的主要风险包括销售计划缺乏或不合理，未经授权审批等。

（2）客户信用管理，该环节的主要风险包括客户信用档案不健全、缺乏对客户资信的持续评估。

（3）确定定价机制和信用方式，该环节的主要风险包括定价不合理、销售价格未经适当审批或存在舞弊、信用方式不当等。

（4）订立销售合同，该环节的主要风险包括销售价格、结算方式、收款期限等不符合企业销售政策，合同内容存在重大疏漏或欺诈，订立合同未经授权，侵害企业合法权益。

（5）发货，该环节的主要风险包括未经授权发货、发货不符合合同的约定或者发货程序不规范。

（6）客户服务，该环节的主要风险包括服务水平低，影响客户满意度和忠诚度。

（7）收款，该环节的主要风险包括结算方式选择不当、账款回收不力、票据审查和管理不善，使企业经济利益受损。

（8）会计系统控制，该环节的主要风险包括销售业务会计记录和处理不及时、不准确。

5.研究与开发的关键风险点

（1）立项，该环节的主要风险包括研发项目与国家或企业的科技发展战略不符；项目评审和审批不严。

（2）研究过程管理

①自主研发，该环节的主要风险包括：研发人员配备不合理；缺乏对研发项目的跟踪管理。

②研发外包，该环节的主要风险包括：外包单位选择不当、未签订外包合同、合同内容存在重大疏漏或欺诈等。

（3）验收，该环节的主要风险包括验收制度不完善；验收人员的技术、能力、独立性等；测试与鉴定投入不足。

（4）核心研发人员的管理，该环节的主要风险包括缺乏核心研发人员管理制度；研发人员不勤勉或泄露核心技术等职业道德风险；核心研发人员离职，影响研发活动的进行；未签订劳动合同或劳动合同有重大疏漏。

（5）研究成果开发，该环节的主要风险包括：第一，技术风险；第二，市场风险。

（6）研发成果保护，该环节的主要风险包括：立项时的风险、研发过程中的风险、研发成功后的风险。

（7）研发活动评估，该环节的主要风险包括：缺乏对研发活动的评估、对评估不重视、评估指标过于片面导致评估失败等。

6.工程项目的关键风险点

（1）工程立项

①编制项目建议书，该环节的主要风险包括工程项目与企业发展战略和国家产业政策不符；项目建议书内容不完整、不合规。

②可行性研究，该环节的主要风险包括缺乏可行性研究、可行性研究流于形式或深度不够等，无法为立项决策提供充分、可靠的依据，盲目上马。

③立项评审，该环节的主要风险包括项目评审流于形式、评审不科

学等，造成决策失误。

④立项决策，该环节的主要风险包括决策程序不规范，造成决策失误；缺乏责任追究制度等。

（2）工程设计和造价

①初步设计，该环节的主要风险包括设计单位资质达不到项目要求；审计人员研究不透彻，设计出现较大疏漏；未进行多方案比选；设计深度不够，影响施工。

②施工图设计，该环节的主要风险包括预算严重脱离实际，可能导致项目投资失控；设计深度不足、设计存在缺陷，造成施工组织、工期、工程质量、投资失控以及生产运行成本过高；工程设计与后续施工衔接不当。

（3）工程招标

①招标，该环节的主要风险包括违背工程施工组织设计和招标设计计划将工程肢解；投标资格不公平、不合理；违法违规泄露标底等。

②投标，该环节的主要风险包括招标人与投标人串通投标或投标人之间串通舞弊；投标人资质不符合要求、以他人名义投标等，影响工程质量。

③开标、评标、定标，该环节的主要风险包括评标委员会专业水平差，出现定标失误；评标委员会与投标人之间存在舞弊行为，损害建设单位利益。

④签订施工合同，该环节的主要风险包括合同内容不完整、不清楚，或者订立背离招标文件实质性内容的合同。

（4）工程建设

①工程物资采购，该环节的主要风险包括采购控制不力，质次价高；对承包单位采购物资监督不足，影响工程质量与进度。

②工程监理，该环节的主要风险包括：监理单位监督不力，流于形式，不利于确保工程的进度、质量和安全。

③工程价款结算，该环节的主要风险有建设资金使用管理混乱，项目资金不落实，影响工程进度；工程进度计算不准确，价款结算不及时等。

④工程变更，该环节的主要风险有工程变更频繁、变更程序不规

范、变更缺乏审核或审核不严等。

（5）工程验收

该环节的主要风险包括：竣工验收不规范、竣工决算审核不严、竣工决算失真。

（6）项目后评估

企业应当建立完工项目后评估制度，在项目完成并运行一段时间后，对项目执行过程、效益等进行系统、客观的分析，重点评价工程项目预期目标的实现情况和项目投资效益等，并以此作为绩效考核和责任追究的依据。

7.担保业务的关键风险点

（1）受理申请，该环节的主要风险包括企业担保政策和相关管理制度不健全，不能规范担保申请的受理；受理申请审查不严。

（2）调查评估，该环节的主要风险包括资信调查和风险评估不深入、不细致，造成担保决策失误，给企业带来担保损失。

（3）审批，该环节的主要风险包括授权审批制度不完善；审批不严或越权审批；对关联方的担保审批不规范等。

（4）签订担保合同，该环节的主要风险包括未经授权订立担保合同，未订立担保合同，担保合同存在重大疏漏或欺诈，增加担保风险。

（5）日常管理，该环节的主要风险包括缺乏对担保合同的跟踪管理或监控不力，无法对被担保人出现的异常情况进行及时报告和处理。

（6）会计系统控制，该环节的主要风险包括会计记录和处理不及时、不准确，不利于对担保业务的日常监控，或者披露不符合有关监管要求，遭受行政处罚。

（7）反担保财产管理，该环节的主要风险包括对反担保的权利凭证保管不善、缺乏对反担保财产的有效监控等。

（8）责任追究，该环节的主要风险包括缺乏担保业务责任追究制度，或者制度执行流于形式。

（9）及时终止担保关系或代为清偿、权利追索，该环节的主要风险包括未及时终止担保关系，使担保展期等；违背担保合同约定不履行代偿义务，被起诉，影响企业形象；代为清偿后对权利追索不力，造成经济损失。

8. 业务外包控制的关键风险点

（1）制定业务外包实施战略，该环节的主要风险包括缺乏业务外包管理制度，无法指导业务外包实施方案的制订；外包范围不明确，出现将核心业务外包的风险；实施方案不合理。

（2）审核批准，该环节的主要风险包括审批制度不健全，审批程序不规范，审批不严。

（3）选择承包方，该环节的主要风险包括承包方不具备相应条件；外包价格不合理，成本过高，不符合成本效益原则；存在收受贿赂、回扣等舞弊行为。

（4）签订业务外包合同，该环节的主要风险包括合同内容存在重大疏漏或欺诈；业务外包需要保密的，承包方的保密义务和责任不明确。

（5）外包合同的执行与监控，该环节的主要风险包括与承包方的对接工作不到位，沟通协调不力；缺乏对承包方履约能力的持续评估以及应急机制，造成业务外包失败和生产经营活动中断；对承包方的索赔不力。

（6）验收，该环节的主要风险包括验收标准不明确、验收程序不规范、对验收中异常情况的处理不及时，给企业造成损失。

（7）会计系统控制，该环节的主要风险包括会计记录和处理不及时、不准确，不能全面真实地反映业务外包环节的资金流和实物流情况；结算审核不严格、结算方式不当等。

9. 财务报告的关键风险点

（1）制订财务报告编制方案，该环节的主要风险有会计政策和会计估计使用不当或不符合法律法规；重要会计政策、会计估计变更未经审批；各部门职责分工不清，时间安排不明确，延误编制进度等。

（2）确定重大事项的会计处理，该环节的主要风险包括对重大事项的会计处理不合理，未经过审批，影响会计信息质量。

（3）查实资产和负债，该环节的主要风险包括资产、负债账实不符。

（4）编制个别财务报告，该环节的主要风险包括报表数据不完整、不真实；附注内容不完整、不真实等。

（5）编制合并财务报告，该环节的主要风险包括合并范围不完整、合并方法不对、内部交易和事项不完整、合并抵销处理不正确等。

（6）财务报告的对外提供。

①财务报告对外提供前的审核，该环节的主要风险包括对外提供前，对财务报告内容的真实性、完整性以及合规性等审核不充分。

②财务报告对外提供前的审计，该环节的主要风险有未按有关规定接受审计，审计机构与被审计单位串通舞弊等。

（7）财务报告的分析作用，该环节的主要风险包括不重视财务报告的分析和利用，财务分析不全面，财务分析报告内容不完整；财务分析报告未经审核，财务分析报告中的意见未落实等。

五、练习题

（一）单项选择题

1.企业筹资、投资和资金营运等活动的总称是（　　　）。

A.资金活动　　　　　　　　B.资产管理

C.担保业务　　　　　　　　D.工程项目

2.不一定属于投资活动的关键风险点的是（　　　）。

A.投资方案与公司发展战略不符

B.投资项目未突出主业

C.所有投资项目均未实行集体决策或者联签制度

D.缺乏对项目的跟踪管理

3.（　　　）是采购决策最关键的环节，也是最终确定供应商，签订采购合同的依据。

A. 采购方式的选择　　　　　B.验收程序

C. 价格谈判　　　　　　　　D.供应商选择

4.针对固定资产运行与维护环节可能存在的固定资产操作不当、维修保养不到位，造成固定资产运作不良、使用效率低下、产品残次率高、生产停顿，甚至出现生产事故等风险，企业可以采取的控制措施是（　　　）。

A.企业应当强化对关键设备运转的监控，严格操作流程，实行岗前培训和岗位许可制度，确保设备安全运转

B.企业应当定期对固定资产的技术先进性进行评估

C.按照单项资产建立固定资产卡片

D.定期对固定资产进行清查

5.存货的保管与（　　　）职务是不相容的。

A.存货的验收　　　　　　　　B.存货的会计记录

C.存货的请购　　　　　　　　D.存货的采购

6.除全面梳理资产管理流程、查找薄弱环节外，资产管理的总体要求还包括（　　　）。

A.重视投保　　　　　　　　　B.严格执行与监控

C.完善相关管理制度　　　　　D.以战略为导向

7.以下不属于销售业务风险点的是（　　　）。

A.销售计划管理　　　　　　　B.销售过程管理

C.客户信用管理　　　　　　　D.订立销售合同

8.销售过程存在舞弊行为，可能导致的风险是（　　　）。

A.销售款项不能收回　　　　　B.销售不畅

C.库存积压　　　　　　　　　D.企业利益受损

9.以下不属于无形资产的使用与保护环节主要风险的是（　　　）。

A.无形资产使用效率低下

B.存在重大技术安全隐患以及忽视品牌建设、社会认可度低

C.缺乏严格的保密措施，导致商业秘密泄露

D.其他企业的侵权行为损害企业利益

10.对新开发的技术或产品未进行有效保护，而竞争对手抢先申请专利保护，导致自主开发成果被限制使用；合作研发中未明确产权归属，导致自树竞争对手属于研发业务的（　　　）阶段的风险。

A.研究成果开发　　　　　　　B.研发活动评估

C.研发成果保护　　　　　　　D.研究过程管理

11.以下关于工程招标内部控制的说法，不正确的是（　　　）。

A.企业的工程项目一般应当采用公开招标的方式

B.为了保证完工进度，可以将工程肢解为若干部分发包给几个承包单位

C.对投标人的信息采取严格的保密措施，防止投标人之间的串通舞弊

D.按照招标公告或资格预审文件中的投标人资格条件对投标人进行严格审查，预防假资质中标或借资质串标

12.工程价款结算环节易出现的风险不包括下列（　　）项目。

A.资金使用管理混乱　　　　　B.现场控制不当

C.工程延迟　　　　　　　　　D.项目资金不落实

13.关于担保业务控制，下列说法中正确的是（　　）。

A.为了节省成本，调查评估人员与担保业务审批人员可以由一人担任

B.调查评估是办理担保业务的第一步

C.规范担保合同记录、传递和保管，确保担保合同运转轨迹清晰完整、有案可查

D.担保合同的订立事关重大，应经总经理审批才可通过

14.缺乏对担保合同的跟踪管理或监控不力，无法对被担保人出现的异常情况进行及时报告和处理，给企业造成损失，这属于担保业务中（　　）环节的主要风险。

A.会计系统控制　　　　　　　B.调查评估

C.审批　　　　　　　　　　　D.日常管理

15.外包合同的执行与监控的主要风险不包括（　　）。

A.合同内容存在重大风险和欺诈

B.与承包方的对接工作不到位，沟通协调不力

C.缺乏对承包方履约能力的持续评估以及应急机制

D.对承包方的索赔不力

16.以下关于企业外包业务控制，不正确的是（　　）。

A.任何业务都可以外包

B.强化对业务外包全过程的监控

C.重大业务外包方案应当提交董事会或类似权力机构审批

D.建立严格的回避制度和监督处罚制度

17.下面属于财务报告的总体要求的是（　　）。

A.抓住关键控制点

B.规范各环节工作流程

C.充分利用信息技术

D.明确职责权限和不相容岗位分离

（二）多项选择题

1.实施资金活动内部控制的总体要求包括（　　　）。

A.建立科学决策机制　　　　　　　B.实行资金集中管控

C.合理设计流程　　　　　　　　　D.抓住关键控制点

E.查找薄弱环节

2.采购业务流程中的不相容职务包括（　　　）。

A.请购与审批　　　　　　　　　　B.询价与确定供应商

C.采购与验收　　　　　　　　　　D.订立合同与审计

E.审核与付款

3.工程项目存在的不相容岗位主要包括（　　　）。

A.可行性研究与决策　　　　　　　B.概预算编制与审核

C.项目实施与价款支付　　　　　　D.竣工决算与审计

E.招标与签订施工合同

4.销售业务的流程包括（　　　）。

A.销售计划管理　　　　　　　　　B.客户信用管理

C.确定定价机制和信用方式　　　　D.销售谈判以及订立销售合同

E.发货、收款、客户服务等

5.研发风险控制的总体要求包括（　　　）。

A.重视研发　　　　　　　　　　　B.强化管理

C.制度宽松　　　　　　　　　　　D.制订计划

E.项目转化

6.在资产管理中，应重点关注的风险包括（　　　）。

A.存货积压或短缺

B.存货价值贬损或生产中断

C.固定资产更新改造不够、使用效能低下、维护不当、产能过剩

D.无形资产缺乏核心技术、权属不清、技术落后、存在重大技术安全隐患

E.销售政策和策略不当、销售渠道管理不当等，导致销售不畅、库存积压

7.担保业务流程包括（　　　）。

A.担保申请　　　　　　　　B.调查评估

C.审批　　　　　　　　　　D.订立担保合同

E.担保合同执行与监控等

8.担保申请人出现下列情形之一的，不得提供担保的有（　　　）。

A.担保项目不符合国家法律法规和本企业担保政策

B.担保申请人已经变更法定代表人

C.担保申请人已经进入重组、托管、兼并或破产清算程序

D.担保申请人与其他企业出现较大经济纠纷，面临法律诉讼且可能承担较大赔偿责任

E.担保申请人与本企业已经发生过担保纠纷且仍未妥善解决的，或不能及时足额交纳担保费用的

9.业务外包控制的总体要求是（　　　）。

A.完善业务外包管理制度　　B.强化监控

C.加强信息核对　　　　　　D.避免核心业务外包

E.健全各环节的授权批准制度

10.关于外包业务承包方的选择，正确的有（　　　）。

A.承包方是依法成立和合法经营的专业服务机构或其他经济组织

B.承包方应当具备相应的专业资质

C.引入竞争机制，遵循公开、公平、公正的原则，择优选择外包业务的承包方

D.基于成本效益原则的考虑，承包方的选择可以直接指定有资质的承包方承担

E.建立严格的回避制度和监督处罚制度

11.财务报告的业务流程包括（　　　）。

A.制订财务报告编制方案　　B.确定重大事项会计处理方法

C.查实资产和负责　　　　　D.编制财务报告

E.对外提供以及分析利用等

12.下列控制措施中属于不相容岗位分离控制的是（　　　）。

A.调查评估人员与担保业务审批人员应当分离，调查评估结果应出具书面报告

B.销售合同草案经审批同意后，企业应授权有关人员与客户签订正式销售合同

C.对于某些商品的价格浮动权，销售部门应将权力逐级分配并明确权限执行人

D.明确相关部门和岗位的职责权限，做到项目实施与价款支付等不相容职务相互分离

E.指定专人定期与供应商核对应付账款、应付票据、预付账款等往来款项

（三）判断题

1.不管是大宗采购还是一般物资或劳务的采购都应该采用招标的方式。（　　）

2.编制需求预算和采购预算、选择供应商、管理供应过程是采购业务的关键风险点。（　　）

3.对于重大的固定资产投资项目，企业可进行可行性研究与评价，并由企业实行集体决策和审批，防止出现决策失误而造成严重损失。（　　）

4.企业代管、代销、暂存、受托加工的存货，不应纳入本企业的存货管理。（　　）

5.规范销售行为、防范销售风险，可以促进企业扩大销售、拓宽销售渠道、提高市场占有率，对于增加收入、实现企业经营目标和发展战略有重要意义。（　　）

6.企业发货部门应当对销售合同进行审核，并组织发货。（　　）

7.未经授权发货、发货不符合合同约定或者发货程序不规范，可能造成货物损失或发货错误，引发销售争议，影响货款收回。（　　）

8.研发活动具有投入大、周期短、不确定性高的特点，因此研发活动的成败对企业生产经营影响较大。（　　）

9.重大工程项目的立项，应当报经董事会或类似权力机构集体审议批准，总会计师或分管会计工作的负责人应当参与项目决策。（　　）

10.不得由同一部门或个人办理担保业务的全过程。（　　）

11.企业在进行工程项目招标时，在确定中标人前，为保证供求双方的充分了解，企业应同投标人就投标方案等内容进行谈判。（　　）

12.某公司为了工作方便，将所收到的工程款存入个人账户作为日常结算账户使用。（　　）

（四）简答题

1.资金活动的关键风险点都有哪些？

2.采购业务控制的总体要求是什么？

3.简要描述资产管理的基本流程。

4.销售业务的关键风险点有哪些？

5.简要描述研究与开发项目立项环节存在的主要风险。

6.在工程项目管理中，哪些不相容岗位应分离？

7.担保业务的基本流程一般如何划分？对担保业务进行控制的总体要求是什么？

8.业务外包的审核批准环节的关键风险有哪些？一般应该采取哪些基本控制措施？

9.业务外包的承包方至少应该满足哪些条件？

10.财务报告对外提供前应经过哪些人员的审核？他们审核的目的分别是什么？

六、案例分析题

1.华源集团成立于1992年，该集团在13年间总资产猛增到567亿元，资产翻了404倍，旗下拥有8家上市公司，其业务领域涵盖纺织产业、农业机械、医药等领域。但是，2005年9月中旬，上海银行对华源一笔1.8亿元贷款到期，此笔贷款是当年华源为收购上药集团而贷，因年初财政部检查事件，加之银行信贷整体收紧，上海银行担心华源无力还贷，遂加紧催收贷款，从而引发了华源集团的信用危机。从国资委指定的德勤会计师事务所的清产核资工作报告中显示，截至2005年9月20日，华源集团合并财务报表的净资产25亿元，银行负债高达251.14亿元，旗下8家上市公司的应收账款、其他应收款、预付账款合计高达73.36亿元，也就是说，这些上市公司的净资产几乎已被掏空。不仅如此，国家财政部在2005年会计信息质量检查公报中披露，华源集团财务管理混乱，内部控制薄弱，部分下属子公司为达到融资和完成考核指标等目的，大量采用虚计收入、少计费用、不良资产巨额挂账等手段蓄意进行会计造假，导致报表虚盈实亏，会计信息严重失真。

要求：

运用资金营运活动的关键风险点及控制措施的有关知识，分析该案例违背了哪些关键风险点。

2.JG公司成立于2015年，是一家具备研发、制造、分销和出口的综合型制造企业。其业务涵盖糖果、巧克力、果冻、糕点、烘焙等众多类别。由于采购原材料的质量是决定产品质量的关键环节，为此，该公司为材料采购制定了采购业务内部控制流程。

（1）首先由仓库根据库存和生产需要提出材料采购业务申请，填写一份"请购单"。"请购单"交采购部门批复。

（2）采购部门根据此前制订的采购计划，对"请购单"进行审批。如符合计划，便组织采购；否则请示公司总经理批准。

（3）决定采购的材料，由采购部门填写一式二联的"订购单"，其中一联采购部门留存；另一联由采购部门交供销单位。采购员凭"订购单"与供货单位签订供货合同。

（4）供货合同的正本留采购部门并与"订购单"核对；供货合同的副本分别转交仓库和财务科，以备查。

（5）采购来的材料运抵仓库，由仓库保管员验收入库。验收时，将运抵的材料与采购合同副本、供货单位发来的"发运单"相互核对。然后填写一式三份的"验收单"：一联仓库留存，作为登记材料明细账的依据；一联转送采购部门；一联转送财务科。

（6）采购部门收到"验收单"后，将验收单与采购合同的副本、供货单位发来的发票、其他银行结算凭证相核对，以确定此采购业务的完成情况。

（7）财务科接到验收单后，由主管材料核算的会计将验收单与采购合同副本、供货单位发来的发票、其他银行结算凭证相核对。以符或不符作为是否支付货款的依据。应支付货款的，由会计开出付款凭证，交出纳员办理付款手续。

（8）出纳员付款后，在进货发票上盖"付讫"章，再转交会计记账。

（9）财务部门的材料明细账，定期与仓库的材料明细账核对。

要求：

对 JG 公司材料采购业务的内部控制制度进行评价，指出其中的不合理之处，并提出改进建议。

3. 浙江永联民爆器材有限公司永进分公司（简称"永进公司"）是一家以从事民爆产品为主的国有控股公司的下属分公司。永进公司凭借其完善的内部控制制度成为永联公司最大的分公司，在销售业绩方面遥遥领先。通过不断探索和实践，公司在销售业务内部控制建设和执行方面，逐步形成了一套适合本公司经营特点的执行体系。

（1）销售风险分析

永进公司系高危民爆产品生产企业，国家对该行业的销售管理非常严格。公司结合民爆行业特点，总结出销售环节主要存在的风险如下：

①销售政策和策略不当，市场预测不准确，造成销售不畅。

②销售后继服务管理不当，造成客户流失。

③客户信用管理不到位，结算方式选择不当，应收账款回收不力，导致销售款项不能收回或遭受欺诈。

④销售运输安全管理不到位，导致企业利益受损。

（2）永进公司销售业务控制执行

①市场调研与销售计划制订。

公司十分重视市场的前期调研，按照形势需要调查客户合法资质、市场寻求量等相关情况；并召开各地区用户座谈会，及时了解市场信息、需求情况，并在此基础上进行市场预测，结合客户订单情况科学地制订销售年度、月度销售计划；同时，公司也针对销售计划的制订过程规范了决策审批程序，彻底避免"拍脑门""一言堂"等违规现象的出现。

②客户信用管理。

公司专门建立了客户信用管理机构，并配备了业务能力强、经验丰富的专业人员。公司十分重视客户信用的调查和管理，制定了严格的《客户信用管理制度》。公司不定期地派遣业务员对一些比较大的客户进行深入跟踪调查，并初步建立了客户信用档案。同时，该机构与收款部门合作，对所有与公司有业务往来的客户的还款情况、赊账记录进行存档、分析，并对其进行评价，以便于将来的收款管理和客户信用调查。

③合同订立的谈判工作。

通过前期调研，公司对调查档案进行分析，初步决定与认为有合作可能的客户进行接触、洽谈、磋商，对公司产品的价格、信用政策、发货和结算方式等相关内容进行交流，通过谈判达成一致意见，订立销售合同。公司制定了严格的《合同管理制度》，从而从法律角度保障了交易的顺利进行，为以后债权的收回提供了法律依据，降低了坏账风险。对于炸药产品销售合同，由于其产品的特殊性，须由经办人及其部门、分管领导审核后，由总经理审批才可办理，由于涉及财务方面问题的合同风险，因此财务部门也必须参与合同的审核。

④发货过程管理。

公司规定发货部门应当对发货单据进行审核，严格按照销售通知单所列的内容组织发货；建立货物出库、发运等环节的岗位责任制，并建立追责制；以运输合同的形式明确运输方式、相关责任、保险等内容，确保货物的安全发运，并由客户验收确认。

⑤收款环节的相关控制。

A.赊销管理。

永进公司每年都会根据全年的销量及客户情况，核定月赊销量。销售人员根据对客户的日常走访和调查情况，针对每个客户制定赊销额度，将一般客户控制在额度内，由经办人员办理，分管领导审批；对于特殊客户赊销产品，必须由部门提出申请，经分管领导审核、总经理审批后才可以赊销。

B.收款管理。

企业对所有新客户都要进行调查，建立客户信息档案，特别是对新开发的客户，建立严格的信用保证金制度，超过保证金后一律不予发货，将收账风险控制在可控范围之内。为了保证及时收款，财务部每月4次将收款情况通过公司的办公自动化（OA）系统，向相关的销售人员公布，对于欠款金额较大的随时提出，督促销售部门及时催收。每个季度财务部门都将应收款明细交给销售部门相关经办人员，由经办人及时与各个单位对账及催收。

要求：

运用销售业务有关知识，分析永进公司都对销售业务的哪些关键风险点进行了识别和控制。

4.2012年某市五星级酒店投入使用不久，出现严重亏损，职工意见很大，多次向主管部门投诉，称工程项目存在违法犯罪行为。主管部门在调查中发现，该大楼是A公司上一年度的重点工程项目，竣工已经一年。在项目实施中存在如下情况：（1）该项目是A公司总经理亲自联系、策划立项的。（2）公司为了加强对工程项目的控制，由研发部负责进行可行性研究。（3）由财务总监牵头进行概预算编制、款项支付等的监督与控制。总经理提出项目建议以后，由研发部进行可行性论证。由于对风险的看法不同，研发部内部对此项目存在重大分歧；可行性论证完成后，总经理决定实施该项目。但后来发现由于市场竞争激烈，当地消费水平不高，五星级酒店入住率很低，基本闲置，因此亏损是难以避免的。工程预算提出后，财务总监以及财务部对预算书进行了审查，由于财务总监及财务部人员均不熟悉预算编制，因此对预算中多列费用并未发觉，其中仅电梯一项就多列1 000万元。根据合同的规定，工程款项按建设期每年年末支付一次。酒店主体封顶时，监理工程师发现工程用料存在严重不符合规定的现象，建设方A公司与施工方交涉无果，提出暂停付款，但发现财务部已经支付大部分款项，理由是虽然总经理没有签字，但按合同的规定每年年末应该支付，所以直接支付了。A公司准备通过诉讼解决争议。但考虑到诉讼结果难料，于是纠纷不了了之。

要求：

运用工程项目有关知识，分析本例中内部控制存在哪些问题，正确做法是什么？

5.2010年，A集团公司下属北京子公司和其他三家股东合资设立SD再生资源有限公司（以下简称"SD公司"），持股比例为10%左右。2012年，SD公司分别向中国银行某市分行（以下简称"某市中行"）和中国建设银行某市分行（以下简称"某市建行"）各借款100万美元，合计200万美元。A集团公司总经理在担保合同上签字，为SD公司中行借款100万美元及建行借款50万美元提供了负连带责任的全额担保。2013年5月，又继续为SD公司延期贷款提供担保。

2018年3月，因SD公司不能按时归还100万美元借款本息，某市中行向法院提起诉讼。2018年6月底，经该市第二中级人民法院一审判决，A集团公司负连带给付责任。A集团公司对判决不服，向该市高级人民法院提出上诉。2018年11月，该市高级人民法院判决"在强制执行原审被告SD公司财产后仍不足清偿的债务，由A集团公司承担赔偿责任"。2019年4月，该市第二中级人民法院就此案作出执行裁定，并查封了A集团公司有关房产，A集团公司不得已为SD公司归还借款本息，支付现金13 206 005.09元。另外，因SD公司不能按时归还50万美元借款本息，2016年10月，某市建行向法院提起诉讼，经该市高级人民法院复审，2017年10月，判令A集团公司为SD公司27万美元借款余额的本息承担连带给付责任。

在2018年某市中行提起诉讼后，A集团公司多次派人了解SD公司资产和负债情况，并派人员审查北京子公司和SD公司账目。查账结果显示：首先，SD公司基本没有实物资产，只有大量的无据可查的预付和应收款项。其次，SD公司存在不良图谋。查账结果显示，SD公司取得借款后，没有用于正常业务经营和投资。自SD公司成立以来，有多位高级管理人员利用职权，自批自用、自批他用、利用借款等名目，大肆侵占、挪用SD公司资金，将公司资产转入个人账户，非法占为己有。

要求：

运用担保业务活动控制的有关知识，指出这一案例违背了哪些关键风险点，应运用何种控制措施加以预防？

6. 甲公司和乙公司同时实施了一个公司网页设计的外包项目，目标是为本公司的在线系统设计一个首页和整体页面框架。在签订合同时，甲、乙公司在合同上详细地列示了项目的交付内容，提出了清晰的需求，以避免后期双方对此发生争议。A网站设计公司（以下简称"A公司"）分别与甲公司和乙公司签订了网页设计外包合同，安排人员进行页面设计，并计划在一周内提交初稿。但在设计过程中却出现了问题，首先是A公司临时更换了技术人员，这样在前期阶段确定的相关细节又要重新沟通，而且人员技术水平也不符合要求。此外，甲、乙公司发现，A公司该项目的组织结构也不合理，公司的两个合股人分别负责技术部和业务部两个部门，这两个部门相互独立、相互牵制。A公司没有专门的项目经理负责这个项目，只是由业务人员负责协调。这样的项目组织结构造成项目的执行和沟通很困难。因此，甲、乙公司的项目都不得不暂停，陷入僵局。

面对上述情况，甲、乙公司作出了不同的反应：

甲公司及时制定了相应的沟通策略。当出现问题的时候，甲公司外包业务归口管理部门负责人直接与A公司的两个部门经理召开联席会议，协调共同解决问题，并对承包方工作人员进行必要的关于行业特点和经营需求方面的指导和培训，从而使其充分了解甲公司的外包目标。最后，经过双方一段时间的努力，A公司提交了合同上所有的交付内容，项目按期收尾。

乙公司按照原定沟通机制，向业务人员提出网页设计修改要求，并督促业务部门尽快实施。然而，业务人员甚至业务部经理对技术细节的理解有限，而且无法跨部门地安排技术人员的工作，导致该外包业务失败。

要求：

运用业务外包活动控制的有关知识，指出甲、乙公司这一案例违背了哪些关键风险点，应运用何种控制措施加以预防？

七、拓展阅读

［1］财政部会计司. 企业内部控制规范讲解［M］. 北京：经济科学出版社，2010.

［2］贺志东. 最新内部控制管理操作实务全案［M］. 北京：电子工业出版社，2018.

［3］侯其锋. 企业内部控制基本规范操作指南（图解版）［M］. 北京：人民邮电出版社，2016.

［4］刘永泽，池国华，等. 企业内部控制制度操作指南［M］. 大连：大连出版社，2011.

［5］罗勇. 企业内部控制规范解读及案例精析［M］. 3版. 上海：立信会计出版社，2017.

［6］企业内部控制编审委员会. 企业内部控制基本规范及配套指引

案例讲解 ［M］. 上海：立信会计出版社，2019.

　　［7］企业内部控制编审委员会. 企业内部控制配套指引解读与案例分析 ［M］. 上海：立信会计出版社，2010.

　　［8］许国才，徐健. 企业内部控制流程手册 ［M］. 3 版. 北京：人民邮电出版社，2017.

　　［9］张继德. 企业内部控制基本规范实施与操作 ［M］. 北京：经济科学出版社，2009.

第八章　内部监督

一、学习目的与要求

通过本章的学习，掌握内部监督的定义，了解内部监督的意义，掌握内部监督体系的构成及各机构的职责，了解内部监督的基本要求，掌握内部监督的程序和方法。

二、相关准则与制度

1.《企业内部控制基本规范》

2.《企业内部控制应用指引》

3.《企业内部控制评价指引》

4.《企业内部控制审计指引》

5.《中华人民共和国公司法》

6.《上市公司治理准则》

7.《审计署关于内部审计工作的规定》

8.《中华人民共和国会计法》

三、预习要览

（一）本章结构（如图8-1所示）

（二）关键概念

内部监督	审计委员会
监事会	内部审计机构
内部控制缺陷	日常监督
专项监督	监督主体

（三）关键问题

1.内部监督的定义，内部监督与内部控制自我评价的关系。

```
                              ┌ 内部监督的定义
          ┌ 内部监督的机构及职责┤ 内部监督的意义
          │                  │ 内部监督体系的构成及各机构的职责
          │                  └ 内部监督的基本要求
          │                  ┌ 建立健全内部监督制度
          │                  │ 制定内部控制缺陷标准
   内部监督┤ 内部监督的程序   ┤ 实施监督
          │                  │ 记录和报告内部控制缺陷
          │                  └ 内部控制缺陷整改
          │                  ┌ 日常监督
          └ 内部监督的方法   ┤ 专项监督
                              └
```

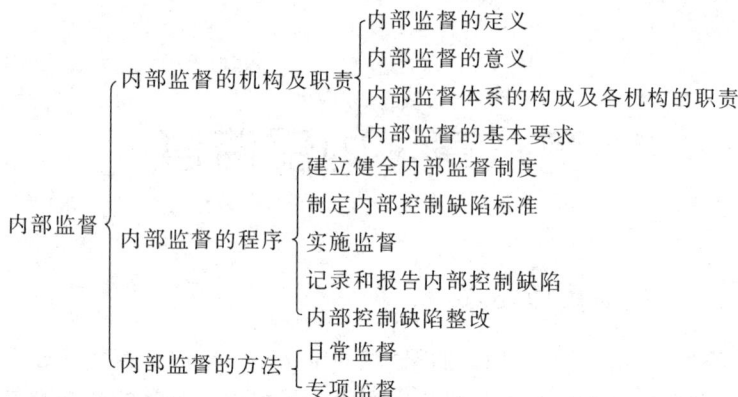

图 8-1 本章结构

2.内部监督的机构设置及各自的职责。

3.内部监督的基本要求有哪些？

4.内部监督的程序有哪些？

5.内部监督的方式有哪几种？

6.日常监督的主体分为哪些？

7.日常监督的具体方式有哪几种？

8.专项监督的范围和频率的决定因素有哪些？

9.专项监督主要关注哪些方面？

四、本章重点与难点

1.内部监督的定义和意义

内部监督是指企业对内部控制的建立与实施情况进行监督检查，评价内部控制的有效性，发现内部控制缺陷，并及时改进。

内部监督主要有以下三点重要意义：①内部监督以内部环境为基础，并与内部环境有极强的互动关系；②内部监督与风险评估、控制活动形成三位一体的闭环控制系统；③内部监督离不开信息与沟通的支持。

2.内部监督体系的构成

（1）专职的内部监督机构。专职内部监督机构根据需要开展日常监督和专项监督，对内部控制有效性作出整体评价并提出整改计划，督促有关机构整改。

（2）其他机构。内部各机构应在其职责范围内进行监督，承担内部控制相关具体业务操作规程及权限设计的责任，并在日常工作中严格执行。企业应定期测试监督活动，应建立、保持与内部控制机构有效的信息沟通机制，及时传递内部控制设计和执行是否有效的相关信息。

3.各内部监督机构的具体职责

（1）审计委员会的监督职责：监督及评估外部审计工作，提议聘请或者更换外部审计机构；监督及评估内部审计工作，负责内部审计与外部审计的协调；审核公司的财务信息及信息披露；监督及评估公司的内部控制；负责法律法规、公司章程和董事会授权的其他事项。

（2）监事会的监督职责：对董事、高级管理人员执行公司职务的行为进行监督，对违反法律、行政法规、公司章程或者股东会决议的董事、高级管理人员提出罢免的建议；当董事、高级管理人员的行为损害公司的利益时，要求董事、高级管理人员予以纠正。对董事、高级管理人员提起诉讼；监事可以列席董事会会议，并对董事会决议事项提出质询或者建议。监事会、不设监事会的公司的监事发现公司经营情况异常，可以进行调查。必要时，可以聘请会计师事务所等协助其工作，费用由公司承担。

监事会依法检查公司财务，监督董事、高级管理人员履职的合法合规性，行使公司章程规定的其他职权，维护上市公司及股东的合法权益。监事会可以独立聘请中介机构提供专业意见。监事会发现董事、高级管理人员违反法律法规或者公司章程的，应当履行监督职责，并向董事会通报或者向股东大会报告，也可以直接向中国证券监督管理委员会及其派出机构、证券交易所或者其他部门报告。

（3）内部审计机构的监督职责：国家机关、事业单位、社会团体等单位的内部审计机构或者履行内部审计职责的内设机构，应当在本单位党组织、主要负责人的直接领导下开展内部审计工作，向其负责并报告工作。国有企业内部审计机构或者履行内部审计职责的内设机构应当在企业党组织、董事会（或者主要负责人）直接领导下开展内部审计工作，向其负责并报告工作。按照有关规定建立总审计师制度。总审计师协助党组织、董事会（或者主要负责人）管理内部审计工作。内部审计机构或者履行内部审计职责的内设机构应当按照国家有关规定和本单位的要求，履行下列职责：对本单位及所属单位内部控制及风险管理情况进行审计。

（4）会计机构的监督职责：会计监督是指会计机构和会计人员凭借经授权的特殊地位和职权，依照特定主体制定的合法制度，对特定主体经济活动过程及资金运动进行综合、全面、连续、及时的监督，以确保各项经济活动的合规性、合理性，保障会计信息的相关性、可靠性和可比性，从而达到提高特定主体工作效益的目的。

4.内部监督的基本要求

监督人员应具有胜任能力和独立性，同时要关注关键控制。关键控制应考虑以下因素：复杂程度较高的控制、需要高度判断力的控制、已知的控制失效、相关人员缺少实施某一控制所必需的资质或经验、管理层凌驾于某一控制活动之上、某一项控制失效是重大的且无法及时识别并整改。

5.内部监督的程序

（1）建立健全内部监督制度。

（2）制定内部控制缺陷标准。内部控制缺陷按照缺陷的重要程度可分为一般缺陷、重要缺陷和重大缺陷；按照缺陷来源可分为设计缺陷与执行缺陷。

（3）实施监督。一方面，针对已经存在的内部控制缺陷，及时采取应对措施，减少控制缺陷可能给企业带来的损害。另一方面，针对潜在的内部控制缺陷，采取相应的预防性控制措施，尽量限制缺陷的产生，或者当缺陷发生时，尽可能降低风险和损失。

（4）记录和报告内部控制缺陷。

（5）内部控制缺陷整改。通过内部监督，可以发现内部控制建立与实施中存在的问题和缺陷，进而采取相应的整改计划和措施，切实落实整改，改进内部控制系统。

6.内部监督的方法

（1）日常监督。日常监督是指企业对建立与实施内部控制的情况进行常规、持续的监督检查。

（2）专项监督。专项监督是指在企业发展战略、组织结构、经营活动、业务流程、关键岗位员工等发生较大调整或变化的情况下，对内部控制的某一或者某些方面进行有针对性的监督检查。

日常监督和专项监督应当有机结合。前者是后者的基础，后者是前者的有效补充。如果发现某些专项监督活动需要经常性开展，那么企业有必要将其纳入日常监督，以便进行持续的监控。通常，二者的某种组合会确保企业内部控制在一定时期内保持其有效性。

7.日常监督的主体

（1）管理层监督。董事会和经理层应采取种种措施，充分利用内部信息与沟通机制，获取适当的、足够的相关信息来验证内部控制是否有效设计和运行，并对日常经营管理活动进行持续监督。

（2）单位（机构）监督。企业所属单位及内部各机构应采取种种措施定期对职权范围内的经济活动实施自我监督，向经理层直接负责。

（3）内部控制机构监督。内部控制机构应采取种种措施，根据风险评估结果，针对企业认定的重大风险的管控情况及成效开展持续性的监督。

（4）内部审计机构监督。内部审计机构接受董事会或经理层委托，应该采取种种适当的措施对日常生产经营活动实施审计检查。

8.日常监督的具体方式

（1）获得内部控制执行的证据。内部控制执行证据包括：企业管理层搜集汇总的各部门信息，出现的问题，相关职能部门进行自我检查、监督时对发现问题的记录及解决方案等。

（2）内外信息印证。内外信息印证是指来自外部相关方的信息支持内部产生的结果或反映出内部的问题，外部信息主要包括来自监管部门的信息和来自客户的信息。

（3）数据记录与实物资产的核对。

（4）内外部审计定期提供建议。审计人员评估内部控制的设计并测试其有效性，识别潜在的缺陷并向管理层建议采取替代方案，同时为作出决策提供有用的信息。

（5）管理层对内部控制执行的监督。管理层主要通过以下渠道进行监督：审计委员会接收、保留及处理各种投诉及举报，并保证其保密性；管理层在培训、会议上了解内部控制的执行情况；管理层审核员工提出的各项合理建议等。

9.专项监督的范围和频率

专项监督的范围和频率应根据风险评估结果以及日常监督的有效性等予以确定。一般来说，风险水平较高并且重要的控制，对其进行专项监督的频率应较高。专项监督的范围和频率取决于以下因素：一是风险评估的结果；二是变化发生的性质和程度；三是日常监督的有效性。

10.专项监督的重点

（1）高风险且重要的项目。审计部门依据日常监督的结果，对风险较高且重要的项目要进行专项监督。考虑到成本效益原则，对风险很高但不重要的项目或很重要但是风险很小的项目可以减少个别评估的次数，应该增加将高风险且重要的项目作为个别评估对象的次数。

（2）内部控制环境变化。当内部控制环境发生变化时，要进行专项监督，以确定内部控制是否还能适应新的内部控制环境。

11.专项监督的步骤

（1）计划阶段，主要任务包括规定监督的目标和范围；确定具有该项监督权力的主管部门和人员；确定监督小组、辅助人员和主要业务单元联系人；规定监督方法、时间、实施步骤；就监督计划达成一致意见。

（2）执行阶段，主要任务包括了解业务单元或业务流程；了解业务单元或业务流程的内部控制程序是如何设计运作的；应用可比一致的方法评价内部控制程序；通过与企业内部审计标准的比较来分析结果，并在必要时采取后续措施；记录内部控制缺陷和拟定纠正措施；与适当的人员复核并验证调查结果。

（3）报告和纠正措施阶段，主要任务包括与业务单元或业务流程的管理人员以及其他适当的管理人员复核结果；从业务单元或业务流程的管理人员处获得情况说明和纠正措施；将管理反馈写入最终的评价报告。

五、练习题

（一）单项选择题

1.内部监督的意义不包括（　　　）。

A.内部监督可以节约企业运营成本

B.内部监督以内部环境为基础，并与内部环境有极强的互动关系

C.内部监督与风险评估、控制活动形成了三位一体的闭环控制系统

D.内部监督离不开信息与沟通的支持

2.我国企业内部监督体系的构成不包括（　　　）。

A.审计委员会　　　　　　　　B.监事会

C.股东大会　　　　　　　　　D.内部审计机构

3.内部监督时需关注关键控制点，其中不包括（　　　）。

A.复杂程度高的控制和需要高度判断力的控制

B.已知的失效控制且无法及时识别的控制

C.相关人员缺少实施某一控制所需的资质或经验

D.某项实施成本过高的控制

4.对识别并实施关键控制所需的相关信息质量的要求不包括（　　　）。

A.相关性　　　　　　　　　　B.可靠性

C.充分性　　　　　　　　　　D.适当性

5.对内部控制的无效性理解错误的是（　　　）。

A.内部控制政策和措施有与法律法规相抵触的地方

B.内部控制制度设计不够完整、合理

C.在企业生产过程中没有得到有效的贯彻执行

D.因设计和执行内部控制的成本过高而无法实施

6.内部控制缺陷的报告对象不包括（　　　）。

A.与该缺陷直接相关的责任单位

B.公司下属业务部门

C.负责执行整改措施的人员

D.责任单位的上级单位

7.日常监督中的内部审计监督不包括（　　　）。

A.制订内部审计计划，定期组织生产经营审计、内部控制专项审
计和专项调查等

B.内部审计机构应当接受审计委员会的监督指导，应定期或应按照
要求向董事会及审计委员会、监事会、经理层报告工作

C.根据风险评估结果，对企业认定的重大风险的管控情况及成效开

展持续性的监督

D.对审计中发现的违反国家法律法规和企业章程规定的事项提出审计建议，作出审计决定，并对审计建议和审计决定的落实情况进行跟踪监督

8.内部控制执行的证据不包括（　　　）。

A.管理层搜集汇总的各部门信息

B.定期与客户沟通，以验证应收、应付账款记录是否完整、正确

C.管理层搜集汇总的各部门出现的问题

D.相关职能部门进行自我检查、监督时对所发现问题的记录及解决方案

9.专项监督的范围和频率的决定因素不包括（　　　）。

A.内部控制环境的强弱　　　　　　B.风险评估的结果

C.变化发生的性质和程度　　　　　D.日常监督的有效性

10.管理层对内部控制执行的监督渠道不包括（　　　）。

A.审计委员会接收、保留及处理的各种投诉及举报

B.外部审计机构出具的审计报告

C.管理层参加的培训、会议

D.管理层审核的员工提出的各项合理建议

11.专项监督的步骤不包括（　　　）。

A.计划阶段　　　　　　　　　　　B.评价阶段

C.执行阶段　　　　　　　　　　　D.报告和纠正措施阶段

12.在专项监督的计划阶段的主要任务不包括（　　　）。

A.从业务单元或业务流程的管理人员处获得情况说明和纠正措施

B.规定监督的目标和范围并确定具有该项监督权力的主管部门和人员

C.确定监督小组、辅助人员和主要业务单元联系人

D.规定监督方法、时间、实施步骤并就监督计划达成一致

13.在专项监督的执行阶段的主要任务不包括（　　　）。

A.获得对业务单元或业务流程的了解并确定相关的内部控制是如何设计运作的

B.确定具有该项监督权力的主管部门和人员

C.评价内部控制程序、分析内部控制结果并采取后续措施

D.记录内部控制缺陷和拟定纠正的措施，与适当的人员复核并验证调查结果

14.内部监督文档不包括（　　　）。

A.往来询证函、资产盘点报告

B.审计计划、审计项目计划

C.审计意见书、整改情况说明书

D.组织结构图、权限体系表

15.下面关于日常监督和专项监督关系的表述，错误的是（　　　）。

A.日常监督是专项监督的基础

B.专项监督是日常监督的有效补充

C.日常监督有效性高时，可以不设置专项监督

D.如果发现某些专项监督活动需要经常性地开展，那么企业有必要将其纳入日常监督

（二）多项选择题

1.内部控制的一套严密、高效的闭环控制系统的因素包括（　　　）。

A.内部监督　　　　　　　　B.风险评估

C.信息与沟通　　　　　　　D.控制活动

E.内部环境

2.审计委员会的监督职责包括（　　　）。

A.监督及评估外部审计工作，提议聘请或更换外部审计机构

B.监督及评估内部审计工作，负责内部审计与外部审计的协调

C.监督及评估公司的内部控制

D.审核公司的财务信息及其披露

E.负责法律法规、公司章程和董事会授权的其他事项

3.内部监督的基本要求包括（　　　）。

A.监督人员应具有独立性

B.监督人员应具有胜任能力

C.关注关键控制

D.监督人员应评估相应的风险水平

E.进行常规、持续的监督检查

4.内部监督的程序包括（　　　）。

A.建立健全内部监督制度　　　　B.制定内部控制缺陷标准

C.实施监督　　　　　　　　　　D.记录和报告内部控制缺陷

E.内部控制缺陷整改

5.按照内部控制缺陷的重要程度来划分，内部控制缺陷可以分为（　　　）。

A.一般缺陷　　　　　　　　　　B.重要缺陷

C.重大缺陷　　　　　　　　　　D.执行缺陷

E.系统缺陷

6.日常监督的监督主体包括（　　　）。

A.管理层　　　　　　　　　　　B.单位（机构）

C.内部控制机构　　　　　　　　D.内部审计机构

E.外部审计机构

7.日常监督的具体方式包括（　　　）。

A.获得内部控制执行的证据并对内外信息进行印证

B.数据记录与实物资产的核对

C.内外部审计定期提供建议

D.管理层对内部控制执行的监督

E.内外信息印证

8.公司法规定监事会有权（　　　）。

A.必要时可以聘请会计师事务所等协助其工作

B.发现公司经营情况异常，可以进行调查

C.列席董事会会议，并对董事会决议事项提出质询或者建议

D.对董事、高级管理人员提起诉讼

E.对违反法律、行政法规、公司章程或者股东会决议的董事、高级管理人员提出罢免的建议

9.专项监督需要重点关注的有（　　　）。

A.高风险的项目　　　　　　　　B.发生次数较高的项目

C.重要的项目　　　　　　　　　D.内部控制环境变化

E.经常发生的项目

10.内部监督所需的相关的间接信息包括（　　　）。

A.控制运行的统计数据　　　　　B.关键风险指标

C.关键绩效指标　　　　　　　　D.行业同比数据

E.重要财务指标

11.在内部控制体系框架内，企业各层级监督主体需要遵循的原则有（　　　）。

A.风险导向　　　　　　　　　　B.成本效益

C.资源优化　　　　　　　　　　D.不相容职务分离

E.专项监督为主

（三）判断题

1.内部监督是企业对内部控制建立与实施情况进行监督检查，评价内部控制的有效性，发现内部控制缺陷，并及时加以改进。　　（　　）

2.内部控制自我评价是内部监督的直接依据和底稿来源，而内部监督是内部控制自我评价的成果表现。　　（　　）

3.监事会有权对董事、高级管理人员执行公司职务的行为进行监督，但是无权对董事、高级管理人员提起诉讼。　　（　　）

4.监事会发现公司经营情况异常，可以进行调查；必要时，可以聘请会计师事务所等协助其工作，费用由监事会承担。　　（　　）

5.按照缺陷的来源，内部控制缺陷可以分为设计缺陷与执行缺陷。
　　　　　　　　　　　　　　　　　　　　　　　　　　　（　　）

6.日常监督通常存在于单位基层管理活动之中，能较快地辨别问题，日常监督的程度越小，其有效性就越高，则企业所需的专项监督就越少。　　　　　　　　　　　　　　　　　　　　　　　　（　　）

7.专项监督是指在企业发展战略、组织结构、经营活动、业务流程、关键岗位员工发生较大调整或变化的情况下，对内部控制的某一或者某些方面进行有针对性的监督检查。　　（　　）

8.如果日常监督扎实有效，可以迅速应对环境的变化，对专项监督的需要程度就较低；反之，对专项监督的需要程度就较高。　（　　）

9.为保证内部监督的客观性，应由独立于内部控制执行的机构进行内部监督。　　　　　　　　　　　　　　　　　　　　　　（　　）

10.内部审计机构对审计过程中发现的问题，不可以直接向审计委员会或者董事会报告。　　（　　）

11.间接信息识别控制缺陷的能力相对直接信息较弱。　　　　（　　　）

12.明确内部控制缺陷的认定标准是内部监督工作的关键步骤，它直接影响内部监督工作的效率和效果。　　　　　　　　　　（　　　）

13.内部控制的完整性与合理性以其有效性为基础，内部控制的有效性则以其完整性和合理性为目的。　　　　　　　　　　　（　　　）

14.内部控制的建立与实施应当以书面或其他适当形式加以记录并妥善保管。　　　　　　　　　　　　　　　　　　　　　（　　　）

15.企业内部控制审计机构、财务机构和其他内部机构都有权参与专项监督工作，但是不可以聘请外部中介机构参与其中。　　（　　　）

（四）简答题

1.什么是内部监督？指出内部监督与内部控制自我评价的关系。

2.如何通过内部监督实现内部监督目标？

3.内部监督的程序包括哪些？

4.内部监督有哪几种方式？每种方式的监督主体包括哪些？

5.日常监督的具体方式有哪几种？

6.专项监督的范围和频率的决定因素有哪几个？专项监督主要关注哪些方面？

7.如果你是一个公司的内部监督人员，你应该如何使自己成为一名合格的内部监督人员？

8.你认为内部监督除了日常监督和专项监督以外，还有什么方式？

六、案例分析题

2016年12月15日，由中国上市公司协会、上海证券交易所、深圳证券交易所共同主办的"上市公司监事会最佳实践评选活动"颁奖典礼在北京举行。

其中，中国石油获得"上市公司监事会最佳实践20强"奖项。

中国石油作为在境内外同时上市的大公司之一，严格遵守《中华人民共和国公司法》和上市地监管法律法规要求，规范运作，对监事会工作进行了有效探索，形成了自己的工作特色。

据了解，中国石油监事会于1999年10月28日成立，现有监事9人，其中监事会主席1人，其他股东代表监事4人，职工代表监事4人。

由公司法律、审计、内控、资本运营、安全部门领导及地区公司代表组成。合理配备监事是保障有关各方利益和提升监事会整体工作水平的重要前提。①

要求：

搜集相关材料分析中国石油监事会发挥内部监督作用方面有哪些成功经验？

七、拓展阅读

[1] 方红星，池国华. 内部控制 [M]. 4版. 大连：东北财经大学出版社，2019.

[2] 池国华，樊子君. 内部控制学 [M]. 3版. 北京：北京大学出版社. 2017.

[3] 中华会计网校. 新企业内部控制规范及相关制度应用指南 [M]. 北京：人民出版社，2008.

[4] 李三喜，徐荣才. 企业内部控制基本规范的超越与应用 [M]. 北京：经济科学出版社，2008.

[5] 中国注册会计师协会. 公司战略与风险管理 [M]. 北京：中国财政经济出版社，2019.

---

① 李春莲. 中国石油推进监事会职能落实 荣获上市公司监事会最佳实践20强. 证券日报. 2016-12-30 (C02).

第九章 内部控制评价

一、学习目的与要求

通过本章的学习，学生应了解内部控制评价的作用、原则、组织机构以及内部控制缺陷的认定步骤；理解内部控制评价的定义，明确内部控制评价的主体及对象；熟悉内部控制评价的内容、方法与程序；掌握内部控制缺陷的认定标准，能够判断相关内部控制缺陷的"重要程度"；掌握内部控制评价报告的编制方法。

二、相关准则与制度

1.《企业内部控制基本规范》

2.《企业内部控制应用指引》

3.《企业内部控制评价指引》

三、预习要览

（一）本章结构（如图9-1所示）

（二）关键概念

内部控制评价　　　　　　　内部控制有效性

穿行测试法　　　　　　　　内部控制缺陷

设计缺陷　　　　　　　　　运行缺陷

重大缺陷　　　　　　　　　重要缺陷

一般缺陷

（三）关键问题

1.内部控制评价的含义、主体及对象分别是什么？

2.内部控制评价的内容及组织机构。

3.内部控制评价的原则、方法与程序。

内部控制评价

内部控制评价概述
├─ 内部控制评价的定义
├─ 内部控制评价的作用
└─ 内部控制评价的内容

内部控制评价的组织与实施
├─ 内部控制评价的原则与方法 ┬ 内部控制评价的原则
│   └ 内部控制评价的方法
├─ 内部控制评价的组织机构
└─ 内部控制评价程序

内部控制缺陷的认定
├─ 内部控制缺陷的定义和种类
├─ 内部控制缺陷的认定标准 ┬ 财务报告内部控制缺陷的认定标准
│   └ 非财务报告内部控制缺陷的认定标准
├─ 内部控制缺陷的认定步骤 ┬ 财务报告内部控制缺陷的认定步骤
│   └ 非财务报告内部控制缺陷的认定步骤
└─ 内部控制缺陷的处理方法

内部控制评价工作底稿与报告
├─ 内部控制评价工作底稿
└─ 内部控制评价报告 ┬ 内部控制评价报告的内容
                   ├ 内部控制评价报告的编制要求
                   └ 内部控制评价报告的披露与报送

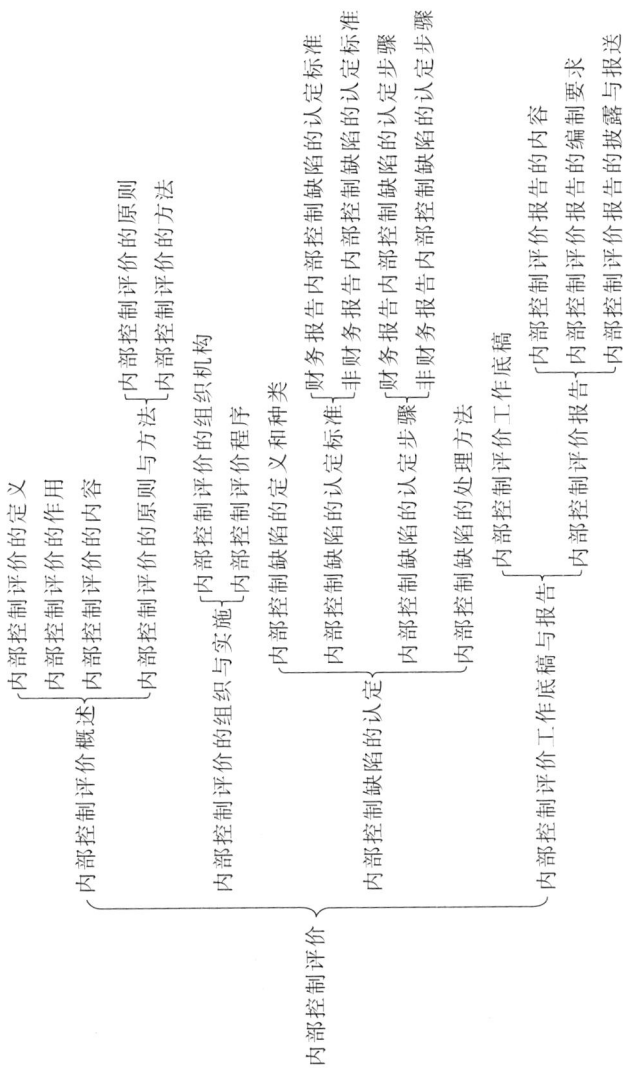

图9-1 本章结构

· 147 ·

4.内部控制缺陷的定义。内部控制缺陷有几种类型？

5.财务报告内部控制缺陷的认定标准是什么？

6.内部控制缺陷认定的步骤有哪些？

7.根据《企业内部控制基本规范》及其评价指引，内部控制报告的内容与格式有哪些具体要求？

四、本章重点与难点

(一)内部控制评价概述

1.内部控制评价的定义

内部控制评价是指企业董事会或类似权力机构对内部控制的有效性进行全面评价，形成评价结论，出具评价报告的过程。对于这一定义，可从以下三个角度进行理解：内部控制评价的主体是董事会或类似权力机构；内部控制评价的对象是内部控制的有效性；内部控制评价是一个过程。

2.内部控制评价的作用

内部控制评价是对企业内部控制制度的完整性、合理性和有效性进行分析与评定。作为内部控制体系的重要组成部分，对于企业来说，内部控制评价的作用体现在以下三个方面：内部控制评价有助于企业自我完善内控体系；内部控制评价有助于提升企业市场形象和公众认可度；内部控制评价有助于实现与政府监管的协调互动。

3.内部控制评价的内容

内部控制评价的内容是内部控制对象的具体化。具体地说，内部控制评价应紧紧围绕内部环境、风险评估、控制活动、信息与沟通、内部监督五要素进行。

4.内部控制评价的原则与方法

企业对内部控制评价至少应当遵循下列原则：全面性原则、重要性原则、客观性原则。内部控制评价工作组应当对被评价单位进行现场测试，综合运用个别访谈、调查问卷、专题讨论、穿行测试、实地查验、抽样和比较分析等方法，充分搜集被评价单位内部控制设计和运行是否有效的证据。按照评价的具体内容，如实填写评价工作底稿，研究分析内部控制缺陷。

（二）内部控制评价的组织与实施

1.内部控制评价的组织机构

内部控制评价的组织机构大致可以分为三个层次：内部控制评价的责任主体、内部控制评价的实施主体、其他相关部门。董事会是内部控制评价的责任主体，对内部控制评价承担最终的责任，对内部控制评价报告的真实性负责。内部控制评价工作的具体组织实施主体一般为内部审计机构或专门的内部控制评价机构。

2.内部控制评价程序

内部控制评价程序一般包括制订评价工作方案、组成评价工作组、实施现场测试、汇总评价结果、编报评价报告等。这些程序环环相扣、相互衔接、相互作用，构成了内部控制评价的基本流程。

（三）内部控制缺陷的认定

1.内部控制缺陷的定义和种类

内部控制缺陷是内部控制在设计和运行中存在的漏洞，这些漏洞将不同程度地影响内部控制的有效性，影响控制目标的实现。按照内部控制缺陷的成因分类，内部控制缺陷包括设计缺陷和运行缺陷。按照内部控制缺陷的性质即影响内部控制目标实现的严重程度分类，内部控制缺陷分为重大缺陷、重要缺陷和一般缺陷。按照影响内部控制目标的具体表现形式，还可以将内部控制缺陷分为财务报告内部控制缺陷和非财务报告内部控制缺陷。

2.内部控制缺陷的认定标准

企业可以根据《企业内部控制基本规范》及其配套指引，结合企业规模、行业特征、风险水平等因素，研究确定适合本企业的内部控制重大缺陷、重要缺陷和一般缺陷的具体认定标准。企业确定的内部控制缺陷标准应当从定性和定量的角度综合考虑，并保持相对稳定。企业在开展内部控制监督检查的过程中，对发现的内部控制缺陷，应当及时分析缺陷性质和产生原因，并提出整改方案，采取适当形式向董事会、监事会或者管理层报告。对于重大缺陷，企业应当在内部控制评价报告中进行披露。内部控制缺陷的认定标准应区分财务报告内部控制缺陷和非财务报告内部控制缺陷分别阐述。

（1）财务报告内部控制缺陷的认定标准

与财务报告内部控制相关的内部控制缺陷，所采用的认定标准直接取决于由于该缺陷的存在可能导致的财务报告错报的重要程度。其中，"重要程度"主要取决于两个方面的因素：①该缺陷是否具备合理可能性导致企业的内部控制不能及时防止或发现并纠正财务报告错报。②该缺陷单独或连同其他缺陷可能导致的潜在错报金额的大小。

一般而言，如果一项内部控制缺陷单独或连同其他缺陷具备合理可能性导致不能及时防止或发现并纠正财务报告中的重大错报，就应将该缺陷认定为重大缺陷。一项内部控制缺陷单独或连同其他缺陷具备合理可能性导致不能及时防止或发现并纠正财务报告中错报的金额虽然未达到和超过重要性水平，但仍应引起董事会和管理层重视，就应将该缺陷认定为重要缺陷。不构成重大缺陷和重要缺陷的内部控制缺陷，应认定为一般缺陷。

出现以下迹象之一则通常表明财务报告内部控制可能存在重大缺陷：①董事、监事和高级管理人员舞弊；②企业更正已公布的财务报告；③注册会计师发现当期财务报告存在重大错报，而内部控制在运行过程中未能发现该错报；④企业审计委员会和内部审计机构对内部控制的监督无效。

需要说明的是，内部控制缺陷的严重程度并不取决于是否实际发生了错报，而是取决于该控制不能及时防止或发现并纠正潜在缺陷的可能性，即只要存在这种"合理可能性"，不论企业的财务报告是否真正发生了错报，都意味着财务报告内部控制存在缺陷。

（2）非财务报告内部控制缺陷的认定标准

非财务报告内部控制缺陷的认定具有涉及面广、认定难度大的特点，尤其是战略内部控制缺陷和经营内部控制缺陷。这是因为战略目标和经营目标的实现往往受到企业不可控的诸多外部因素的影响，所设计的内部控制只能合理保证董事会和经理层了解这些目标的实现程度。因此，在认定与这些目标相关的内部控制缺陷时，不能只考虑最终的结果，而应主要考察企业制定战略、开展经营活动的机制和程序是否符合内部控制要求，以及不适当的机制和程序对战略目标与经营目标的实现可能造成的影响。

非财务报告内部控制缺陷的认定可以采用定性和定量的认定标准，企业可以根据风险评估的结果，结合自身的实际情况、管理现状和发展要求合理确定。定量标准（涉及金额大小）既可以根据造成直接财产损失的绝对金额制定，也可以根据直接损失占本企业资产、销售收入及利润等的比率确定；定性标准（涉及业务性质的严重程度）可根据其直接或潜在负面影响的性质、影响的范围等因素确定。

以下迹象通常表明非财务报告内部控制可能存在重大缺陷：①违反法律、法规；②除政策性亏损原因外，企业连年亏损，持续经营受到挑战；③缺乏制度控制或制度系统性失效，如企业财务部、销售部的控制点全部不能执行；④并购重组失败，或新扩充的下属单位经营难以为继；⑤子公司缺乏内部控制建设，管理散乱；⑥企业管理层人员纷纷离开或关键岗位人员流失严重；⑦被媒体频频曝光负面新闻；⑧内部控制评价的结果特别是重大或重要缺陷未得到整改。

3.内部控制缺陷的认定步骤

财务报告内部控制缺陷的认定步骤如下：第一步，结合财务报告内部控制缺陷的迹象，判断是否可能存在财务报告内部控制缺陷。第二步，确定重要性水平和一般水平，以此作为判断缺陷类型的临界值。第三步，按照业务发生频率的高低和账户的重要性确定抽样数量。第四步，根据控制点错报样本数量和样本量，在潜在错报率对照表中查找对应的潜在错报率，之后统计出相应账户的同向累计发生额，计算控制点潜在错报金额。第五步，如果重要性水平和一般水平是绝对金额，那么可直接将潜在错报金额合计数与其进行比较，判断缺陷类型；如果重要性水平和一般水平是相对数，需进一步计算错报指标再进行比较判断。

非财务报告内部控制缺陷的认定步骤为：第一步，结合相关迹象，判断是否可能存在非财务报告内部控制缺陷。第二步，采用定性或者定量的方法确定认定标准。第三步，根据标准分别对每起事故进行认定。

4.内部控制缺陷的处理办法

对于设计缺陷，应从企业内部的管理制度入手查找原因，需要更新、调整、废止的制度要及时进行处理，并同时改进内部控制体系的设计，弥补设计缺陷的漏洞。对于运行缺陷，则应分析出现的原因，查清责任人，并有针对性地进行整改。对于重大缺陷，应当由董事会予以最终认定，企业要及时采取应对策略，切实将风险控制在可承受范围之内。对于重要缺陷和一般缺陷，企业应当及时采取措施，避免发生损失。企业应当编制内部控制缺陷认定汇总表，结合实际情况对内部控制缺陷的成因、表现形式和影响程度进行综合分析和全面复核，提出认定意见和改进建议，确保整改到位，并以适当形式向董事会、监事会或者经理层报告。

（四）内部控制评价工作底稿与报告

1.内部控制评价工作底稿

内部控制评价工作底稿是内部控制工作的载体，也是内部控制评价报告形成的基础。在实际工作中，内部控制评价工作底稿一般是通过一系列的评价表格来实现的。

2.内部控制评价报告

内部控制评价报告一般包括以下内容：董事会声明、内部控制评价工作的总体情况、内部控制评价的依据、内部控制评价的范围、内部控制评价的程序和方法、内部控制缺陷及其认定、内部控制缺陷的整改情况、内部控制有效性的结论。

五、练习题

（一）单项选择题

1.企业内部控制评价的主体是（　　）。

A.政府机关　　　　　　　　B.会计师事务所

C.董事会或类似权力机构　　D.财务部门

2.企业内部控制评价的对象是（　　）。

A.内部控制规章制度　　　　B.内部控制有效性

C.财务报告的公允性　　　　D.内部控制环境

3.内部控制评价工作的具体组织实施主体一般为（　　）。

A.内部审计机构或专门的内部控制评价机构

B.经理层

C.监事会

D.审计委员会

4.企业内部控制评价工作的起点是（　　）。

A.明确内部控制目标　　　　　B.制订内部控制评价方案

C.组成评价工作组　　　　　　D.确定评价方法

5.内部控制评价工作的最终表现为（　　　）。

A.财务报告　　　　　　　　　B.审计报告

C.内部控制评价工作底稿　　　D.内部控制评价报告

6.年度内部控制评价报告的基准日为（　　　）。

A.12月1日　　　　　　　　　B.6月30日

C.4月1日　　　　　　　　　　D.12月31日

7.下列不属于内部环境评价范畴的有（　　　）。

A.目标设定　　　　　　　　　B.社会责任

C.内部审计　　　　　　　　　D.治理结构

8.内部控制评价人员在实施现场检查测试时，应遵循的原则是（　　　）。

A.公平、公正、公开　　　　　B.客观、公正、公平

C.全面性、重要性、客观性　　D.制衡性、适应性、成本效益

9.一般而言，如果一项内部控制缺陷单独或连同其他缺陷具备合理可能性导致不能及时防止或发现并纠正财务报告中的重大错报，就应将该缺陷认定为（　　　）。

A.重大缺陷　　　　　　　　　B.重要缺陷

C.一般缺陷　　　　　　　　　D.严重缺陷

10.下列有关内部控制评价的说法中错误的是（　　　）。

A.内部控制评价应紧紧围绕内部环境、风险评估、控制活动、信息与沟通、内部监督五要素进行

B.内部控制的有效性是指企业建立与实施内部控制对实现控制目标提供合理保证的程度

C.企业实施内部控制评价，仅包括对内部控制设计有效性的评价，不包括运行有效性的评价

D.董事会可以通过审计委员会来承担对内部控制评价的组织、领导、监督职责

11.如果某企业更正已公布的财务报告，通常表明该企业内部控制可能存在（　　　）。

A.重大缺陷 B.重要缺陷

C.一般缺陷 D.严重缺陷

12.关于内部控制缺陷的处理，下列说法错误的是（ ）。

A.对于运行缺陷，应分析出现的原因，查清责任人

B.处理结果应以适当的形式向经理层报告

C.对于重大缺陷，应当由董事会予以最终认定

D.对于因内部控制缺陷造成经济损失的，应当查明原因，追究相关部门和人员的责任

13.通常表明企业非财务报告内部控制可能存在重大缺陷的是（ ）。

A.除政策性亏损原因外，企业连年亏损，持续经营受到挑战

B.董事、监事和高级管理人员舞弊

C.注册会计师发现当期财务报告存在重大错报，而内部控制在运行过程中未能发现该错报

D.企业审计委员会和内部审计机构对内部控制的监督无效

14.通过数据分析，识别评价关注点的内部控制评价方法是（ ）。

A.个别访问法 B.穿行测试法

C.比较分析法 D.实地查验法

15.从控制目标的角度来看，相关的内部控制能够防止或发现并纠正财务报告的重大错报指的是（ ）。

A.合规目标内部控制的有效性

B.资产目标内部控制的有效性

C.报告目标内部控制的有效性

D.经营目标内部控制的有效性

16.下列属于《企业内部控制基本规范》强制性规定的是（ ）。

A.设置总会计师的大中型企业，应设置与其职权重叠的副职

B.对于重大的业务和事项，董事长可以单独进行决策

C.董事会负责组织领导企业内部控制的日常运行

D.企业定期对内部控制的有效性进行自我评价，出具内部控制评价报告

17.在认定财务报告内部控制缺陷性质时，关于"重要程度"的说法正确的是（ ）。

A.该缺陷是否具备合理可能性导致企业的内部控制不能及时防止或发现并纠正财务报告错报

B.该缺陷单独可能导致的潜在错报金额的大小

C.该缺陷连同其他缺陷可能导致的潜在错报金额的大小

D.该缺陷已经实际上导致企业的内部控制不能及时防止或发现并纠正财务报告错报

18.不可认定为内部控制存在运行缺陷的情况有（　　　）。

A.由不恰当的人执行　　　　B.未按设计的方式运行

C.运行的时间或频率不当　　D.制度设计存在漏洞

19.下列不属于内部控制评价流程的有（　　　）。

A.明确企业内部控制目标

B.制订内部控制评价方案

C.报经理层审批

D.实施内部控制现场评价与测试

20.下列关于财务报告内部控制缺陷认定标准中重大缺陷定量标准说法错误的是（　　　）。

A.营业收入潜在错报大于等于营业收入的1%

B.利润总额潜在错报大于等于利润总额的5%

C.所有者权益潜在错报大于等于所有者权益的0.5%

D.资产总额潜在错报大于等于资产总额的0.5%

21.下列关于非财务报告内部控制缺陷评价的定量标准，说法错误的有（　　　）。

A.重大缺陷定量标准为潜在损失大于等于5 000万元

B.重要缺陷定量标准为潜在损失在2 000万元到5 000万元之间

C.一般缺陷定量标准为潜在损失小于2 000万元

D.一般缺陷定量标准为潜在损失2 000万元到5 000万元之间

（二）多项选择题

1.从控制目标的角度来看，内部控制的有效性可分为（　　　）。

A.合规目标内部控制的有效性

B.资产目标内部控制的有效性

C.报告目标内部控制的有效性

D.经营目标内部控制的有效性

E.战略目标内部控制的有效性

2.考察内部控制运行的有效性，应考虑的因素包括（　　　）。

A.相关控制在评价期内是如何运行的

B.相关控制是否覆盖了所有关键的业务与环节

C.相关控制是否得到了持续一致的运行

D.实施控制的人员是否具备必要的权限和能力

E.相关控制是否与企业自身的经营特点、业务模式以及风险管理要求相匹配

3.内部控制评价的内容主要包括（　　　）。

A.内部环境评价　　　　　　　　B.风险评估评价

C.控制活动评价　　　　　　　　D.信息与沟通评价

E.内部监督评价

4.企业对内部控制评价至少应当遵循的原则包括（　　　）。

A.全面性原则　　　　　　　　　B.重要性原则

C.客观性原则　　　　　　　　　D.有效性原则

E.时效性原则

5.《企业内部控制规范体系实施中相关问题解释第2号》指出，集团性企业在对集团总部及下属企业的内部控制活动进行全面、客观评价的基础上，应重点关注（　　　）。

A.重要业务单位　　　　　　　　B.重大决策

C.重大事项　　　　　　　　　　D.重要人事任免

E.高风险业务

6.作为内部控制体系的重要组成部分，内部控制评价对企业意义重大，其主要作用包括（　　　）。

A.有助于提升企业财务报告的质量

B.有助于企业自我完善内控体系

C.有助于提升企业市场形象和公众认可度

D.有助于实现与政府监管的协调互动

E.有助于保护利益相关者的合法利益

7.《企业内部控制评价指引》第十五条规定，内部控制评价工

作组对被评价单位进行现场测试时，可以单独或者综合运用的方法有（　　）。

A.个别访谈法　　　　　　　　B.调查问卷法

C.专题讨论法　　　　　　　　D.穿行测试法

E.实地查验法

8.按照内部控制缺陷的成因分类，内部控制缺陷分为（　　）。

A.设计缺陷　　　　　　　　　B.运行缺陷

C.重大缺陷　　　　　　　　　D.重要缺陷

E.一般缺陷

9.企业层面的内部控制评价方法包括（　　）。

A.个别访谈法　　　　　　　　B.调查问卷法

C.观察　　　　　　　　　　　D.抽样

E.实地查验法

10.内部控制缺陷按其形式分为（　　）。

A.重大缺陷　　　　　　　　　B.重要缺陷

C.一般缺陷　　　　　　　　　D.财务报告内部控制缺陷

E.非财务报告内部控制缺陷

11.根据《企业内部控制规范体系实施中相关问题解释第1号》文件，下列说法正确的是（　　）。

A.查找并纠正企业内部控制缺陷，是开展企业内部控制评价的一项重要工作

B.关于内部控制缺陷的认定标准已经出台了统一规定

C.企业在确定内部控制缺陷的具体认定标准时，应当从定性和定量的角度综合考虑

D.只有重大缺陷需要向董事会、监事会或者管理层报告，其他类型的缺陷不需要汇报

E.内部控制缺陷一经发现，应立即整改，纠正之后无须对外披露

12.企业在内部控制评价报告中披露的内容包括（　　）。

A.董事会声明

B.内部控制评价工作的总体情况

C.内部控制评价的依据

D.内部控制缺陷及其认定

E.内部控制缺陷的整改情况

13.出现（　　　）迹象之一，通常表明财务报告内部控制可能存在重大缺陷。

A.企业决策失误，导致并购不成功

B.董事、监事和高级管理人员舞弊

C.管理人员或技术人员纷纷流失

D.媒体负面新闻频现

E.企业更正已公布的财务报告

14.下列（　　　）不是评价内部控制设计有效性时不需要考虑的方面。

A.内部控制的设计是否做到了以内部控制的基本原理为前提，以《企业内部控制基本规范》及其配套指引为依据

B.内部控制的设计是否覆盖了所有关键的业务与环节，对董事会、监事会、经理层和员工具有普遍的约束力

C.内部控制的设计是否与企业自身的经营特点、业务模式以及风险管理要求相匹配

D.实施控制的人员是否具备必要的权限和能力

E.内部控制制度是否得到彻底执行

15.下列（　　　）是评价内部控制运行有效性时主要考虑的方面。

A.相关控制在评价期内是如何运行的

B.相关控制是否得到了持续一致的运行

C.实施控制的人员是否具备必要的权限和能力

D.内部控制的设计是否覆盖了所有关键的业务与环节，对董事会、监事会、经理层和员工具有普遍的约束力

E.内部控制的设计是否做到了以内部控制的基本原理为前提，以《企业内部控制基本规范》及其配套指引为依据

16.下列（　　　）属于内部控制评价工作底稿常见的层次。

A.业务流程评价表　　　　　　B.尽职情况评价表

C.控制要素评价表　　　　　　D.内部控制评价汇总表

E.执行情况评价表

17.根据《关于2012年主板上市公司分类分批实施企业内部控制规范体系的通知》（财办会〔2012〕30号），下列（　　）符合内部控制评价报告的标准格式。

A.重要声明　　　　　　　　　　B.内部控制评价结论

C.内部控制评价工作情况　　　　D.内部控制工作附注

E.财务情况说明书

18.下列关于内部控制缺陷报告的时间要求，错误的有（　　）。

A.一般缺陷、重要缺陷和重大缺陷一旦发现，应立即报告

B.一般缺陷、重要缺陷应定期（至少每年）报告，重大缺陷应立即报告

C.一般缺陷、重要缺陷和重大缺陷应定期（至少每年）报告

D.一般缺陷应定期（至少每年）报告，重要缺陷和重大缺陷应立即报告

E.一般缺陷、重要缺陷和重大缺陷均无须报告

（三）判断题

1.董事会可以聘请会计师事务所对其内部控制的有效性进行审计，其承担的责任可因此得以减轻或消除。　　　　　　　　　（　　）

2.内部控制评价能为内部控制目标的实现提供绝对保证。（　　）

3.内部控制的设计应覆盖所有关键的业务与环节，但是对董事会、监事会、经理层和员工不具有普遍的约束力。　　　　　　　（　　）

4.为节省成本，为企业提供内部控制审计的会计师事务所，可以同时为同一家企业提供内部控制评价服务。　　　　　　　　（　　）

5.在内部控制建立与实施初期，企业应更多地采用重点评价或专项评价方式，以提高内部控制评价的效率和效果。　　　　　（　　）

6.内部控制缺陷一经认定为重大缺陷，内部控制评价报告将会被出具"否定意见"。　　　　　　　　　　　　　　　　　　（　　）

7.对于有下属单位的集团公司，如果下属单位存在重大缺陷，并不能表明集团公司存在重大缺陷。　　　　　　　　　　　（　　）

8.内部控制缺陷的严重程度并不取决于该控制不能及时防止或发现并纠正潜在缺陷的可能性，而是取决于是否实际发生了错报。（　　）

9.内部控制评价报告必须对外披露。　　　　　　　　　（　　）

10.对于自内部控制评价报告基准日至内部控制评价报告报出日之间发生的影响内部控制有效性的因素，内部控制评价部门可以不予关注。 （　　）

11.企业内部控制缺陷认定一般可采用绝对金额法或者相对比例法确定重要性水平和一般水平，以此作为判断缺陷类型的临界值。
（　　）

12.按照内部控制缺陷的成因分类，可以将内部控制缺陷分为财务报告内部控制缺陷和非财务报告内部控制缺陷。 （　　）

13.董事会负责组织实施内部控制评价工作，一方面授权内部控制评价机构组织实施；另一方面积极支持和配合内部控制评价的开展，为其创造良好的环境和条件。 （　　）

14.内部控制部门负责组织各部门的内控自查、测试和评价工作，对发现的设计和运行缺陷提出整改方案及具体整改计划，积极整改。
（　　）

15.设计缺陷是指企业缺少为实现控制目标所必需的控制措施，或现存控制设计不适当，即使正常运行也难以实现控制目标。 （　　）

16.按照内部控制缺陷的性质即影响内部控制目标实现的严重程度分类，内部控制缺陷分为重要缺陷、重大缺陷和一般缺陷。 （　　）

17.根据《关于2012年主板上市公司分类分批实施企业内部控制规范体系的通知》（财办会〔2012〕30号），自愿披露内部控制评价报告的上市公司在进行内部控制评价时应遵照执行《公开发行证券的公司信息披露编报规则第21号——年度内部控制评价报告的一般规定》。
（　　）

18.内部控制评价结果可以用来判断未来内部控制的有效性。
（　　）

19.内部控制评价方法中，比较分析法是指通过与行业内具有相同或相似经营活动的标杆企业进行比较，对内部控制设计有效性进行评价的方法。 （　　）

20.公司内部控制评价结论认定公司内部控制评价报告基准日存在内部控制重大缺陷，或者公司内部控制被会计师事务所出具了非标准内部控制审计报告，以及标准内部控制审计报告披露了非财务报告内部控制重大缺陷的，公司应当在年度报告"重要提示"中对以上情况作出声明，并提示投资者注意阅读年度报告内部控制相关章节中内部控制评价和审计的相关信息。（　　）

21.企业内部控制评价报告应当先于内部控制审计报告对外披露或报送。（　　）

22.企业内部控制的一般缺陷、重要缺陷、重大缺陷，应当由董事会最终予以认定。（　　）

23.某国有大型企业内部控制评价部门，可以从机关部门和下属单位 A 公司抽调相关业务人员，组成内部控制评价工作组，对所有下属单位进行内部控制评价。（　　）

（四）简答题

1.企业内部控制评价的内容是什么？

2.企业内部控制评价的原则有哪些？

3.试说出几种常见的内部控制评价方法。

4.企业内部控制评价的程序是什么？

5.内部控制缺陷有几种类型？

6.财务报告内部控制缺陷的认定标准是什么？

7.内部控制缺陷认定的步骤有哪些？

8.存在内部控制重大缺陷的迹象有哪些？

9.如何理解企业内部控制评价的定义？

10.根据《企业内部控制评价指引》第二十一条和第二十二条的相关规定，内部控制评价报告一般包括哪些内容？

六、案例分析题

1.中国长江航运（集团）总公司（简称"长航集团"）是我国最大的内河航运企业集团，其前身可追溯到清朝末年官督商办的长江航运企业，至今已有130多年的历史。1996年更名为中国长江航运（集团）总公司，主要经营水上运输、船舶制造与修理、物流及相关的配套服务，其中以水上运输为核心主业。

长航集团在内部控制制度实施方面存在着许多国有大型企业普遍存在的问题：

（1）企业员工对内部控制认知程度低。一些员工把内部控制简单理解为各种规章制度的单纯集合，不理解全面内部控制的意义。如某些员工认为内部控制是领导和监察部门的事，与自己的日常工作无关；而有些领导在处理内部控制与企业管理、业务发展的关系时，则认为若内部控制制度过于详细、控制过严会束缚企业的业务发展能力，错误地将内部控制与企业发展和效益对立起来。

（2）一些部门的内部控制缺乏有效的内部监督。长航集团一些部门并没有对内部控制实施日常监督或专项监督，而是过分依赖外部监督机构，再加上部分人员出于各种原因的逆向选择，也直接导致内部控制监督的执行力差。长航集团及其部分二级单位出于工作便利、平衡会计各岗位工作量等考虑因素，经常由出纳人员从事银行对账单获取、银行存款余额调节表编制等工作，而且没有一个部门能够出具其他人员曾对此项工作进行过审核、监督的证据。

（3）内部控制外部评价主体的监督能力有限。外部监督主体如注册会计师受自身业务范围与业务能力的限制，无法对非财务范围的内部控制缺陷作出准确、全面的判断，也就无法对涵盖企业层面的风险和所有重要的业务流程层面风险的内部控制作出评价。况且，当前企业对内部控制的评价基本上是参考这些外部监督机构的评价结论，而这些外部监督主体监督能力的局限导致了企业对内部控制评价的不全面。

（4）缺乏完善的内部控制评价体系。目前我国国有大中型企业普遍缺乏完善的内部控制评价体系，这不仅是一种现状，也是内部控制执行力差的原因之一。长航集团缺乏完善的评价体系，主要是因为国内缺乏相关的操作细则以及企业对此实践经验不足。一方面，目前颁布的《企业内部控制评价指引》《企业内部控制应用指引》仍然属于各行各业普遍适用的基础平台，需要企业根据自身情况将有关的评价指引、应用指引转化为能够被企业使用的评价体系，而企业没有动力或没有能力完成这项工作。另一方面，如何根据内部控制的框架和构成要素来系统地确定评价内容与指标，如何确定各个指标权重以及检查的频次，如何根据检查结果认定内部控制缺陷等问题，对于刚开始对内部控制有效性进行全面评价的国内企业来说，还缺乏实际操作经验。

要求：

（1）试述企业内部控制评价的定义、主体和对象。

（2）根据问题（1）阐述企业内部控制评价的作用和原则。

（3）针对长航集团内部控制制度实施方面存在的问题，提出你的改进建议。

2.根据财政部等五部委联合发布的《企业内部控制基本规范》和《企业内部控制评价指引》的相关要求，在境内外同时上市的甲公司组织人员对2018年度内部控制有效性进行自我评价。公司在风险管理与内部控制规范工作领导小组的领导下，由风险管理与内部控制规范工作办公室牵头，开展内部控制测试评价工作，由公司内部审计部门具体负责测试评价工作的实施。评价活动结束后编制内部控制评价报告。以下是甲公司2018年度内部控制评价活动的相关情况。

（1）关于内部控制评价的责任界定。董事会对内部控制评价报告的真实性负责。公司董事会保证内部控制评价报告内容不存在任何虚假记载、误导性陈述或重大遗漏，并对报告内容的真实性、准确性和完整性承担个别及连带责任。建立健全并有效实施内部控制是公司董事会的责任；监事会对董事会建立与实施内部控制进行监督；管理层负责组织领导公司内部控制的日常运行工作。

（2）关于内部控制评价的程序。为确保测试评价工作的顺利、有序开展，公司内部审计部门编制了《甲公司2018年度内部控制测试评价工作方案》，并经公司董事会审议通过。公司从2018年12月3日起，先后在四家分公司和公司总部开展了年度测试评价工作的现场测试。按照《企业内部控制基本规范》《企业内部控制评价指引》及相关配套文件要求，各测试评价小组对各单位的主要业务流程、关键控制点及高风险领域开展了全面测试，认真编制了测试工作底稿，并将测试发现的内控设计与执行层面的例外事项汇编形成了《例外事项汇总表》。各单位对发现的例外事项制订了整改计划，并及时整改。

（3）关于内部控制评价的缺陷认定。甲公司结合年度测试发现的问题和日常监督情况，由公司内部控制测试评价工作小组按照《公司内部控制缺陷认定标准（试行）》开展缺陷评价工作，并根据各例外事项评价结果，协助公司管理层、董事会对最终内控缺陷程度进行逐一认定，形成公司2018年度《内部控制缺陷认定汇总表》，确认公司2018年度内部控制缺陷与等级。

（4）关于内部控制评价报告的编制和披露。2019年2月起，公司风险管理与内部控制规范工作办公室根据本年度内控测试评价工作整体情况及结论，按照财政部有关内部控制实施规范解释文件要求，编制公司2018年度内部控制评价报告，并报送公司董事会审议。本次内部控制测试评价业务涵盖的期间为2018年1月1日至2018年12月31日，并以2018年12月31日为内部控制体系是否有效的基准日编制内部控制评价报告。根据深圳证券交易所有关信息披露的工作要求，公司年度内部控制评价报告与《财务报告审计报告》《内部控制审计报告》同时对外披露并公告。

要求：

（1）结合情况（1）描述甲公司内部控制评价的组织结构。

（2）结合情况（2）试述企业内部控制评价的一般程序。

（3）结合情况（3）分析什么是内部控制缺陷？内部控制缺陷有几种类型？财务报告内部控制缺陷的认定标准是什么？

（4）结合情况（4）说明内部控制评价报告的编制要求。

3.万福生科（湖南）农业开发股份有限公司内部控制评价报告

中国证券监督管理委员会湖南监管局：

我们接受委托对万福生科（湖南）农业开发股份有限公司（以下简称"万福生科"或"公司"）2012年度的财务报表进行审计，根据贵局《关于做好2012年年报工作的通知》的规定，对该公司与财务报表编制相关的内部控制予以必要关注。我们并未与万福生科签订协议针对内部控制发表鉴证意见，而是在开展财务报表审计工作过程中，实施了了解、测试和评价相关内部控制设计的合理性和执行的有效性等我们认为必要的审计程序。内部控制评价虽然参照《中国注册会计师其他鉴证业务准则第3101号》等相关规定进行，但其提供的保证程度低于内部控制鉴证。在审计中我们发现：2012年10月26日公司发布《万福生科（湖南）农业开发股份有限公司关于重要信息披露的补充和2012年中报更正的公告》，2012年中报存在虚假记载和重大遗漏，初步自查公司在2012年半年报中虚增营业收入187 590 816.61元、虚增营业成本

145 558 495.31元、虚增利润40 231 595.41元。2013年3月2日万福生科披露《关于重大披露及股票复牌公告》，经过自查，公司2008年至2011年累计虚增收入7.4亿元左右，虚增营业利润1.8亿元左右，虚增净利润1.6亿元左右，其中2011年虚增营业收入2.8亿元，虚增营业利润6 541.36万元，虚增归属上市公司股东净利润5 912.69万元。该情形表明万福生科未能按照《企业内部控制基本规范》和相关规定保持有效的财务报告内部控制。

中磊会计师事务所有限责任公司　　　中国注册会计师：邹宏文

　　中国·北京　　　　　　　　　　中国注册会计师：王越

　　　　　　　　　　　　　　　　二〇一三年四月二十五日

要求：

（1）说明万福生科内部控制缺陷属于哪种类型，并阐述该类型内部控制缺陷的认定标准和处理方法。

（2）简述内部控制评价报告应包括的内容。

4.南方航空——员工贪腐事件曝出内控短板

2013年11月27日，有媒体曝光，称南方航空包括市场营销管理委员会（下称营销委）副主任余思友在内的多名南航员工因涉重大贪腐案件，在近一周之内陆续被公安部门带走。该报道透露，余思友案件涉及金额或高达数千万元，涉案人员主要手法是在机票销售过程中通过一定的手段谋取利益，是典型的内部窝案。随后，南航通过其官方微博证实，该公司有四名员工正接受调查。

据称，案件是余思友牵头，串通包括南航电子商务公司的一批人，利用职务之便，通过提前低价买入折扣机票、再高价向市场转售的形式非法获利。航空公司的机票销售通常采取远期价格低近期价格高的策略，如果远期机票的销售价格为四折，南航参与此事的内部员工便可以在这个价位上提前出一部分机票，待到近期票价上涨甚至全价时，再将之前的折扣票以高价位卖出，从中赚取差价。一位专业从事机票电子商务的人事指出，"只有公司内部人士，才有进入机票销售系统修改乘机人信息的权限，才能够在二次转卖的时候保证不会出现乘机人买了票却无法登机的局面"。

要求：

（1）从内部控制缺陷角度对南方航空内控短板进行解读。

（2）简述内部控制缺陷处理的要求。

5. 甲公司系境内外同时上市的公司，其 A 股在上海证券交易所上市。甲公司内部控制评价方案由审计部牵头拟订，该方案摘要如下：

（1）关于内部控制评价的组织领导和职责分工

董事会及审计委员会负责内部控制评价的领导和监督。经理层负责实施内部控制评价，并对本公司内部控制有效性负全责。审计部门具体组织实施内部控制评价工作，拟订评价计划、组成评价工作组、实施现场评价、审定内部控制重大缺陷、草拟内部控制评价报告，及时向董事会、监事会或经理层报告。其他有关业务部门负责组织本部门的内控自查工作。

（2）关于内部控制评价的内容和方法

内部控制评价围绕内部环境、风险评估、控制活动、信息与沟通、内部监督等五要素展开。鉴于本公司已按《中华人民共和国公司法》和公司章程建立了科学规范的组织架构，组织架构相关内容不再纳入企业层面评价范围。同时，本着重要性原则，在实施业务层面评价时，主要评价上海证券交易所重点关注的对外担保、关联交易和信息披露等业务或事项。在内部控制评价中，可以采用个别访谈法、调查问卷法、专题讨论法、穿行测试法、实地查验法、抽样法和比较分析法等方法。考虑到公司现阶段经营压力较大，为了减轻评价工作对正常经营活动的影响，在本次内部控制评价中，仅采用调查问卷法和专题讨论法实施测试和评价。

（3）关于实施现场评价

评价工作组应与被评价单位进行充分沟通，了解被评价单位的基本情况，合理调整已确定的评价范围、检查重点和抽样数量。评价人员要依据《企业内部控制基本规范》、《企业内部控制配套指引》和《公司内部控制手册》实施现场检查测试，按要求填写评价工作底稿，记录测试过程及结果，并对发现的内部控制缺陷进行初步认定。现场评价结束后，评价工作组汇总评价人员的工作底稿，形成现场评价报告。现场评价报告无须和被评价单位沟通，只需评价工作组负责人审核、签字确认后报审计部门。审计部门应编制内部控制缺陷认定汇总表，对内部控制缺陷进行综合分析和全面复核。

（4）关于内部控制评价报告

审计部门在完成现场评价和缺陷汇总、复核后，负责起草内部控制评价报告。内部控制评价报告应当包括：董事会对内部控制评价报告真实性的声明、内部控制评价工作的总体情况、内部控制评价的依据、内部控制评价的范围、内部控制评价的程序和方法、内部控制缺陷及认定情况、内部控制缺陷的整改情况、内部控制有效性的结论等内容。对于重大缺陷及其整改情况，只进行内部通报，不对外披露。内部控制评价报告报董事会审定后对外披露。

（5）关于内部控制审计

聘请某具有证券期货业务资格的大型会计师事务所对本公司内部控制有效性进行审计。鉴于本公司在2008年5月《企业内部控制基本规范》发布后就已建立内部控制体系并取得较好效果，内部控制审计自2010年起，重点审计本公司内部控制评价的范围、内容、程序和方法等，并出具相关审计意见。

要求：

根据《企业内部控制基本规范》及《企业内部控制配套指引》，逐项判断甲公司内部控制评价方案中的（1）至（5）项内容是否存在不当之处；存在不当之处的，请逐项指出不当之处，并逐项简要说明理由。

6.A公司属于国有控股的有限责任公司，2014年4月聘请某会计师事务所在年报审计时对公司内部控制制度的健全和有效性进行检查与评价。检查中发现以下问题：

（1）2013年1月，A公司在总经理范总的推动下进入大豆期货市场，公司高层管理人员对期货交易并不十分了解，仅仅是根据当前市场的行情进行大额投资。公司董事会虽然知道公司进行期货投资，但总经理并没有向董事会报告，董事会也没有及时制止。

（2）2013年6月，A公司董事长刘某经朋友介绍认识了自称是甲投资公司（以下简称甲公司）总经理的彭某，双方约定，由A公司向甲公司投入1 000万元，期限1年，无论资金的回报如何，甲公司均按固定收益率 20% 支付给 A 公司收益。考虑到这项投资能给 A 公司带来巨额回报，且收益固定，为避免错失良机，刘某指令财会部先将 1 000 万元资金汇往甲公司，之后再向董事会补办报批手续、补签投资协议。财会部汇出资金后向对方核实是否收到汇款时，却始终找不到彭某。后经查实，甲公司纯系子虚乌有。

（3）2013 年 3 月，A 公司某车间员工持领料单到仓库领取一种特殊材料，此材料属于稀有金属，价格比黄金贵。根据规定领料单必须经公司副总以上职位的高层签字，且必须由车间主任亲自领取，但是车间主任已经病休 10 天，车间又急用，况且公司副总已经签字，为避免生产部门停工，材料保管员向持单员工发出了相关材料。后经查实，高层签字系伪造，车间员工携带材料当晚潜逃。

（4）2013 年 4 月，A 公司准备采购一批原材料，采购部门接到一个不熟悉的销售方的电话，表示可以送货上门，并分两批送货。采购经理认为风险较小，且价格优惠，所以双方签订了采购合同。由于是首次交易，根据公司内部控制制度规定，验货合格后付款，第一批货物到达后，经检验合格，在第二批货物到达前，对方来电说明因资金紧张，让 A 公司先付款。由于经过检验上批货物质量很好，所以公司采购经理指示财务人员，可以先付款。财务人员先行付款，但对方未及时送货，经查此公司系空壳公司，公司负责人已潜逃。

（5）2013 年 5 月，为加强财务管理，公司规定会计和出纳人员分设，出纳人员不得兼任账目登记工作，A 公司的银行预留印鉴的印章和票据全部由财务经理统一保管。

（6）2013 年 8 月，A 公司有一笔对外提供重大担保的业务，根据公司相关内部控制制度的规定，应由总经理批准。后经查实，被担保方已资不抵债，给 A 公司带来较大损失。

（7）2013 年 12 月，A 公司有关人员对当年内部控制的日常监控情况向公司董事会作了口头说明，揭示了内部控制存在的缺陷。

（8）2013 年 12 月 30 日，A 公司根据内部控制制度的规定，进行存货盘点，但是对于哈尔滨的一家露天仓库，由于下大雪，无法进行盘点，所以直接根据会计记录进行确认。公司内部控制制度规定每两年进行一次存货的全面盘点清查。

要求：

根据上述事项，分别各业务分析其内部控制方面是否存在缺陷；如果存在缺陷，则请说明理由。

七、拓展阅读

［1］财政部会计司．企业内部控制规范讲解2010［M］．北京：经济科学出版社，2010.

［2］财政部．关于印发企业内部控制规范体系实施中相关问题解释第1号的通知［EB/OL］．（2012-02-29）．http：//www.gov.cn/zwgk/2012-02/29/content_2079233.htm．

［3］财政部．关于印发企业内部控制规范体系实施中相关问题解释第2号的通知［EB/OL］．（2012-09-28）．http：//www.gov.cn/zwgk/2012-09/28/content_2234956.htm.

［4］美国管理会计师协会（IMA）．财务报告内部控制与风险管理［M］．张先治，袁克利，译．大连：东北财经大学出版社，2008．

［5］COSO.企业风险管理——整合框架［M］．方红星，王宏，译．大连：东北财经大学出版社，2005.

［6］傅胜，池国华．企业内部控制规范指引操作案例点评［M］．北京：北京大学出版社，2011.

［7］杨雄胜，夏俊，等．内部控制评价——理论、实务、案例［M］．大连：大连出版社，2009.

［8］穆勒．2013版COSO内部控制实施指南［M］．秦荣生，张庆龙，韩菲，译．北京：电子工业出版社．2015.

［9］德勤企业风险管理服务部．企业内部控制评价——应对内外环境变化，促进企业健全发展［M］．上海：上海交通大学出版社．2012.

第十章　内部控制审计

一、学习目的与要求

通过本章的学习，了解内部控制审计的定义，财务报告内部控制的定义，内部控制审计范围的界定；理解内部控制审计的目标，内部控制审计中注册会计师的责任，内部控制审计与财务报表审计的关系；了解审计业务约定书的内容，项目人员的安排，对重要事项及其影响的评估；理解风险评估过程，理解总体审计策略、具体审计计划的内容，理解对舞弊风险的考虑；了解在计划审计工作中如何利用其他相关人员的工作；掌握整合审计的定义及要求，审计工作底稿的编制，按照自上而下的方法实施审计工作，内部控制缺陷的认定和处理，内部控制审计报告的种类，内部控制审计报告的基本内容，不同意见审计报告的编制；重点掌握内部控制审计报告的基本类型，理解期后事项对内部控制审计报告的影响。

二、相关准则与制度

1.《企业内部控制审计指引》

2.《企业内部控制基本规范》

3.《企业内部控制配套指引》

4.《中国注册会计师审计准则第1131号——审计工作底稿》

5.《中国注册会计师审计准则第1141号——财务报表审计中与舞弊相关的责任》

6.《中国注册会计师审计准则第1142号——财务报表审计中对法律法规的考虑》

7.《中国注册会计师审计准则第1152号——向治理层和管理层通报内部控制缺陷》

8.《中国注册会计师审计准则第1332号——期后事项》

9.《中国注册会计师审计准则第1341号——书面声明》

三、预习要览

（一）本章结构（如图10-1所示）

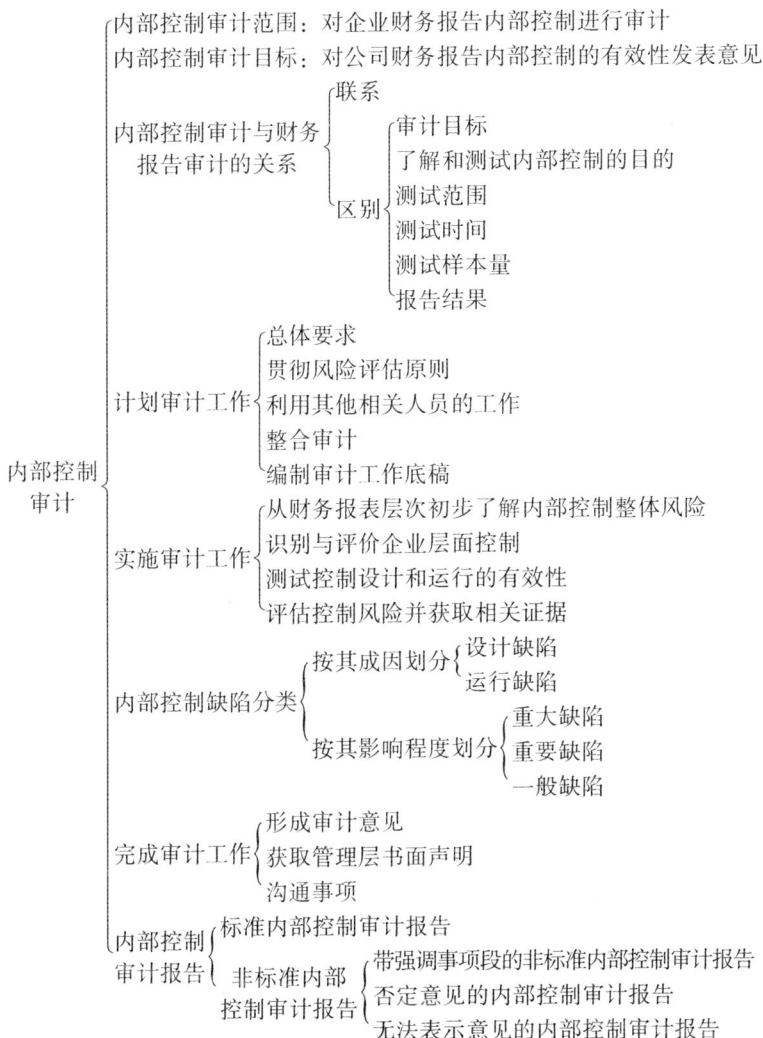

内部控制审计 ┤

- 内部控制审计范围：对企业财务报告内部控制进行审计
- 内部控制审计目标：对公司财务报告内部控制的有效性发表意见
- 内部控制审计与财务报告审计的关系 ┤
  - 联系
  - 区别 ┤
    - 审计目标
    - 了解和测试内部控制的目的
    - 测试范围
    - 测试时间
    - 测试样本量
    - 报告结果
- 计划审计工作 ┤
  - 总体要求
  - 贯彻风险评估原则
  - 利用其他相关人员的工作
  - 整合审计
  - 编制审计工作底稿
- 实施审计工作 ┤
  - 从财务报表层次初步了解内部控制整体风险
  - 识别与评价企业层面控制
  - 测试控制设计和运行的有效性
  - 评估控制风险并获取相关证据
- 内部控制缺陷分类 ┤
  - 按其成因划分 ┤
    - 设计缺陷
    - 运行缺陷
  - 按其影响程度划分 ┤
    - 重大缺陷
    - 重要缺陷
    - 一般缺陷
- 完成审计工作 ┤
  - 形成审计意见
  - 获取管理层书面声明
  - 沟通事项
- 内部控制审计报告 ┤
  - 标准内部控制审计报告
  - 非标准内部控制审计报告 ┤
    - 带强调事项段的非标准内部控制审计报告
    - 否定意见的内部控制审计报告
    - 无法表示意见的内部控制审计报告

图10-1 本章结构

（二）关键概念

内部控制审计　　　　　　　　财务报告内部控制

内部控制审计范围　　　　　　内部控制审计目标

整合审计　　　　　　　　　　设计有效性

运行有效性　　　　　　　　　内部控制缺陷

内部控制评价报告　　　　　　标准内部控制审计报告

带强调事项段的无保留意见内部控制审计报告

无法表示意见内部控制审计报告

否定意见内部控制审计报告

（三）关键问题

1.确定内部控制审计范围应考虑哪些因素？

2.内部控制审计的时间范围如何界定？

3.如何理解财务报告内部控制表有效性？

4.内部控制审计的目标是什么？

5.内部控制审计中注册会计师的责任是什么？

6.如何理解内部控制审计与财务报表审计的联系与区别？

7.内部控制审计的前提条件是什么？

8.在整合审计中，项目组成员应该具备哪些条件？

9.在内部控制审计的计划审计工作时，注册会计师需要评价哪些重要事项？

10.如何理解风险评估与内部控制审计的关系？

11.如何理解内部控制审计的自上而下方法？

12.如何处理内部控制缺陷？

13.在完成审计工作阶段主要包括哪些工作？

14.管理层书面声明应包括哪些内容？

15.内部控制审计报告分为哪几种类型？

16.内部控制审计报告包括哪些基本内容？

17.在何种情况下，注册会计师可以出具标准内部控制审计报告？

18.非标准内部控制审计报告与标准内部控制审计报告格式有什么不同？

四、本章重点与难点

1.内部控制审计范围界定

确定内部控制审计范围应考虑的因素有：注册会计师的胜任能力、成本效益的约束、投资者的需求、对非财务报告内部控制审计的做法。

2.内部控制审计时间界定

内部控制审计时间的确定，主要有以下三种方式：

（1）对特定基准日内部控制的有效性进行审计，针对特定时点相关内部控制的有效性发表意见。

（2）对特定时期内部控制的有效性进行审计，针对特定时期相关内部控制的有效性发表意见。

（3）对特定时期内部控制设计与运行的有效性进行审计，针对特定基准日的相关内部控制的有效性发表意见。

我国《企业内部控制审计指引》（简称《审计指引》）从三种方式的互动中寻求平衡，从程序上要求注册会计师应在特定期间对内部控制进行了解和有限测试，从结果上要求注册会计师针对特定时点的内部控制的有效性发表意见。

3.内部控制审计的目标

COSO认为，如果董事会和管理层能够合理保证下述事项，那么就可以认为内部控制是有效的：他们了解公司的经营目标在何种程度上得到了实现；公布的财务报表是可信赖的；适用的法律和规章得到了遵循。

我国《审计指引》中规定注册会计师应当对财务报告内部控制的有效性发表审计意见。

财务报告内部控制的有效性也可以根据其目标来理解，即如果公司的财务报告内部控制为财务报告的可靠性和对外财务报表的编制符合公认会计原则提供了合理保证，就可认为是有效的。一般来说，财务报告内部控制的有效性包括设计和运行两个方面。

设计有效性是指公司是否适当地设计了能够防止或发现财务报表中存在重大错报的有关控制政策和程序。运行有效性是指有关的控制政策和程序是否能够如其设计的一样发挥机能，它涉及公司是如何运用这些控制政策和程序及谁来执行这些政策和程序等。

4.内部控制审计中注册会计师的责任

我国《审计指引》指出，建立健全和有效实施内部控制，评价内部控制的有效性是企业董事会的责任。换言之，内部控制本身有效与否是被审计单位的责任。

按照《审计指引》的要求，在实施审计工作的基础上对内部控制的有效性发表审计意见，是注册会计师的责任，即是否遵循《审计指引》开展内部控制审计并发表恰当的审计意见，才是注册会计师的责任。

但是，注册会计师应当对发表的审计意见独立承担责任，其责任不因为利用企业内部审计人员、内部控制评价人员和其他相关人员的工作而减轻。

5.内部控制审计与财务报表审计的关系。

内部控制审计与财务报表审计的关系如图10-2所示。

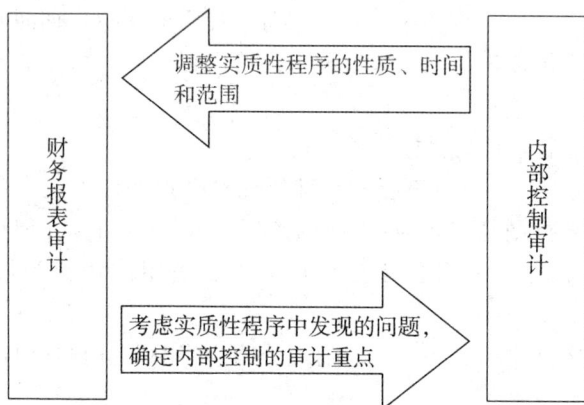

图10-2　内部控制审计与财务报表审计的联系

内部控制审计与财务报表审计比较见表10-1。

6.计划审计工作

在确定内部控制审计的前提条件是否得到满足时，注册会计师应当考虑两个条件：一是确定被审计单位采用的内部控制标准是否恰当；二是就被审计单位认可并理解其责任，与治理层和管理层达成一致意见。

表10-1　　　　　　　　　　内部控制审计与财务报表审计比较

比较项目	内部控制审计	财务报表审计
审计目标	对财务报告内部控制的有效性发表审计意见，并对内部控制审计过程中注意到的非财务报告内部控制重大缺陷，在内部控制审计报告中增加"非财务报告内部控制重大缺陷描述段"予以披露	对财务报表是否符合企业会计准则，是否公允反映被审计单位的财务状况、经营成果和现金流量发表意见
了解和测试内部控制的目的	了解和测试内部控制的直接目的是对内部控制设计和运行的有效性发表意见	财务报表审计按风险导向审计模式进行，了解内部控制是为了评估重大错报风险，测试内部控制是为了进一步证明了解内部控制时得出的初步结论；了解和测试内部控制的最终目的是服务于对财务报表发表审计意见
测试范围	对所有重要账户、各类交易和列报的相关认定，都要了解和测试相关的内部控制	在财务报表审计过程中，只有在以下两种情况下才强制要求对内部控制进行测试：（1）在评估认定层次重大错报风险时，预期控制的运行是有效的（即在确定实质性程序的性质、时间安排和范围时，注册会计师拟信赖控制运行的有效性）；（2）仅实施实质性程序并不能够提供认定层次充分、适当的审计证据。在其他情况下，注册会计师可以不测试内部控制
测试时间	对特定基准日内部控制的有效性发表意见，不需要测试整个会计期间，但要测试足够长的期间	一旦确定需要测试，则需要测试内部控制在整个审计期间的运行有效性

比较项目	内部控制审计	财务报表审计
测试样本量	对结论可靠性的要求高，测试的样本量大	对结论可靠性要求取决于计划从控制测试中得到的保证程度（或减少实质性程序工作量的程度），样本量相对要小
报告结果	（1）对外披露； （2）以正面、积极的方式对内部控制是否有效发表审计意见	（1）通常不对外披露内部控制的情况，除非内部控制影响到对财务报表发表的审计意见； （2）以管理建议书的方式向管理层或治理层报告财务报表审计过程中发现的内部控制重大缺陷，但注册会计师没有义务专门实施审计程序，以发现和报告内部控制重大缺陷

（1）在计划审计工作时，注册会计师需要评价下列事项对财务报表和内部控制是否有重要影响，以及有重要影响的事项将如何影响审计工作：

①与企业相关的风险，包括在评价是否接受与保持客户和业务时，注册会计师了解的与企业相关的风险情况以及在执行其他业务时了解的情况。

②相关法律法规和行业概况。

③企业组织结构、经营特点和资本结构等相关重要事项。

④企业内部控制最近发生变化的程度。

⑤与企业沟通过的内部控制缺陷。

⑥重要性、风险等与确定内部控制重大缺陷相关的因素。

⑦对内部控制有效性的初步判断。

⑧可获取的、与内部控制有效性相关的证据的类型和范围。

此外，注册会计师还需要关注与财务报表发生重大错报的可能性和内部控制有效性相关的公开信息，以及企业经营活动的相对复杂程度。

（2）风险评估贯穿于整个审计过程。按照《企业内部控制审计指引》第八条规定，在内部控制审计中，注册会计师应当以风险评估为基础，确定重要账户、列报及其相关认定，选择拟测试的控制，确定针对所选定控制所需收集的证据。

实施风险评估时，可以考虑固有风险及控制风险。在计划审计工作阶段，对内部控制的固有风险进行评估，作为编制审计计划的依据之一。根据对控制风险评估的结果，调整计划阶段对固有风险的判断，这是个持续的过程。

（3）在计划和实施内部控制审计工作时，注册会计师应当考虑财务报表审计中对舞弊风险的评估结果。在识别和测试企业层面控制以及选择其他控制进行测试时，注册会计师应当评价被审计单位的内部控制是否足以应对识别出的、由于舞弊导致的重大错报风险，并评价为应对管理层和治理层凌驾于控制之上的风险而设计的控制。

如果在内部控制审计中识别出旨在防止或发现并纠正舞弊的控制存在缺陷，注册会计师应当按照《中国注册会计师审计准则第1141号——财务报表审计中与舞弊相关的责任》的规定，在财务报表审计中制订重大错报风险的应对方案时考虑这些缺陷。

7.实施审计工作

在财务报告内部控制审计中，自上而下的方法始于财务报表层次，以注册会计师对财务报告内部控制整体风险的了解开始；然后，注册会计师将关注重点放在企业层面的控制上，并将工作逐渐下移至重大账户、列报及相关的规定。这种方法引导注册会计师将注意力放在显示有可能导致财务报表及相关列报发生重大错报的账户、列报及相关认定上。然后，注册会计师验证其了解到的业务流程中存在的风险，并就已评估的每个相关认定的错报风险，选择足以应对这些风险的业务层面控制进行测试。

在非财务报告内部控制审计中，自上而下的方法始于企业层面控制，并将审计测试工作逐步下移到业务层面控制。

8.评价内部控制缺陷

注册会计师不仅要评价财务报告内部控制的有效性并发表意见，还要关注在内部控制审计过程中发现的非财务报告内部控制重大缺陷，在内部控制审计报告中增加"非财务报告内部控制重大缺陷描述段"予以披露。

财务报告内部控制缺陷的严重程度取决于：（1）控制缺陷导致账户余额或列报错报的可能性。（2）因一个或多个控制缺陷的组合导致潜在错报的金额大小。

注册会计师在已执行的有限程序中发现财务报告内部控制存在重大缺陷的，应当在内部控制审计报告中对重大缺陷作出详细说明。

注册会计师对在审计过程中注意到的非财务报告内部控制缺陷，应当区别具体情况予以处理：

（1）注册会计师认为非财务报告内部控制缺陷为一般缺陷的，应当与企业进行沟通，提醒企业加以改进，但无须在内部控制审计报告中说明。

（2）注册会计师认为非财务报告内部控制缺陷为重要缺陷的，应当以书面形式与企业董事会和经理层沟通，提醒企业加以改进，但无须在内部控制审计报告中说明。

（3）注册会计师认为非财务报告内部控制缺陷为重大缺陷的，应当以书面形式与企业董事会和经理层沟通，提醒企业加以改进；同时应当在内部控制审计报告中增加非财务报告内部控制重大缺陷描述段，对重大缺陷的性质及其对实现相关控制目标的影响程度进行披露，提示内部控制审计报告使用者注意相关风险。

9.完成审计工作

在完成审计工作阶段，主要工作包括获取管理层书面声明、对内部控制形成初步意见以及与董事会和经理层沟通审计过程中识别的重大和重要控制缺陷事项。

注册会计师需要与企业沟通审计过程中识别的所有控制缺陷。对于其中的重大缺陷和重要缺陷，需要以书面形式与董事会和经理层沟通。《中国注册会计师审计准则第1152号——向治理层和管理层通报内部控制缺陷》要求注册会计师以书面形式及时向治理层通报审计过程中识别出的值得关注的内部控制缺陷。其中，值得关注的内部控制缺陷包括重大缺陷和重要缺陷。

10.出具审计报告

内部控制审计报告分为四种类型：标准内部控制审计报告、带强调事项段的无保留意见内部控制审计报告、否定意见内部控制审计报告和无法表示意见内部控制审计报告。

（1）内部控制审计报告内容。内部控制审计报告包括标题，收件人，引言段，企业对内部控制的责任段，注册会计师的责任段，内部控制固有局限性的说明段，财务报告内部控制的审计意见段，非财务报告内部控制重大缺陷描述段，注册会计师的签名和盖章，会计师事务所的名称、地址及盖章，报告日期等内容。标准内部控制审计报告包括上述基本内容，但非标准内部控制审计报告的内容因审计意见不同而有所不同。

带强调事项段的非标准内部控制审计报告除了上述基本内容外，还要在非财务报告内部控制重大缺陷描述段之后增加强调事项段，对重大事项予以强调；否定意见要在内部控制的固有局限段之后、财务报告内部控制审计意见段之前增加说明段，说明导致否定意见的事项；无法表示意见的内部控制审计报告要删除注册会计师责任段，并在内部控制的固有局限段之后、内部控制审计意见段之前增加说明段，说明导致无法表示意见的事项，还要在内部控制审计意见段之后、非财务报告内部控制重大缺陷描述段之前增加识别的财务报告内部控制重大缺陷段。

（2）内部控制审计报告审计意见。如果符合下列所有条件，注册会计师应当对财务报告内部控制出具无保留意见的内部控制审计报告：企业按照《企业内部控制基本规范》《企业内部控制应用指引》《企业内部控制评价指引》以及企业自身内部控制制度的要求，在所有重大方面保持了有效的内部控制；注册会计师已经按照《企业内部控制审计指引》的要求计划和实施审计工作，在审计过程中未受到限制。

注册会计师认为财务报告内部控制虽不存在重大缺陷，但仍有一项或者多项重大事项需要提醒内部控制审计报告使用人注意的，需要在内部控制审计报告中增加强调事项段予以说明。

注册会计师认为财务报告内部控制存在一项或多项重大缺陷的，除非审计范围受到限制，需要对财务报告内部控制发表否定意见。

注册会计师审计范围受到限制的，需要解除业务约定或出具无法表示意见的内部控制审计报告。

《审计指引》第三十三条规定，注册会计师知悉对企业内部控制自我评价基准日内部控制有效性有重大负面影响的期后事项的，需要对财务报告的内部控制发表否定意见；注册会计师不能确定期后事项对内部控制的有效性的影响程度的，需要出具无法表示意见的内部控制审计报告。

在出具内部控制审计报告之后，如果知悉在审计报告日已存在的、可能对审计意见产生影响的情况，注册会计师需要按照《中国注册会计师审计准则第1332号——期后事项》的规定办理。

五、练习题

（一）单项选择题

1.内部控制审计的对象是（　　　）。

A.特定基准日财务报告内部控制设计与运行的有效性

B.整个期间财务报告内部控制设计与运行的有效性

C.被审计单位编制的内部控制评价报告

D.被审计单位的财务报告

2.在内部控制审计中，注册会计师应当以（　　　）为基础。

A.计划审计　　　　　　　　　B.风险评估

C.评价控制缺陷　　　　　　　D.了解内部控制环境

3.注册会计师对在审计过程中注意到的非财务报告内部控制缺陷如果是（　　　），应当以书面形式与企业董事会和经理层沟通，提醒企业加以改进，但无须在内部控制审计报告中说明。

A.重要缺陷　　　　　　　　　B.重大缺陷

C.设计缺陷　　　　　　　　　D.运行缺陷

4.下列关于内部控制缺陷的提法中，不正确的是（　　　）。

A.内部控制的缺陷包括设计缺陷和运行缺陷

B.企业对内部控制缺陷的认定，应当以日常监督和专项监督为基础，结合年度内部控制评价，由内部控制评价部门进行综合分析后提出认定意见，按照规定的权限和程序进行审核后予以最

终认定

C.内部控制缺陷按其影响程度分为重大缺陷和一般缺陷

D.内部控制的重大缺陷可能导致企业严重偏离控制目标

5.企业年度内部控制评价报告的基准日是（　　　）。

A.1月1日   B.12月31日

C.3月31日   D.6月30日

6.审计报告中需要删除注册会计师责任段的是（　　　）内部控制审计报告。

A.标准意见   B.带强调事项段的无保留意见

C.否定意见   D.无法表示意见

7.注册会计师审计范围受到限制的，需要出具（　　　）内部控制审计报告。

A.标准意见   B.带强调事项段的无保留意见

C.否定意见   D.无法表示意见

8.注册会计师知悉对企业内部控制自我评价基准日内部控制有效性有重大负面影响的期后事项的，需要对财务报告的内部控制发表（　　　）。

A.标准意见   B.带强调事项段的无保留意见

C.否定意见   D.无法表示意见

9.注册会计师测试控制有效性实施的程序，提供的证据效力最强的是（　　　）。

A.询问   B.检查

C.重新执行   D.观察

10.在执行内部控制审计时，下列有关注册会计师选择拟测试的控制的说法中，错误的是（　　　）。

A.注册会计师无须测试即使有缺陷也合理预期不会导致财务报表重大错报的控制

B.注册会计师应当选择测试对形成内部控制审计意见有重大影响的控制

C.注册会计师选择拟测试的控制，应当涵盖企业管理层在执行内部控制自我评价时测试的控制

D.注册会计师通常选择能够为一个或多个重要账户或列报的一个或多个相关认定提供最有效果或最有效率的证据的控制进行测试

11.下列各项中，注册会计师应当以书面形式与治理层沟通的是（　　）。

A.注册会计师识别出的舞弊风险

B.注册会计师确定的关键审计事项

C.注册会计师识别出的值得关注的内部控制缺陷

D.未更正错报

12.注册会计师执行内部控制审计时，下列有关识别重要账户、列报及其相关认定的说法中，错误的是（　　）。

A.注册会计师应当从定性和定量两个方面识别重要账户、列报及其相关认定

B.注册会计师通常将超过财务报表整体重要性的账户认定为重要账户

C.在识别重要账户、列报及其相关认定时，注册会计师应当考虑控制的影响

D.在识别重要账户、列报及其相关认定时，注册会计师应当确定重大错报的可能来源

13.注册会计师执行内部控制审计时，下列有关评价控制缺陷的说法中，错误的是（　　）。

A.如果一项控制缺陷存在补偿性控制，注册会计师不应将该控制缺陷评价为重大缺陷

B.注册会计师评价控制缺陷是否可能导致错报时，无须量化错报发生的概率

C.注册会计师评价控制缺陷导致的潜在错报的金额大小时，应当考虑本期或未来期间受控制缺陷影响的账户余额或各类交易涉及的交易量

D.注册会计师评价控制缺陷的严重程度时，无须考虑错报是否已经发生

（二）多项选择题

1.确定内部控制审计范围应考虑的因素有（　　　　）。

A.注册会计师的胜任能力

B.成本效益的约束

C.投资者的需求

D.对非财务报告内部控制审计的做法

E.国外的成功经验

2.关于注册会计师对非财务报告内部控制重大缺陷的责任，下列说法错误的有（　　　　）。

A.注册会计师没有任何责任发现和报告非财务报告内部控制存在的重大缺陷

B.对财务报告内部控制审计过程中注意到的非财务报告内部控制重大缺陷，注册会计师应当在内部控制审计报告中增加"非财务报告内部控制重大缺陷段"予以披露

C.注册会计师应当对非财务报告内部控制是否存在重大缺陷提供合理保证

D.注册会计师应当实施有限的审计程序以识别非财务报告内部控制存在的重大缺陷

E.注册会计师应当对非财务报告内部控制是否存在重大缺陷提供绝对保证

3.内部控制审计与财务报表审计的（　　　　）不同。

A.审计目标　　　　　　　　B.测试范围

C.测试样本量　　　　　　　D.报告结果

E.测试时间

4.在财务报表审计与财务报告内部控制审计中，注册会计师均需评价内部控制。下列说法正确的有（　　　　）。

A.财务报表审计中对内部控制的了解和测试工作，足以支持对财务报告内部控制审计发表审计意见，不需执行额外的工作

B.两者评价内部控制可以选用的审计程序相同，都可能用到询问、观察、检查、重新执行等程序

C.两者评价内部控制的目的不同，前者是为了支持注册会计师对控

制风险的评估结果，进而确定实质性程序的性质、时间安排和范围；后者是为了支持对内部控制有效性发表的意见

D.两者对控制缺陷的评价要求不同，后者要求比前者更严

E.执行审计的注册会计师必须是相同的注册会计师

5.财务报告内部控制的有效性包括（   ）。

A.设计有效性　　　　　　　　B.实验有效性

C.运行有效性　　　　　　　　D.测试有效性

E.评价有效性

6.计划审计工作中注册会计师需要评价对财务报表和内部控制是否有重要影响的事项有（   ）。

A.相关法律法规和行业概况

B.与企业相关的风险

C.企业的组织结构

D.与企业沟通过的内部控制缺陷

E.对内部控制有效性的初步判断

7.如果拟利用他人的工作，注册会计师需要评价该人员的（   ）。

A.专业胜任能力　　　　　　　B.客观性

C.保密性　　　　　　　　　　D.独立性

E.职业道德

8.注册会计师应当在审计工作底稿中记录的内容有（   ）。

A.内部控制审计计划及重大修改情况

B.对识别的控制缺陷的评价

C.相关风险评估过程

D.形成的审计结论和意见

E.其他重要事项

9.针对内部控制审计业务，下列有关企业层面控制的说法中，正确的有（   ）。

A.如果一项企业层面控制足以应对已评估的错报风险，注册会计师就不必测试与该风险相关的其他控制

B.对某项业务层面的控制而言，与该项控制相关的风险受企业层面的控制影响

C.注册会计师在评价内部控制时，通常应当首先评价业务层面控制，然后评价企业层面控制

D.注册会计师应当识别、了解和测试对内部控制有重要影响的企业层面控制

E.企业层面控制的评价可以替代业务层面控制的评价

10.关于注册会计师测试控制运行有效性的审计程序，下列说法正确的有（　　）。

A.测试程序的性质在很大程度上取决于拟测试控制的性质

B.注册会计师应当综合运用询问适当人员、观察控制的执行、检查相关文件以及重新执行等程序

C.针对同一被审计单位的同一控制，每年的测试程序应当相同

D.与检查相比，重新执行提供的审计证据的效力更高

E.与检查相比，重新执行提供的审计证据的效力更低

11.在注册会计师选择拟测试的控制时，下列说法正确的有（　　）。

A.注册会计师应当针对每一相关认定获取控制有效性的审计证据

B.针对每一相关认定，注册会计师应当测试与其相关的所有控制

C.对被审计单位在财务报告内部控制评价中测试的控制，注册会计师均应当予以测试

D.在确定是否测试某项控制时，注册会计师应当考虑该项控制单独或连同其他控制，是否足以应对评估的某项相关认定的错报风险

E.注册会计师应当针对重要相关认定获取控制有效性的审计证据

12.下列各项中，属于导致内部控制固有局限原因的有（　　）。

A.控制的有效性会受到决策过程中人为判断的影响

B.内部控制只能为控制目标的实现提供合理保证

C.管理人员可能会凌驾于内部控制之上

D.内部控制的设计与实施需要考虑成本与效益

E.内部控制不可能全面有效实施

13.关于内部控制缺陷，下列说法错误的有（　　）。

A.内部控制缺陷按其成因或来源分为设计缺陷和运行缺陷

B.注册会计师只要评价财务报告内部控制的有效性并发表意见，不

需要关注在内部控制审计过程中发现的非财务报告内部控制重大缺陷

C.内部控制缺陷按其严重程度分为财务报告内部控制缺陷和非财务报告内部控制缺陷

D.内部控制的缺陷可能导致企业偏离控制目标

E.按照内部控制缺陷的性质,内部控制缺陷分为重大缺陷、重要缺陷和一般缺陷

14.财务报告内部控制缺陷的严重程度取决于 ( )。

A.控制缺陷导致账户余额错报的可能性

B.控制缺陷导致账户列报错报的可能性

C.因一个控制缺陷导致潜在错报的金额大小

D.因多个控制缺陷的组合导致潜在错报的金额大小

E.控制缺陷单独或组合是否导致账户余额或列报错报的发生

15.管理层书面声明中应当包括的内容有 ( )。

A.企业董事会认可其对建立健全和有效实施内部控制负责

B.企业已对内部控制的有效性作出自我评价

C.企业没有利用注册会计师执行的审计程序及其结果作为自我评价的基础

D.企业对于注册会计师在以前年度审计中识别的重大缺陷和重要缺陷,是否已经采取措施予以解决

E.企业在内部控制自我评价基准日后,内部控制是否发生重大变化

16.注册会计师需要与企业沟通审计过程中识别的所有控制缺陷,对于其中的 ( ) 需要以书面形式与董事会和经理层沟通。

A.一般缺陷   B.设计缺陷

C.重大缺陷   D.重要缺陷

E.运行缺陷

17.内部控制审计报告意见类型包括 ( )。

A.标准意见内部控制审计报告

B.带强调事项段的无保留意见内部控制审计报告

C.保留意见内部控制审计报告

D.否定意见内部控制审计报告

E.无法表示意见内部控制审计报告

18.内部控制审计报告的基本内容包括（　　　）。

A.引言段

B.企业对内部控制的责任段

C.注册会计师的责任段

D.内部控制固有局限性的说明段

E.财务报告内部控制的审计意见段

19.无法表示意见的内部控制审计报告的基本内容包括（　　　）。

A.企业对内部控制的责任段

B.注册会计师的责任段

C.内部控制固有局限性的说明段

D.非财务报告内部控制重大缺陷描述段

E.财务报告内部控制的审计意见段

20.无法表示意见的内部控制审计报告要在（　　　）之间增加识别的财务报告内部控制重大缺陷段。

A.注册会计师的责任段

B.内部控制固有局限性的说明段

C.导致无法表示意见的事项段

D.财务报告内部控制的审计意见段

E.非财务报告内部控制重大缺陷描述段

（三）判断题

1.内部控制审计是指会计师事务所接受委托，对特定基准日内部控制设计与运行的有效性进行审计。　　　　　　　　　　　（　　）

2.财务报告内部控制是指企业为了合理保证财务报告及相关信息真实完整而设计和执行的内部控制，以及用于保护资产安全的内部控制中与财务报告可靠性目标相关的控制。　　　　　　　　　　（　　）

3.内部控制审计的范围主要指注册会计师对企业所有内部控制进行审计。　　　　　　　　　　　　　　　　　　　　　　（　　）

4.注册会计师的责任是对财务报告内部控制的有效性发表审计意见，并对内部控制审计过程中注意到的非财务报告内部控制的重大缺陷，在内部控制审计报告中增加"非财务报告内部控制重大缺陷描述

段"予以披露。 （　）

5.财务报告内部控制审计的目标是对公司财务报告内部控制的有效性发表意见。 （　）

6.对于某一被审计单位，会计师事务所既从事财务报表审计业务，又从事内部控制审计业务，会计师事务所应当与被审计单位签订单独的内部控制审计业务约定书。 （　）

7.如果公司的财务报告内部控制为财务报告的可靠性和对外财务报表的编制符合公认会计原则提供了合理保证，就可认为是有效的。

（　）

8.注册会计师只能将内部控制审计与财务报表审计整合进行（即整合审计）。 （　）

9.内部控制不能防止或发现并纠正由于错误导致的错报风险，通常高于其不能防止或发现并纠正舞弊导致的错报风险。 （　）

10.尽管《企业内部控制审计指引》中规定，注册会计师可以单独进行内部控制审计，也可以将内部控制审计与财务报表审计整合进行（即整合审计）；但在实务中，由于内部控制审计和财务报表审计的关联性，注册会计师更适合进行整合审计。 （　）

11.企业实施整合审计时，可以不在同一时间同时公布财务报表审计报告和内部控制审计报告。 （　）

12.《企业内部控制审计指引》采取了将内部控制审计工作底稿并入财务报表审计工作底稿，形成一套工作底稿的做法。 （　）

13.自上而下的审计方法描述了注册会计师在识别风险以及拟测试的控制时的连续思维过程，但并不一定是注册会计师执行审计程序的顺序。 （　）

14.针对每一项相关认定，注册会计师都需要获取控制有效性的证据，以便对内部控制整体的有效性单独发表意见，但注册会计师没有责任对单项控制的有效性发表意见。 （　）

15.企业内部控制的一般缺陷、重要缺陷、重大缺陷，应当由董事会最终予以认定。 （　）

16.注册会计师认为非财务报告内部控制缺陷为重要缺陷的，应当以书面形式与企业董事会和经理层沟通，提醒企业加以改进；同时应当在内部控制审计报告中增加"非财务报告内部控制重要缺陷描述段"，对重要缺陷的性质及其对实现相关控制目标的影响程度进行披露，提示内部控制审计报告使用者注意相关风险。　　　　　　（　　　）

（四）简答题

1.确定内部控制审计的范围需要考虑什么因素？

2.内部控制审计的目标是什么？

3.实施审计工作共分为哪几个阶段？

4.注册会计师如何对内部控制缺陷进行处理？

5.内部控制审计报告共分为几种类型？分别应在何种情况下出具？

六、案例分析题

1.ABC会计师事务所的A注册会计师和B注册会计师接受委派，对Y集团股份有限公司（以下简称"Y公司"）2015年12月31日与财务报表相关的内部控制有效性的认定进行审核。Y公司采用手工记账。A注册会计师和B注册会计师于2015年11月12日至18日对Y公司的内部控制制度进行了解和测试，并在相关审核工作底稿中记录了了解、评价和测试的事项，摘录如下：

（1）Y公司产成品发出时，由销售部填制一式四联的出库单。仓库发出产成品后，将第一联出库单留存登记产品卡片，第二联交销售部留存，第三、四联交会计部会计乙登记产成品总账和明细账。

（2）会计人员戊负责开具销售发票。在开具销售发票之前，先核对装运凭证和相应的经批准的销售单，并根据已授权批准的商品价目表填写销售发票价格，根据装运凭证上的数量填写销售发票的数量。

（3）Y公司的材料采购需要经授权批准后方可进行。采购部根据经批准的请购单发出订购单。货物运达后，验收部根据订购单的要求验收货物并编制一式多联的未连续编号的验收单。仓库根据验收单验收货物，在验收单上签字后，将货物移入仓库加以保管。验收单上有数量、单价等要素。验收单一联交采购部登记采购明细账和编制付款凭证，付款凭证经批准后，月末交会计部；一联交会计部登记材料明细账；一联由仓库保留并登记材料明细账。会计部只根据附验收单的付款凭证登记有关账簿。

（4）会计部审核付款凭单后，支付采购款项。Y公司授权会计部的经理签署支票，经理将其授权给会计人员丁负责，但保留了支票印章。丁根据已适当批准的凭单，在确定支票收款人名称与凭单内容一致后签署支票，并在凭单上加盖"已支付"的印章。

（5）Y公司设立了内部审计部，直接对董事长负责。每年对子公司和各业务部进行审计，并出具内部审计报告。

（6）Y公司设立现金出纳员和银行出纳员。银行出纳员负责到银行取送业务等票据，并登记银行存款日记账。月底银行出纳员取得银行对账单并编制银行存款余额调节表。

（7）Y公司员工根据公司的批准手续报销，会计部门对报销单据加以审核，现金出纳员见到加盖核准印章的支出凭据后付款。

要求：

根据上述情况，假定未描述的其他内部控制不存在缺陷，请指出Y公司内部控制在设计和运行方面的缺陷，并提出改进建议。

2.A股份有限公司是ABC集团公司的下属公司，经营石油业务。注册会计师甲经过内部控制审计得知：A公司总裁陈某在获知A公司在2018年第一季度出现580万美元的账面亏损后，决定不按照内部风险控制的规则进行斩仓止损，也不对市场作任何信息披露，而是继续扩大仓位。为了避免实际亏损，他将交割日延后至2019年，并不断加大仓位，但对风险未作必要的对冲处理，也没有对交易设立上限，孤注一掷，赌油价回落。但到2018年10月，A公司亏损累计达到18 000万美元，A公司流动资产耗尽。于是，陈某向ABC集团公司汇报亏损并请求救助。而ABC集团竟没有阻止A公司的违规行为，也不对风险进行评估就以私募方式卖出部分股份来挽救A公司。

要求：

（1）针对这一情况注册会计师甲应出具何种意见内部控制审计报告？

（2）甲编制的内部控制审计报告的具体内容。

七、拓展阅读

[1] 吴秋生. 内部控制审计有关问题探讨 [J]. 中国注册会计师，

2010（3）．

　　［2］杨志国．关于《企业内部控制审计指引》制定和实施中的几个问题［J］．中国注册会计师．2010（9）．

　　［3］刘明辉．内部控制鉴证：争论与选择［J］．会计研究，2010（9）．

　　［4］张龙平，陈作习．财务报告内部控制审计的理论分析（上）［J］．审计月刊，2008（12）．

　　［5］曾妮．财务报告内部控制审计目标分析［J］．商场现代化，2009（4）．

　　［6］裘宗舜，周洁．美国财务报告内部控制审计的发展与启示——财务报告内部控制审计与财务报表审计的比较［J］．财会月刊，2009（2）．

　　［7］刘玉廷，王宏．提升企业内部控制有效性的重要制度安排——关于实施企业内部控制注册会计师审计的有关问题［J］．中国农业会计，2010（9）．

附录一

《内部控制》模拟试题一

一、单项选择题（下列每小题的备选答案中，只有一个符合题意的正确答案。请将你选定的答案字母填入题后的括号中。本类题共20个小题，每小题1分，共20分。多选、错选、不选均不得分）

1.相对于《内部控制——整合框架》，ERM框架的创新之处不包括（　　）。

A.新提出了一个更具管理意义和管理层次的战略管理目标，同时还扩大了报告的范畴

B.新增加了目标制定、风险识别和风险应对三个管理要素

C.提出了两个新概念——风险偏好和风险容忍度

D.对内部控制进行了最权威的定义

2.内部控制的现实意义不包括（　　）。

A.实施内部控制有助于提升企业管理水平

B.实施内部控制有助于降低企业的经营成本

C.实施内部控制有助于提高企业的风险防御能力

D.实施内部控制有助于维护社会公众的利益

3.关于内部控制只能为控制目标的实现提供"合理保证"，而不是"绝对保证"的理解错误是（　　）。

A.内部控制对控制目标的实现作用不大

B.企业目标的实现除了受制于企业自身限制外，还会受到外部环境的影响

C.内部控制无法作用于外部环境

D.内部控制本身也存在一定的局限性

4.企业开展经营活动的物质前提是（　　）。

A.财务报告及相关信息真实完整

B.保护资产的安全与完整

C.企业发展战略的制定

D.提高经营的效率和效果

5.分别设置不同层次的管理人员并由各专业人员组成管理团队，针对各项业务功能行使决策、计划、执行、监督、评价的权力并承担相应的义务，是保证业务顺利开展的支撑平台，这指的是企业（　　　）。

A.内部机构　　　　　　　　B.治理结构

C.管理机构　　　　　　　　D.董事会

6.在内部资源的分析中，对企业现有资源的数量和利用效率，以及资源的应变能力等方面进行分析的是（　　　）。

A.企业资源分析　　　　　　B.企业能力分析

C.核心竞争力分析　　　　　D.企业资金结构分析

7.审议战略委员会的发展战略建议方案应提交给（　　　）。

A.股东大会　　　　　　　　B.董事会

C.监事会　　　　　　　　　D.总经理

8.下列各项中，属于风险识别环节的是（　　　）。

A.感知风险和检测风险　　　B.计量风险和分析风险

C.感知风险和分析风险　　　D.计量风险和监控风险

9.资产保护的目标是（　　　）。

A.保护资产的完整性　　　　B.实现利润的最大化

C.执行控制完成　　　　　　D.执行授权批准制度

10.“企业在实现其目标的过程中愿意接受的风险的数量”被称为（　　　）。

A.风险承受能力　　　　　　B.风险分担

C.风险偏好　　　　　　　　D.风险数量

11.作为全面预算的核心环节，（　　　）是关乎预算目标能否实现的关键。

A.预算编制　　　　　　　　B.预算执行

C.预算控制　　　　　　　　D.预算考核

12.绩效考评系统的评价主体主要是（　　　）。

A.公司董事会和各级管理者　B.各级管理者

C.全体员工　　　　　　　　　D.各个部门

13.内部传递的信息能否满足使用者的需要，取决于信息是否（　　　）。

A.安全可靠　　　　　　　　　B.及时相关

C.有高价值　　　　　　　　　D.真实准确

14.关于内部报告的传递过程，下列说法正确的是（　　　）。

A.内部报告的传递过程需有严密的流程和安全的渠道

B.内部报告的传递过程要有公众监督

C.内部报告的传递要公开透明

D.内部报告的传递不需要设置专门的保密措施

15.财务报告内部控制的总体要求不包括（　　　）。

A.规范财务报告控制流程

B.健全各环节的授权批准制度

C.明确责任权限和不相容岗位分离

D.加强信息核对

16.除全面梳理资产管理流程、查找薄弱环节外，资产管理的总体要求还包括（　　　）。

A.重视投保　　　　　　　　　B.严格执行与监控

C.完善相关管理制度　　　　　D.以战略为导向

17.内部控制缺陷报告对象不包括（　　　）。

A.与该缺陷直接相关的责任单位

B.公司的经营情况

C.负责执行整改措施的人员

D.责任单位的上级单位

18.专项监督的范围和频率的决定因素不包括（　　　）。

A.内部控制环境的强弱　　　　B.风险评估的结果

C.变化发生的性质和程度　　　D.日常监督的有效性

19.一般而言，如果一项内部控制缺陷单独或连同其他缺陷具备合理可能性导致不能及时防止或发现并纠正财务报告中的重大错报，就应将该缺陷认定为（　　　）。

A.重大缺陷　　　　　　　　　B.重要缺陷

C.一般缺陷　　　　　　　　　D.严重缺陷

20.注册会计师知悉对企业内部控制自我评价基准日内部控制有效性有重大负面影响的期后事项的，需要对财务报告的内部控制发表（　　）。

A.标准意见
B.带强调事项段的无保留意见
C.否定意见
D.无法表示意见

二、多项选择题（下列每小题的备选答案中，只有两个或两个以上符合题意的正确答案。请将你选定的答案字母按顺序填入题后的括号中。本类题共10个小题，每小题2分，共20分。多选、少选、错选、不选均不得分）

1.下列有关控制环境的说法中，正确的是（　　）。

A.控制环境对重大错报风险的评估具有广泛影响

B.有效的控制环境本身可以防止或发现并纠正各类交易、账户余额和披露认定层次的重大错报

C.有效的控制环境可以降低舞弊发生的风险

D.财务报表层次重大错报风险很可能源于控制环境存在缺陷

E.控制环境对监控也具有影响

2.内部控制的参与主体包括（　　）。

A.董事会
B.监事会
C.经理层
D.全体员工
E.普通员工

3.组织架构的设计原则是（　　）。

A.符合法律法规要求
B.符合发展战略要求
C.符合管理控制要求
D.符合内外环境要求
E.符合股东要求

4.下列各项中，属于战略目标中业绩目标的有（　　）。

A.资本利润率
B.新产品比率
C.利润增长率
D.市场开发能力
E.盈亏平衡点

5.授权控制的基本原则有（　　）。

A.依事不依人
B.适度越权授权
C.适度授权
D.需要监督

E.不得随意授权

6.信息系统在开发时期的任务是完成软件的设计和实现,具体包括(　　)。

A.战略规划 　　　　　　　　B.项目计划

C.系统分析 　　　　　　　　D.系统设计

E.系统实施

7.在建立内部报告指标环节,主要风险点具体可细分为(　　)。

A.未以企业战略和管理模式为指导设计内部报告及指标体系

B.内部报告体系或者指标体系不完整或者过于复杂

C.内部报告指标体系运行过程中的硬件问题

D.指标信息难以获得或者成本过高

E.指标体系缺乏调整机制

8.受理申请是担保业务的一个关键风险点,其主要风险包括(　　)。

A.企业担保政策和相关管理制度不健全

B.担保申请受理不规范

C.受理审查不严

D.资信调查不深入

E.风险评估不细致

9.内部监督的基本要求包括(　　)。

A.监督人员应具有独立性

B.监督人员应具有胜任能力

C.关注关键控制

D.监督人员应评估相应的风险水平

E.进行常规、持续的监督检查

10.按照内部控制缺陷的性质即影响内部控制目标实现的严重程度分类,内部控制缺陷分为(　　)。

A.重大缺陷 　　　　　　　　B.重要缺陷

C.一般缺陷 　　　　　　　　D.设计缺陷

E.运行缺陷

三、判断题（本类题共10小题，每小题1分，共10分。请将你的判断结果填入题后的括号中。你认为正确的，填"√"；你认为错误的，填"×"）

1. 内部控制整合框架阶段中明确了内部控制的三个目标和五个构成要素，这五个要素分别为内部环境、风险评估、控制活动、信息与沟通和监督。（　　）

2. 内部控制的覆盖范围广泛，涵盖企业所有的业务和事项，包含每个层级和环节。（　　）

3. 完善的内部环境是企业内部控制有效性的保障，有效的内部控制又将推进内部环境的不断完善。（　　）

4. 平衡计分卡主要从财务、客户及市场、内部营运三个维度来梳理和明确企业战略目标。（　　）

5. 大中型企业应当设置总会计师，一般情况下应设置与其职权重叠的副职，以便相互牵制。（　　）

6. 传递的信息以不同形式或载体呈现，其中，对于企业来说最为重要的、最普遍的信息传递形式就是内部报告。（　　）

7. 企业代管、代销、暂存、受托加工的存货，不应纳入本企业的存货管理。（　　）

8. 监事会有权对董事、高级管理人员执行公司职务的行为进行监督，但是无权对董事、高级管理人员提起诉讼。（　　）

9. 内部控制缺陷一经认定为重大缺陷，内部控制评价报告将会被出具否定意见。（　　）

10. 根据防止或发现错误弊端的层次，财务报告内部控制可以分为预防性控制和发现性控制。（　　）

四、简答题（本类题共5小题，每题7分，共35分）

1. 请简要概括我国企业内部控制规范的框架体系。

2. 内部控制的目标分为几个层次？各个目标之间的关系如何？

3. 何为授权审批控制？它的基本原则包括哪些？

4. 内部信息传递的基本流程是什么？

5. 内部监督有哪几种方式？每种方式的监督主体有几个？

五、案例分析题（本类题共1题，15分）

案例资料：2016年年初，某集团公司审计处在进行公司2015年年报审计中发现这样一个反常现象：公司2014年、2015年的销售收入分别为4 563万元和5 323万元，呈上升趋势。财务反映的废旧物资销售的数量分别是863吨和510吨，废旧物资销售的收入分别是78万元和45万元，呈下降趋势。而正常情况下，生产过程中发生的边角余料等废旧物资应该与生产规模同比例增长或下降。审计处对公司物资处的废旧物资的回收、销售、收款等情况进行了重点审计，发现物资处处长、综合室主任、仓库主任、废旧回收站站长、计划员等人为了小团体的利益，与某个体经营者串通，通过买通门卫、"开阴阳收据"等手法擅自降价将废旧物资销售给没有业务往来、没有签合同的个体经营者，并要求其将销售货款不交财务而直接交给物资处。最终查明，由此擅自出售的废旧物资约81.5吨，涉款额91 200元，给企业造成损失约为1.4万元。

经审计查明，案件责任人利用了以下几种手法：

（1）擅自出售废旧物资并全部截留货款。物资处与租赁公司厂房的湖南个体经营者串通，擅自将废旧物资销售给没有此项业务来往也没有签订合同的湖南个体经营者，并要求其将销售货款不交财务而直接交物资处。私自销售的废旧物资出门时，借湖南个体经营者的名义，由湖南个体经营者以自己在锻工房加工的少许产品掩盖，或以其加工的产品或废料需要出门为由，堂而皇之地将盗卖的废旧物资办理出门手续。

（2）私自截留出售废旧物资款。主要是通过与签有合同业务的柳州个体经营者截留收入，物资处处长要求柳州个体经营者在销售废旧物资过程中，一部分销售的废旧物资款交财务，另一部分销售的废旧物资款截留下来，交到物资处作为小金库（即通俗说的"开阴阳收据"）。私自截留出售的废旧物资出门时，以部分销售的废旧物资办理出门手续，即以少量的废旧物资申报并取得出门单，然后以超过出门单标明的废旧物资实际数量出门。

（3）收买门卫。为了能将违规销售的废旧物资顺利办理出门，物资处处长指使综合室主任，给门卫送钱物等好处，使门卫在违规废旧物资办理出门时放弃职守，大开方便之门。

（4）擅自决定降价。物资处处长明知道废旧物资销售及其售价变动要经过有关部门审核并履行合同手续，但其却擅自决定降低废旧物资销售价格，造成损失1.4万元。

由于舞弊性质恶劣，给予这起案件的主要责任人物资处处长党内严重警告处分和免去物资处处长职务的处理，其他人员也受到相应的处理。

要求：

根据上述资料分析该企业的内部控制缺失主要表现在哪些方面。

《内部控制》模拟试题一参考答案

一、单项选择题

1.D　2.B　3.A　4.B　5.A　6.A　7.B　8.C　9.A　10.C　11.B
12.A　13.D　14.A　15.C　16.A　17.B　18.A　19.A　20.C

二、多项选择题

1.ACDE　2.ABCDE　3.ABCD　4.ACE　5.ACD　6.CDE　7.ABDE
8.ABC　9.ABC　10.ABC

三、判断题

1.×　2.√　3.√　4.×　5.×　6.√　7.×　8.×　9.√　10.√

四、简答题

1.答：我国企业内部控制规范的框架体系是由《企业内部控制基本规范》、《企业内部控制应用指引》、《企业内部控制评价指引》和《企业内部控制审计指引》组成的。基本规范是内部控制体系的最高层次，起统驭作用；应用指引是对企业按照内部控制原则和内部控制五要素建立健全本企业内部控制所提供的指引，在配套指引乃至整个内部控制规范体系中占主体地位；评价指引是为企业管理层对本企业内部控制有效性进行自我评价提供的指引；审计指引是注册会计师和会计师事务所执行内部控制审计业务的执业准则。三者之间既相互独立，又相互联系，形成一个有机整体。

2.答：内部控制的目标包括：

①经营管理合法合规目标。经营管理合法合规目标是指内部控制要合理保证企业在国家法律和法规允许的范围内开展经营活动，严禁违法经营。②资产安全目标。资产安全目标主要是为了防止资产流失。保护资产的安全与完整是企业开展经营活动的物质前提。③财务报告及相关信息真实完整目标。财务报告及相关信息的真实完整目标是指内部控制要合理保证企业提供了真实可靠的财务信息及其他信息。④提高经营的效率和效果目标。提高经营的效率和效果是内部控制要达到的最直接也是最根本的目标。⑤促进企业实现发展战略目标。促进企业实现发展战略是内部控制的最高目标，也是终极目标。

内部控制的五个目标不是彼此孤立的，而是相互联系的，共同构成了一个完整的内部控制目标体系。其中，战略目标是最高目标，是与企业使命相联系的终极目标；经营目标是战略目标的细化、分解与落实，是战略目标的短期化与具体化，是内部控制的核心目标；资产目标是实现经营目标的物质前提；报告目标是经营目标的成果体现与反映；合规目标是实现经营目标的有效保证。

3.答：授权审批控制是指企业按照授权审批的相关规定，明确各岗位办理业务和事项的权限范围、审批程序和相应责任。

授权控制的基本原则包括授权要依事不依人、不可越权授权、适度授权、以监督为保障。

授权审批控制的基本原则包括不得越权审批，不得随意审批。

4.答：内部信息传递流程根据企业生产经营管理的特点来确定，其形式千差万别，没有一个最优的方案。一般来说，内部信息传递至少包括信息形成和使用阶段。

以内部报告为例，内部报告形成的起点是报告中指标的建立；根据所确定的报告指标，确定所要搜集和存储的相关信息；对搜集的信息进行加工，以一种美观的和可理解的表现形式组织这些信息，形成内部报告；对于形成的内部报告进行审核，如果不符合决策要求，就要重新修订或补充有关信息，直到达到标准为止。

内部报告使用阶段的起点是内部报告向指定位置和使用者的传递；使用者获得内部报告后，要充分地理解和有效地利用其中的信息，以评价业务活动和制定相关决策；与此同时，要定期对企业内部报告的全面性、真实性、及时性、安全性等进行评估，一经发现不妥之处，要及时进行调整。

5.答：（1）内部监督的方式有两种，即日常监督和专项监督。在日常工作中，两种监督方式应彼此配合，以实现最优的监督效果。

日常监督是指企业对建立与实施内部控制的情况进行常规、持续的监督检查。日常监督通常存在于单位基层管理活动之中，能较快地辨别问题，日常监督的程度越大，其有效性就越高，则企业所需的专项监督就越少。

专项监督是指在企业发展战略、组织结构、经营活动、业务流程、关键岗位员工等发生较大调整或变化的情况下，对内部控制的某一或者某些方面进行有针对性的监督检查。

（2）日常监督的主体一般分为管理层监督、单位（机构）监督、内部控制机构监督、内部审计监督等。董事会和经理层等管理层充分利用内部信息与沟通机制，通过种种措施获取适当的、足够的相关信息来验证内部控制是否有效设计和运行，并对日常经营管理活动进行持续监督。企业所属单位及内部各机构采取种种措施定期对职权范围内的经济活动实施自我监督，向经理层直接负责。有条件的企业应当设置专门的内部控制机构。内部控制机构结合单位（机构）监督、内外部审计、政府监管部门的意见等，根据风险评估结果，对企业认定的重大风险的管控情况及成效开展持续性的监督。内部控制机构还可以通过控制自我评估的方法，召集有关管理层和员工就企业内部控制制度设计和执行中存在的特定问题进行面谈和讨论，同时可以通过开展问卷调查和管理结果分析等方式进行监督测试。内部审计机构接受董事会或经理层委托，通过种种措施对日常生产经营活动实施审计检查。

参与专项监督的人员必须具备相关专业知识和一定的工作经验，且不得参与对自身负责的业务活动的评价。企业内部控制（审计）机构、财务机构和其他内部机构都有权参与专项监督工作，也可以聘请外部中介机构参与其中。

五、案例分析题

本案例中涉及的舞弊行为虽然仅给企业造成了1.4万元的损失，但其暴露出来的内部管理失控问题确实十分严重的，其内部控制缺失主要表现在以下几个方面：

（1）越权处置经济业务。根据公司内部职责权限，废旧物资的出售业务需要计划处（如签合同）、财务处（如价格变动审批）等部门和主管领导的审批，但是2014年、2015年大部分废旧物资的出售违反了组织分工控制原则，不通过计划处、财务处等业务部门，擅自决定和处理。在物资处内部也出现了这样的越权行为，本来公司为了规范废旧物资的出售，在物资处内专门设立了废旧物资回收站，负责废旧物资回收和销售，但很多废旧物资业务没有经过废旧物资回收站，由物资处处长指定没有此项业务权限的综合室主任直接处理。

（2）无视职务分离原则。按照职务分离原则，某项经济业务的授权批准职务，应与执行该业务的职务分离，但在废旧物资出售业务处理中，批准人（物资处处长）亲自与客户处理降价、交款等业务。物资计量本应由过磅员专司其职，却出现了综合室主任参与废旧物资过磅等现象。

（3）违背业务流程控制。每一项经济业务的完成都需要经过一定的业务流程环节。废旧物资销售业务的环节包括：业务批准→物资过磅→填单（包括磅码单和结算单）→交款→办出门单→门卫验单放行（包括复验或抽检）。但是在本案件中，废旧物资销售却违反了业务流程。门卫复检时，先通知物资处人员后复检，参与废旧物资销售舞弊的人知道需要复检则按过磅数量如实填报，若不复检则以少量的废旧物资申报并取得出门单，然后以超过出门单标明废旧物资实际数量出门。废旧物资应先交款，才能办理出门单，门卫据此验单决定是否放行，但实际操作中却出现了没有交款，也没有办出门单就放行的现象。湖南个体经营者就是采用先做生意后交款的方式，将废旧物资拉出门卖了之后隔几天才将款交到物资处。

（4）废旧物资业务管理混乱。案例中，废旧物资的回收、登记、过磅、销售等业务管理混乱。单据不全、记录不完整、回收和出售的数字统计与实际出入较大等问题给废旧物资业务的管理带来很多困难，也给舞弊人员以可乘之机。

（5）规章制度形同虚设。公司虽然专门制定了《废旧物资回收利用管理办法》、《出入生产区管理制度》、《现金有价证券管理办法》和《资产管理总则》等，但在这起舞弊案件中，相应的制度没有起到应有的作用。

附录二

《内部控制》模拟试题二

一、单项选择题（下列每小题的备选答案中，只有一个符合题意的正确答案。请将你选定的答案字母填入题后的括号中。本类题共20个小题，每小题1分，共20分。多选、错选、不选均不得分）

1.代表了成熟阶段的研究成果，堪称内部控制发展史上里程碑的是（　　）。

A.美国注册会计师协会的《企业准则公告第55号》

B.英国《综合守则》

C.COSO委员会的《内部控制——整合框架》

D.特恩布尔委员会的特恩布尔报告

2.下列有关企业内部控制的表述中，正确的是（　　）。

A.内部控制是一个过程

B.内部控制是由企业的董事会和管理层实施的

C.有效的内部控制可以绝对保证控制目标的实现

D.内部控制的目标包括企业经营管理合法合规、企业利润最大化、财务报告真实完整等

3.内部控制的最高目标，也是终极目标的是（　　）。

A.资产安全目标

B.财务报告及相关信息真实完整目标

C.提高经营的效率和效果目标

D.促进企业实现发展战略目标

4.内部控制应当贯穿决策、执行和监督全过程，覆盖企业及其所属单位的各种业务和事项体现了内部控制的（　　）。

A.全面性原则　　　　　　　　　B.重要性原则

C.制衡性原则　　　　　　　　　D.成本效益原则

5.为企业提供精神支柱，提升企业的核心竞争力，还可以为内部控制有效性提供有力保证的是（　　　）。

A.企业的规章制度　　　　　　　B.企业文化

C.管理层的管理理念　　　　　　D.管理者与员工的关系

6.下列选项中，风险识别的财务分析法不包括（　　　）。

A.比率分析法　　　　　　　　　B.故障树法

C.杜邦分析法　　　　　　　　　D.趋势分析法

7.并不消灭风险源，只是风险承担主体发生改变的风险应对策略是（　　　）。

A.风险转移　　　　　　　　　　B.风险规避

C.风险降低　　　　　　　　　　D.风险承受

8.企业中通常内部控制最为疏忽和薄弱的环节是（　　　）。

A.合同管理　　　　　　　　　　B.采购管理

C.生产管理　　　　　　　　　　D.销售管理

9.股东经过委托代理链对企业进行管理，那么委托代理的核心是（　　　）。

A.明确责任　　　　　　　　　　B.加强监督

C.适当授权　　　　　　　　　　D.薪酬分配

10.根据功能分类，可以将控制分为预防性控制和（　　　）。

A.发现性控制　　　　　　　　　B.反馈性控制

C.矫正性控制　　　　　　　　　D.系统性控制

11.信息系统自行开发方式在系统设计环节要考虑的是（　　　）。

A.设计方案不全面，导致后续变更频繁

B.编程结果与设计不符

C.保证其规范性和适应性

D.企业原来的管理模式及员工素质对新系统的不适应

12.信息系统外包的缺陷是（　　　）。

A.不利于提升核心竞争力

B.提高管理成本等收益

C.对承包方的事实依赖性

D.提高企业信息系统管理的自主性和灵活性

13.以下属于研究与开发阶段的立项阶段的是（　　　　）。

　　A.研究过程跟踪管理　　　　　　B.阶段性评估

　　C.研究成果验收　　　　　　　　D.评审与审批

14.缺乏对担保合同的跟踪管理或监控不力，无法对被担保人出现的异常情况进行及时报告和处理，给企业造成损失，这属于担保业务中的（　　　　）关键风险点。

　　A.会计系统控制　　　　　　　　B.调查评估

　　C.审批　　　　　　　　　　　　D.日常管理

15.专项监督的步骤不包括（　　　　）。

　　A.计划阶段　　　　　　　　　　B.评价阶段

　　C.执行阶段　　　　　　　　　　D.报告和纠正措施阶段

16.下面关于日常监督和专项监督的关系表述，错误的是（　　　　）。

　　A.日常监督是专项监督的基础

　　B.专项监督是日常监督的有效补充

　　C.日常监督有效性高时，可以不设置专项监督

　　D.如果发现某些专项监督活动需要经常性地开展，那么企业有必
　　　要将其纳入日常监督中

17.如果某企业更正已公布的财务报告通常表明该企业内部控制可能存在（　　　　）。

　　A.重大缺陷　　　　　　　　　　B.重要缺陷

　　C.一般缺陷　　　　　　　　　　D.严重缺陷

18.会计师事务所等中介机构受托为企业实施内部控制评价是一种（　　　　）。

　　A.保证服务　　　　　　　　　　B.非保证服务

　　C.绝对保证服务　　　　　　　　D.基本保证服务

19.注册会计师测试控制有效性实施的程序，提供的证据效力最强的是（　　　　）。

　　A.询问　　　　　　　　　　　　B.检查

　　C.重新执行　　　　　　　　　　D.观察

20.适当分离内部控制设计部门与内部控制评价部门是为了保证内部控制评价工作的（　　　　）。

A.全面性　　　　　　　　　　　B.重要性

C.客观性　　　　　　　　　　　D.独立性

二、多项选择题（下列每小题的备选答案中，只有两个或两个以上符合题意的正确答案。请将你选定的答案字母按顺序填入题后的括号中。本类题共10个小题，每小题2分，共20分。多选、少选、错选、不选均不得分）

1.下列各项中，属于控制环境要素的是（　　　　）。

A.诚信与道德价值观　　　　　B.内部审计的职能范围

C.治理层的参与　　　　　　　D.人力资源政策与实务

E.审计委员会

2.中国内部控制标准体系包括（　　　　）。

A.企业内部控制应用指引　　　B.企业内部控制评价指引

C.企业内部控制监督指引　　　D.企业内部控制基本规范

E.企业内部控制审计指引

3.下列属于内部控制整合框架中提出的目标是（　　　　）。

A.战略目标　　　　　　　　　B.经营目标

C.报告目标　　　　　　　　　D.合规目标

E.发展目标

4.企业社会责任包括（　　　　）。

A.安全生产、产品质量（含服务）

B.环境保护

C.促进就业

D.员工权益保护

E.资源节约

5.选择风险应对策略时应考虑（　　　　）。

A.风险承受能力　　　　　　　B.成本与效益

C.对待风险的态度　　　　　　D.可供选择的措施

E.风险的特性

6.合同业务的一般流程分为（　　　　）。

A.合同订立　　　　　　　　　B.合同审批

C.合同履行　　　　　　　　　D.合同结算

E.合同解除

7.针对信息系统自行开发系统设计环节的主要风险，应采取的措施有（　　）。

A.系统设计负责部门应当就总体设计方案与业务部门进行沟通和讨论

B.应当针对不同的数据输入方式，强化对进入系统数据的检查和校验功能

C.企业应建立设计评审制度和设计变更控制流程

D.应充分考虑信息系统环境下的新的控制风险

E.系统设计时应当考虑在信息系统中设置操作日志功能，确保操作的可审计性

8.业务外包控制的总体要求是（　　）。

A.完善业务外包管理制度　　　　B.强化监控

C.加强信息核对　　　　　　　　D.避免核心业务外包

E.健全各环节的授权批准制度

9.专项监督需要重点关注的有（　　）。

A.高风险的项目　　　　　　　　B.成本较高的项目

C.重要的项目　　　　　　　　　D.内部控制环境变化

E.经常发生的项目

10.企业在内部控制评价报告中披露的内容包括（　　）。

A.董事会声明　　　　　　　　　B.内部控制评价工作的总体情况

C.内部控制评价的依据　　　　　D.内部控制缺陷及其认定

E.内部控制缺陷的整改情况

三、判断题（本类题共10小题，每小题1分，共10分。请将你的判断结果填入题后的括号中。你认为正确的，填"√"；你认为错误的，填"×"）

1.内部控制的现实意义是有助于企业提升自身管理水平、提高风险防御能力、维护社会公众利益，最终服务于企业价值创造的终极目标。（　　）

2.提高经营的效率和效果目标是内部控制的最高目标，也是终极目标。（　　）

3.2013年5月，COSO更新了《内部控制——整合框架》（1992），对原框架的许多重要原则和概念进行了革命性修正。（ ）

4.内部监督是内部审计机构或经授权的其他监督机构的职责。（ ）

5.企业在授权过程中，一定要把充分考虑被授权人的知识和才能放在第一位，以便发掘员工潜力，提高人力资源利用率。（ ）

6.内部报告指标体系形成以后，要根据企业内外部环境因素的变化进行适时的调整，更好地为企业服务。（ ）

7.研发活动具有投入大、周期短、不确定性高的特点，因此研发活动的成败对企业生产经营影响较大。（ ）

8.内部控制的完整性与合理性以其有效性为基础，内部控制的有效性则以其完整性和合理性为目的。（ ）

9.企业内部控制缺陷认定一般可采用绝对金额法或者相对比例法确定重要性水平和一般水平，以此作为判断缺陷类型的临界值。（ ）

10.内部控制不能防止或发现并纠正由于错误导致的错报风险，通常高于其不能防止或发现并纠正舞弊导致的错报风险。（ ）

四、简答题（本类题共5小题，每题7分，共35分）

1.请简述内部控制理论的产生与发展历经的阶段，并指出每一阶段的特点。

2.请简要说明内部控制与内部环境的关系。

3.全面预算的流程包括哪几个阶段？各阶段应注意的风险有哪些？

4.销售业务的关键风险点有哪些？

5.内部控制缺陷有几种类型？

五、案例分析题（本类题共1题，共15分）

案例资料：陈某原是南京某加油站站长兼出纳。自2014年以来，他私自截留销售款，利用现金支票编造各种理由提取现金，将单位公款用于赌博，造成国家直接经济损失70余万元。经调查，陈某挪用公款的手段很简单：①直接挪用销售款，陈某自2014年担任站长起，多次从加油站油款中直接拿走现金，两年的时间里挪用公款50多万元用于赌博；②隐匿5笔出口结汇收入共计20万元，将其提现的金额与其隐匿的收入相抵，使其13笔收支业务均未在银行存款日记账和银行存款余额调节表中反映；③伪造11张银行对账单，将其提现的整数金额改成带尾数的金额，并将提现的银行代码"11"改成托收的代码"88"或外汇买卖的代码"18"。

要求：

根据上述资料分析该企业的内部控制缺失主要表现在哪些方面。

《内部控制》模拟试题二参考答案

一、单项选择题

1.C　2.A　3.D　4.A　5.B　6.B　7.B　8.A　9.C　10.C　11.C　12.C　13.D　14.D　15.B　16.C　17.A　18.B　19.C　20.D

二、多项选择题

1.ACDE　2.ABDE　3.BCD　4.ABCDE　5.ABCDE　6.AC　7.ABCDE　8.ABD　9.ACD　10.ABCDE

三、判断题

1.√　2.×　3.×　4.×　5.×　6.√　7.×　8.×　9.√　10.×

四、简答题

1.答：内部控制理论与实践的发展大体上经历了内部牵制、内部控制系统、内部控制结构、内部控制整合框架四个不同的阶段，并已初步呈现向企业风险管理整合框架演变的趋势。

（1）内部控制是从内部牵制的基础上发展起来的，其主要特点是以任何个人或部门不能单独控制任何一项或一部分业务权力的方式进行组织上的责任分工，每项业务通过正常发挥其他个人或部门的功能进行交叉检查或交叉控制。由此可见，内部牵制的基本思路是分工和牵制。这一阶段的不足之处在于人们还没有意识到内部控制的整体性，强调内部牵制机能的简单运用，不够系统和完善。

（2）内部控制的第二阶段为内部控制系统阶段，从时间上看大致为20世纪40年代至80年代。该阶段将内部控制一分为二。由此内部控制正式被纳入制度体系之中，同时管理控制成为内部控制的一个重要组成部分。

（3）20世纪80年代，进入到内部控制结构阶段。内部控制结构由下列三个要素组成：控制环境、会计系统和控制程序。内部控制结构阶段对于内部控制发展的贡献主要体现在两个方面：其一，首次将控制环境纳入内部控制的范畴。其二，不再区分会计控制和管理控制，而统一以要素来表述。

（4）1992年9月，COSO发布了著名的《内部控制——整合框架》。该报告系内部控制发展历程中的一座重要里程碑，它对内部控制的发展所作出的最重要的贡献在于它对内部控制下了一个迄今为止最为权威的定义，同时还提出了内部控制的三个目标：运营目标、报告目标和合规目标，以及构成的五个要素：控制环境、风险评估、控制活动、信息与沟通和监控。

（5）2004年9月，COSO发布了《企业风险管理——整合框架》。这一阶段的显著变化是将内部控制上升至全面风险管理的高度来认识。基于这一认识，COSO提出了战略目标、运营目标、报告目标和合规目标四类目标，并指出风险管理包括八个相互关联的构成要素：内部环境、目标设定、事项识别、风险评估、风险应对、控制活动、信息与沟通和监控。

2.答：首先，内部环境是内部控制的基础；其次，内部环境与内部控制相互联系又相互依存；再次，内部环境与内部控制相互制衡；最后，内部控制与内部环境存在互动关系。

3.答：全面预算流程主要包括预算编制、预算执行和预算考核三个阶段。

（1）预算编制阶段。预算编制是企业预算总目标的具体落实并将其分解为责任目标下达给预算执行者的过程。

在此阶段应该注意的风险是：不编制预算或预算不健全，可能导致企业经营缺乏约束或盲目经营；预算目标不合理，编制不科学，可能导致企业资源浪费或发展战略难以实现。

（2）预算执行阶段。预算执行是全面预算的核心环节。预算执行即预算的具体实施，它是预算目标能否实现的关键。

在此阶段应该注意的风险是：预算缺乏刚性、执行不力，可能导致预算管理流于形式。

（3）预算考核阶段。预算考核是对企业内部各级责任部门或责任中心预算执行结果进行评价，将预算的评价结果与预算执行者的薪酬相挂钩，实行奖惩制度，即预算激励。

在此阶段应该注意的风险是：预算考核不严，也可能导致预算管理流于形式。

4.答：（1）销售计划管理。

（2）客户信用管理。

（3）确定定价机制和信用方式。

（4）订立销售合同。

（5）发货。

（6）客户服务。

（7）收款。

（8）会计系统控制。

5.答：一般来说，内部控制缺陷可按照以下标准分类：

（1）内部控制缺陷包括设计缺陷和运行缺陷。设计缺陷是指企业缺少为实现控制目标所必需的控制措施，或现存控制设计不适当，即使正常运行也难以实现控制目标。运行缺陷是指设计有效（合理且适当）的内部控制由于运行不当（包括由不恰当的人执行、未按设计的方式运行、运行的时间或频率不当、没有得到一贯有效运行等）而影响控制目标实现所形成的内部控制缺陷。内部控制存在设计缺陷和运行缺陷，会影响内部控制的设计有效性和运行有效性。

（2）按照内部控制缺陷的性质即影响内部控制目标实现的严重程度分类，内部控制缺陷分为重大缺陷、重要缺陷和一般缺陷。重大缺陷是指一个或多个控制缺陷的组合，可能导致企业严重偏离控制目标。当存在任何一个或多个内部控制重大缺陷时，应当在内部控制评价报告中作出内部控制无效的结论。重要缺陷是指一个或多个控制缺陷的组合，其严重程度低于重大缺陷，但仍有可能导致企业偏离控制目标。重要缺陷的严重程度低于重大缺陷，不会严重危及内部控制的整体有效性，但也应当引起董事会、经理层的充分关注。一般缺陷是指除重大缺陷、重要缺陷以外的其他控制缺陷。

五、案例分析题

本案是一起典型的由于单位内部控制混乱而导致的挪用公款案。对本案例进一步分析不难发现，陈某的舞弊实际从整体上暴露了该公司内部控制的脆弱。归纳起来，存在的问题主要有：

（1）没有加强对销售收入款项的控制。按照企业内部控制规范及其指引规定，单位应将销售收入及时入账，不得账外设账，不得擅自坐支现金。销售人员应当避免接触现款。而本案中的陈某多次从加油站的油款中直接取走现金用于赌博，严重违反了内部控制制度。

（2）缺乏严格的监督检查制度。根据规定，单位应当建立对销售与收款内部控制的检查制度，明确监督检查机构或人员的职责权限，定期或不定期地进行检查。单位监督检查机构或人员应通过实施符合性测试检查销售与收款业务内部控制制度是否健全，各项规定是否得到有效执行。在本案中，在陈某任站长期间，尽管公司也每年都对他的经营情况进行审计，但都是走形式，只是简单地核对账目，什么问题也没发现。

（3）没有将不相容的岗位分离。由出纳进行银行对账，为陈某提供了在编制银行存款余额调节表时擅自抵消13笔收支业务的机会。

（4）印鉴管理失控。财务印鉴与行政印鉴合并使用并由行政人员掌管，出纳在加盖印鉴时未能得到有力的监控。

（5）对账单由出纳从银行取得，提供了伪造对账单的可能。且在本案中，由于人手较少未能对此进行专项清查。

（6）业务人员缺乏应有的职业道德。单位应当配备合格的人员办理销售与收款、出纳、对账等业务。业务人员应该定期考核、培训并应实行轮岗制度，应培养良好的业务素质和职业道德。

附录三

各章练习题与案例分析题参考答案

第一章 总 论

五、练习题

（一）单项选择题

1.B 2.B 3.B 4.C 5.C 6.D 7.A 8.A 9.C 10.C 11.B 12.B 13.D 14.D 15.B 16.D

（二）多项选择题

1.ABCE 2.ABCDE 3.BCD 4.ABDE 5.ACDE 6.ABCDE 7.ABCDE 8.ABDE 9.ABCD 10.AE

（三）判断题

1.× 2.√ 3.× 4.× 5.× 6.× 7.√ 8.√ 9.× 10.× 11.√ 12.√ 13.× 14.√ 15.√

（四）简答题

1.答：内部控制理论与实践的发展大体上经历了内部牵制、内部控制系统、内部控制结构、内部控制整合框架四个不同的阶段，并已初步呈现向企业风险管理整合框架交融发展的趋势。

（1）内部控制是从内部牵制的基础上发展起来的，内部牵制是指："以提供有效的组织和经营，并防止错误和其他非法业务发生为目的的业务流程设计。其主要特点是以任何个人或部门不能单独控制任何一项或一部分业务权力的方式进行组织上的责任分工，每项业务通过正常发挥其他个人或部门的功能进行交叉检查或交叉控制。"由此可见，内部牵制的基本思路是分工和牵制。这一阶段的不足之处在于人们还没有意识到内部控制的整体性，强调内部牵制机能的简单运用，不够系统和完善。

（2）内部控制的第二阶段为内部控制系统阶段，从时间上看大致为20世纪40年代至80年代。该阶段将内部控制一分为二。由此内部控制正式被纳入制度体系之中，同时管理控制成为内部控制的一个重要组成部分。

（3）20世纪80年代进入到内部控制结构阶段。内部控制结构由下列三个要素组成：控制环境、会计系统和控制程序。内部控制结构阶段对于内部控制发展的贡献主要体现在两个方面：其一，首次将控制环境纳入内部控制的范畴；其二，不再区分会计控制和管理控制，而统一以要素来表述。

（4）1992年9月，COSO发布了著名的《内部控制——整合框架》。该报告是内部控制发展历程中的一座重要里程碑，它对内部控制的发展所做出的最重要的贡献在于它对内部控制下了一个迄今为止最权威的定义，同时还提出了内部控制的三个目标：经营目标、报告目标和合规目标，以及构成的五个要素：控制环境、风险评估、控制活动、信息与沟通和监控。

（5）2004年9月，COSO发布了《企业风险管理——整合框架》。这一阶段的显著变化是将内部控制上升至全面风险管理的高度来认识。基于这一认识，COSO提出了战略目标、经营目标、报告目标和合规目标四类目标，并指出风险管理包括八个相互关联的构成要素：内部环境、目标设定、事项识别、风险评估、风险应对、控制活动、信息与沟通和监控。

（6）2013年5月，COSO发布了修订后的《内部控制——整合框架》，与1992年的框架相比，新框架发生重大变化的主要方面包括：关注的商业和经营环境发生了变化；扩充了经营和报告目标；将支撑五个要素的基本概念提炼成原则；针对经营、合规和新增加的非财务报告目标提供了补充的方法和实例。

2.答：（1）从目标上看，ERM框架不仅涵盖了内部控制框架中的经营、财务报告和合规三个目标，而且还新提出了一个更具管理意义和管理层次的战略管理目标，同时还扩大了报告的范畴。ERM框架指出，企业风险管理应贯穿于战略目标的制定、分解和执行过程，从而为战略目标的实现提供合理保证。

（2）从内容上看，ERM框架除了包括内部控制整合框架中的五个要素外，还增加了目标制定、事项识别和风险应对三个管理要素。目标制定、事项识别、风险评估与风险应对四个要素环环相扣，共同构成了风险管理的完整过程。此外，对原有要素也进行了深化和拓展，如引入了风险偏好和风险文化，将原有的"控制环境"改为"内部环境"。

（3）从概念上看，ERM框架提出了两个新概念——风险偏好和风险容忍度。风险偏好是指企业在实现其目标的过程中愿意接受的风险的数量。风险容忍度是指在企业目标实现过程中对差异的可接受程度，是企业在风险偏好的基础上设定的在目标实现过程中对差异的可接受程度和可容忍限度。

（4）从观念上看，ERM框架提出了一个新的观念——风险组合观。企业风险管理要求企业管理层以风险组合的观念看待风险，对相关的风险进行识别并采取措施使企业所承担的风险在风险偏好的范围内。

3.答：《企业内部控制基本规范》是内部控制体系的最高层次，起统驭作用。它描述了建立与实施内部控制体系必须建立的框架结构，规定了内部控制的定义、目标、原则、要素等基本要求，是制定应用指引、评价指引、审计指引和企业内部控制制度的基本依据。

基本规范主要明确了内部控制的目标、原则和要素。内部控制目标规定了五个方面，即合理保证企业经营管理合法合规、资产安全、财务报告及相关信息真实完整，提高经营效率和效果，促进企业实现发展战略。基本规范同时规定了企业建立与实施内部控制的五项原则：一是全面性原则；二是重要性原则；三是制衡性原则；四是适应性原则；五是成本效益原则。基本规范还规定了内部控制的五要素，即内部环境、风险评估、控制活动、信息与沟通和内部监督。

4.答：我国企业内部控制规范的框架体系是由《企业内部控制基本规范》《企业内部控制应用指引》《企业内部控制评价指引》和《企业内部控制审计指引》组成的。基本规范是内部控制体系的最高层次，起统驭作用；应用指引是对企业按照内部控制原则和内部控制五要素建立、健全本企业内部控制所提供的指引，在配套指引乃至整个内部控制规范体系中占主体地位；企业内部控制评价指引是为企业管理层对本企业内部控制有效性进行自我评价提供的指引；《企业内部控制审计指引》是注册会计师和会计师事务所执行内部控制审计业务的执业准则。三者之间既相互独立，又相互联系，形成一个有机整体。

5.略。

6.略。

7.略。

六、案例分析题

分析提示：

（1）内部控制是由企业董事会、管理层和其他员工实施的，旨在为经营的效率和有效性、财务报告的可靠性、遵循适用的法律法规等目标的实现提供合理保证的过程。可见，一个健全的内部控制体系是由多方实施、为了多方利益的一个过程。双汇"瘦肉精"事件的发生很大程度上正是由于企业内部控制缺失，存在重大盲点或漏洞，才造成了目前这种境况。形同虚设的检测程序只会成为不法分子的通道，因此一个企业要想做大做强，一个健全的内部控制系统不可缺少，不能因为短期利益而牺牲企业长久的发展。只有这样才能避免类似案件的再次发生，真正为企业、为更多利益相关者带来真实的益处。

（2）实施内部控制有助于提升企业管理水平。企业内部控制的完善程度反映了企业管理水平的高低，而内部控制体系的建设也是提升管理水平的有效手段。双汇公司拥有18道安检程序，却没有对瘦肉精的检验，让其内部控制程序形同虚设。这说明从企业管理层内部就有漏洞和弊端，管理水平需要提高。严格管理企业，实现管理创新，促进传统的管理模式向现代企业管理过渡，加强内部控制是企业实现管理现代化的科学方法，建立和健全内部控制是企业发展的必然要求。

（3）实施内部控制有助于提高企业的风险防御能力。内部控制的核心是控制影响目标实现的风险，防范企业经营活动偏离企业目标的一切可能性。正是在安检这个最重要的风险防范点上出现了问题，才造成双汇公司成为了众矢之的。如果一个企业拥有健全的防范风险的内部控制系统，任何的差错都会得到很好的监控，更不会造成如此大的影响和损失。

（4）实施内部控制有助于维护社会公众的利益。在整个"瘦肉精"事件中，最大的受害者还是社会公众。曾经生活常用的食品成了有毒食品，不知多少人曾为此买过单，成为了无辜的受害者。更重要的是，这又一次给社会公众带来了恐慌，无法信任身边的产品。此外，对于双汇公司的投资者来说，资本市场更是给他们带来了巨大的损失，而这一切正是内部控制缺失带来的。由此可见，社会公众的利益和内部控制息息相关。

第二章　内部控制的基本理论

五、练习题

（一）单项选择题

1.D　2.C　3.A　4.B　5.C　6.D　7.B　8.C　9.D　10.C　11.A　12.C　13.B　14.D　15.A　16.A　17.B　18.D　19.D　20.C

（二）多项选择题

1.ABC　2.ACD　3.ABCDE　4.ABCDE　5.BC　6.ABDE　7.ABE　8.ABCDE　9.ACDE　10.ACD　11.AC　12.ABCDE　13.BCDE　14.ABC　15.BCD

（三）判断题

1.×　2.×　3.√　4.×　5.√　6.×　7.×　8.×　9.√　10.√　11.√　12.√　13.√　14.√　15.×

（四）简答题

1.答：内部控制是由企业董事会、监事会、经理层和全体员工实施的，旨在实现控制目标的过程。对于这一定义，可从三方面进行理解：一是内部控制是一种全员控制，即内部控制强调全员参与，人人有责。企业的各级管理层和全体员工都应当树立现代管理理念，强化风险意识，以主人翁的姿态积极参与内部控制的建立与实施，并主动承担相应的责任，而不是被动地遵守内部控制的相关规定。二是内部控制是一种全面控制，这是指内部控制的覆盖范围要足够广泛，涵盖企业所有的业务和事项，包含每个层级和环节，而且还要体现多重控制目标的要求。三是内部控制是一种全程控制，即内部控制是一个完整的内部控制体系。

2.答：内部控制的目标包括：

（1）合规目标。合规目标是指内部控制要合理保证企业在国家法律和法规允许的范围内开展经营活动，严禁违法经营。

（2）资产安全目标。资产安全目标主要是为了防止资产流失。保护资产的安全与完整是企业开展经营活动的物质前提。

（3）报告目标。报告目标是指内部控制要合理保证企业提供了真实可靠的财务信息及其他信息。

（4）经营目标。提高经营的效率和效果是内部控制要达到的最直接也是最根本的目标。

（5）战略目标。促进企业实现发展战略是内部控制的最高目标，也是终极目标。

内部控制的五个目标不是彼此孤立的，而是相互联系的，共同构成了一个完整的内部控制目标体系。其中，战略目标是最高目标，是与企业使命相联系的终极目标；经营目标是战略目标的细化、分解与落实，是战略目标的短期化与具体化，是内部控制的核心目标；资产安全目标是实现经营目标的物质前提；报告目标是经营目标的成果体现与反映；合规目标是实现经营目标的有效保证。

3.答：良好的内部控制可以从以下四个方面来提高企业的经营效率和效果：

（1）组织精简，权责划分明确，各部门之间、工作环节之间要密切配合，协调一致，充分发挥资源潜力，充分有效地使用资源，提高经营绩效。

（2）优化与整合内部控制业务流程，避免出现控制点的交叉和冗余，也要防止出现内控盲点，要设计最优的内控流程并严格执行，最大限度地提高执行效率。

（3）建立良好的信息和沟通体系，可以使会计信息以及其他方面的重要经济管理信息快速地在企业内部各个管理层次和业务系统之间有效流动，提高管理层的经济决策和反应的效率。

（4）建立有效的内部考核机制，对绩效的优劣进行科学的考核，可以实行企业对部门考核、部门对员工考核的多级考核机制，并将考核结果落实到奖惩机制中，对部门和员工起到激励和促进的作用，提高工作的效率和效果。

4.答：企业建立与实施内部控制应把握的原则包括：

（1）全面性原则。全面性原则即内部控制应当贯穿决策、执行和监督全过程，覆盖企业及其所属单位的各种业务和事项。

（2）重要性原则。内部控制的重要性原则即内部控制应当在兼顾全面的基础上突出重点，针对重要业务和事项、高风险领域和环节采取更为严格的控制措施，确保不存在重大缺陷。

（3）制衡性原则。内部控制的制衡性原则要求内部控制应当在治理结构、机构设置及权责分配、业务流程等方面形成相互制约、相互监督，同时兼顾运营效率。

（4）适应性原则。建立内部控制制度不可能一劳永逸，而应当与其经营规模、业务范围、竞争状况和风险水平等相适应，并随着情况的变化及时加以调整。

（5）成本效益原则。成本效益原则要求实施内部控制应当权衡成本与预期效益，以适当的成本实现有效控制。

全面性原则强调全程控制、全员控制和全面控制，重要性原则要求在全面性原则的基础上突出重点，在强调重点的同时也要考虑实施的成本，即成本效益原则。

5.答："三重一大"，是指"重大决策、重大事项、重要人事任免及大额资金使用"。"三重一大"事项应坚持集体决策原则。任何个人不得单独进行决策或者擅自改变集体决策意见。企业应当健全议事规则，明确"三重一大"事项的决策规则和程序，完善群众参与、专家咨询和集体决策相结合的决策机制。

6.答：内部控制的五个要素包括：

（1）内部环境。内部环境是企业实施内部控制的基础，一般包括治理结构、机构设置及权责分配、内部审计、人力资源政策、企业文化等。

（2）风险评估。风险评估是指企业及时识别、系统分析经营活动中与实现内部控制目标相关的风险，合理确定风险应对策略。它是实施内部控制的重要环节。

（3）控制活动。控制活动是指结合具体业务和事项，运用相应的控制政策和程序，或称控制手段去实施控制。

（4）信息与沟通。信息与沟通是企业及时、准确地收集、传递与内部控制相关的信息，确保信息在企业内部、企业与外部之间进行有效沟通。它是实施内部控制的重要条件。

（5）内部监督。内部监督是企业对内部控制建立与实施情况的监督检查，企业应评价内部控制的有效性，对发现的内部控制缺陷及时加以改进。

内部环境在最底层，这说明内部环境属于内部控制的基础，对其他要素产生影响。内部环境的好坏决定着内部控制其他要素能否有效运行。

内部监督在最顶层，这表示内部监督是针对内部控制其他要素的，是自上而下的单向检查，是对内部控制的质量进行评价的过程。

由于企业在实施战略的过程中会受到内外部环境的影响，因此企业需要通过一定的技术手段找出那些会影响战略目标实现的有利和不利因素，并对其存在的风险隐患进行定量和定性分析，从而确定相应的风险应对策略，这就是风险评估，它是采取控制活动的根据。

根据明确的风险应对策略，企业需要及时采取控制措施，有效控制风险，尽量避免风险的发生，尽量降低企业的损失，这就是控制活动要素。

信息与沟通在这五个要素中处于一个承上启下、沟通内外的关键地位。控制环境与其他因素之间的相互作用需要通过信息与沟通这一桥梁才能发挥作用。风险评估、控制活动和内部监督的实施需要以信息与沟通结果为依据，它们的结果也需要通过信息与沟通渠道来反映。缺少了信息传递与内外沟通，内部控制其他因素就可能无法保持紧密的联系，整合框架也就不再是一个有机的整体。

7.答：控制措施一般包括不相容职务分离控制、授权审批控制、会计系统控制、财产保护控制、预算控制、运营分析控制、绩效考评控制等。企业应通过采用手工控制与自动控制、防护性控制与发现性控制相结合的方法实施相应的控制措施。

8.答：内部控制存在的局限性包括：

（1）越权操作。内部控制制度的重要实施手段之一是授权批准控制，授权批准控制使处于不同组织层级的人员和部门拥有大小不等的业务处理和决定权限，但是当内部人控制的威力超过内部控制制度本身的力量时，越权操作就成为了可能。一旦发生越权操作，内部控制分工制衡的基本思想将不再发挥作用，内部控制制度也就形同虚设了。

（2）合谋串通。内部控制制度源于内部牵制的理念，因为相互有了制衡，在经办一项交易或事项时，两个或两个以上人员或部门无意识地犯同样错误的概率要大大小于一个人或部门。两个或两个以上人员或部门有意识地合伙舞弊的可能性大大低于一个人或部门。正是基于这样的思想，才有了不相容岗位分离制度、轮岗制度和强制休假制度等。而串通的结果则完全破坏了内部牵制的设想，削弱了制度的约束力，使内部控制制度无效。

（3）成本限制。根据成本效益原则，内部控制的设计和运行是要花费代价的，企业应当充分权衡实施内部控制带来的潜在收益与成本，运用科学、合理的方法，有目的、有重点地选择控制点，实现有效控制。

9.答：越权操作的危害极大，不仅打乱了正常的工作秩序和工作流程，而且还会为徇私舞弊、违法违规创造一定的条件。如果越权操作行为发生在基层，往往会引发资产流失、挪用公款等案件；如果发生在高层，则往往形成"内部人控制"，筹资权、投资权、人事权等重大事项的决策权都掌握在公司的经营者手中，股东很难对其行为进行有效的监督。由于权力过分集中，经理人发生逆向选择和道德风险的可能性就较高，这就导致了国有资产流失问题严重、会计信息严重失真、短视行为泛滥等问题，不利于企业的长远发展。

六、案例分析题

1.分析提示：

（1）内部控制是由企业董事会、监事会、经理层和全体员工实施的，旨在实现控制目标的过程。内部控制定义可以从三方面来理解：内部控制是一种全员控制；内部控制是一种全面控制；内部控制是一种全程控制。该案例中公司违背了内部控制是一种全员控制的要求，仅仅由公司的董事会来执行，形成了"内部人控制"。

（2）内部控制的局限性包括越权操作、合谋串通、成本限制。该案例中主要体现了其中的越权操作，结合案例说明。

2.分析提示：

（1）①资产安全目标。乐视网在贾跃亭的带领下快速扩张却不重视风险管理，在停牌后重新复牌时股价下跌，让股权质押比例高达

99.54%的贾跃亭彻底爆仓，陷入平仓危机。同时乐视网还存在着挪用资金的现象，均影响着乐视网资产安全目标的实现。

②经营目标。公司资金短缺影响了乐视网的战略竞争优势，使得公司难以在主营业务中获取足够资金，形成了一个资金短缺的恶性循环，影响公司的经营。

③战略目标。目标设定过于宏大导致公司盲目扩张。乐视网以形成一个完整的生态圈作为战略目标，导致公司产业不聚焦。视频作为乐视网的核心产业，却没有得到公司的大力支持，而且在核心技术及相关技术与管理人员缺乏的情况下，投入大量资金于经营周期长、投资规模大、复杂程度高的体育及汽车制造业上，造成财务危机。

（2）内部控制的目标即企业希望通过内部控制的设计和实施来达到企业某一方面的改善，主要表现为业绩的提高、财务报告信息质量的提高、违规行为发生率的降低等。内部控制的目标包括五点：

①合规目标。合规目标是指内部控制要合理保证企业在国家法律和法规允许的范围内开展经营活动，严禁违法经营。合法合规是企业生存和发展的客观前提，是内部控制的基础性目标，是实现其他内部控制目标的保证。

②资产安全目标。资产安全目标主要是为了防止资产流失。保护资产的安全与完整是企业开展经营活动的物质前提。为了保障内部控制实现资产安全目标，首先必须建立资产的记录、保管和盘点制度，确保记录、保管与盘点岗位的相互分离，并明确职责和权限范围。

③报告目标。报告目标是指内部控制要合理保证企业提供了真实可靠的财务信息及其他信息。财务报告反映了企业的过去和现状，并可预测企业的未来发展，是投资者进行投资决策、债权人进行信贷决策、管理者进行管理决策和宏观经济调控部门进行政策决策的重要依据。因此，财务报告目标是经营目标的成果反映。

④经营目标。提高经营的效率和效果是内部控制要达到的最直接也是最根本的目标。企业存在的根本目的在于获利，而企业能否获利往往直接取决于经营的效率和效果。

⑤战略目标。促进企业实现发展战略是内部控制的最高目标，也是终极目标。战略与企业目标相关联，是支持其实现的基础，是管理者为

实现企业价值最大化的根本目标而针对环境做出的一种反应和选择。如果说提高经营的效率和效果是从短期利益的角度定位内部控制目标，那么促进企业实现发展战略则是从长远利益出发定位内部控制目标。因此，战略目标是总括性的长远目标，而经营目标则是战略目标的短期化与具体化，内部控制要促进企业实现发展战略，必须立足于经营目标，致力于经营效率和效果的提高。只有这样，才能提高企业核心竞争力，促进实现发展战略。

内部控制的五个目标不是彼此孤立的，而是相互联系、共同构成了一个完整的内部控制目标体系。其中，战略目标是最高目标，是与企业使命相联系的终极目标；经营目标是战略目标的细化、分解与落实，是战略目标的短期化与具体化，是内部控制的核心目标；资产安全目标是实现经营目标的物质前提；报告目标是经营目标的成果体现与反映；合规目标是实现经营目标的有效保证。

（3）①制定科学目标。公司应当基于对企业外部宏观市场环境的分析并结合企业自身发展的实际情况进行全面、综合分析来制定切实可行的战略发展目标，防止目标设定过于宏大而影响企业的持续发展。

②结合企业发展模式，重视风险点分析。公司应当设独立的风险管理机构，将风险管理工作融入各个部门的日常活动中去。实际执行过程中，明确各部门的风险管理责任，进行充分的风险管理工作。

③加强内部监督。公司应当形成书面报告及时揭示内部控制的重要缺陷，并建立纠正、改进机制。

3.分析提示：

（1）内部控制的原则包括全面性原则、重要性原则、制衡性原则、适应性原则、成本效益原则。解释见本章第三节内部控制的原则。

（2）该案例中体现了内部控制的全面性原则和重要性原则，结合案例说明即可。

4.分析提示：

（1）内部控制的要素包括内部环境、风险评估、控制活动、信息与沟通和内部监督。解释见本章第四节内部控制的要素。

（2）该案例中体现了内部控制的信息与沟通要素。信息与沟通在这五个要素中处于一个承上启下、沟通内外的关键地位。控制环境与其他组成因素之间的相互作用需要通过信息与沟通这一桥梁才能发挥作用。风险评估、控制活动和内部监督的实施需要以信息与沟通结果为依据，它们的结果也需要通过信息与沟通渠道来反映。缺少了信息传递与内外沟通，内部控制其他因素就可能无法保持紧密的联系，整合框架也就不再是一个有机的整体。

5.分析提示：

（1）内部控制的局限性可以概括为越权操作、合谋串通、成本限制。

（2）该案例中体现了内部控制合谋串通的局限性，结合案例说明即可。

第三章　内部环境

五、练习题

（一）单项选择题

1.B　2.A　3.D　4.A　5.A　6.B　7.B　8.A　9.C　10.A　11.C　12.B

（二）多项选择题

1.ABCD　2.ABCDE　3.ABCD　4.ABD　5.ABCD　6.ABC　7.ABCD　8.ABC　9.ABCDE　10.ABC　11.ABC　12.ABCD　13.BCD　14.ACD　15.ABCD　16.AB　17.ABCDE　18.BCD　19.ABCD　20.ABCD　21.ABCDE　22.ABC　23.ABD

（三）判断题

1.×　2.√　3.×　4.√　5.×　6.×　7.√　8.×　9.√　10.×　11.√　12.×　13.×　14.√　15.×　16.√　17.√　18.√　19.×　20.×

（四）简答题

1.答：根据《企业内部控制基本规范》规定，内部环境是企业实施内部控制的基础，一般包括治理结构、机构设置及权责分配、内部审计、人力资源政策、企业文化等。

2.答：现代企业的组织结构一般包括四种基本形式，即U形结构、M形结构、H形结构和矩阵型结构。

U形结构是一种中央集权式的组织结构。它同时设置纵向的领导指挥机构和横向的参谋咨询机构。其优点是领导集中、职责清楚、秩序井然、工作效率较高，整个组织有较高的稳定性。而它的缺点是上下级部门的主动性和积极性的发挥受到限制，部门间条块分割，互通情报少，不能集思广益地作出决策。

M形结构是一种分权与集权相结合的组织结构。企业按产品、客户、地区等来设立事业部，每一个事业部都是一个有相当自主权的利润中心，独立地进行日常经营决策，各事业部都相当于一个U形企业。

控股型组织结构（简称"H形结构"），是指在公司总部下设立若干个子公司，公司总部作为母公司对子公司进行控股，承担有限责任。母公司对子公司既可以通过控股性股权进行直接管理，又可以通过子公司董事会来进行控制。

矩阵型组织结构是按职能划分部门和按任务特点（产品和项目）划分小组相结合所产生的矩阵型组织结构形式。当环境一方面要求专业技术知识，另一方面又要求每个产品线能快速作出变化时，就可以应用矩阵式结构。如前所述，职能式结构强调纵向的信息沟通，而事业部式结构强调横向的信息流动，矩阵式结构就是将这两种信息流动在企业内部同时实现。

3.答：人力资源管理一般包括引进、开发、使用和退出四个方面。企业在人力资源管理的过程中至少应当关注下列风险：（1）人力资源缺乏或过剩、结构不合理、开发机制不健全，可能导致企业发展战略难以实现。（2）人力资源激励约束制度不合理、关键岗位人员管理不完善，可能导致人才流失、经营效率低下或关键技术、商业秘密和国家机密泄露。（3）人力资源退出机制不当，可能导致法律诉讼或企业声誉受损。

4.答：（1）企业是在价值创造过程中履行社会责任。通过价值创造，不断通过税收、红利、工资和产品等形式为国家、股东、员工以及消费者提供财富，其本质就是在履行社会责任。

（2）履行社会责任可以提高企业经济效益。企业承担社会责任，不会必然导致企业竞争力的削弱，反而会有助于改善企业形象、吸引更多的客户，同时增加企业的经济效益。可见，企业将履行社会责任融入产品之中会为企业带来额外的收益。

（3）履行社会责任可以实现企业可持续发展。社会责任的履行可以帮助企业规避监管等风险，赢得品牌和声誉，赢得公信力和商机，得到社会尊敬的企业才能进入良性发展的轨道，实现企业价值最大化目标，这也是实现可持续长远发展的根本所在。

5.答：这种说法不正确。

因为完善的内部环境是企业内部控制有效性的保障，有效的内部控制又将推进内部环境的不断完善。企业建立内部控制并不是因为企业内部环境不佳，二者不存在因果关系。

（1）内部环境是内部控制的基础。内部环境是内部控制各要素中的一个非常关键的要素，它直接影响着内部控制的价值观念、风险偏好、组织形式和管理风格，也是企业内部控制其他要素发挥作用的基础，决定了其他控制要素能否发挥作用，对企业内部控制系统的实施以及职能的发挥产生重大、持久的影响。

（2）内部环境与内部控制相互联系又相互依存。作为环境和制度，二者相互区别，但在内容上相互联系。同时，二者也相互影响。内部环境功能作用的有效发挥，需要以健全完善的内部控制有效运行来推动，唯有健全的制度才能弥补"道德约束"的不确定性。

（3）内部环境与内部控制相互制衡。内部牵制既是内部控制的一个基本的原则，也是内部控制的一个基本内容。事实上，早期的内部控制概念发端于内部牵制。

（4）内部控制与内部环境的互动关系。企业内部环境与内部控制之间，是一种互动关系，而非单向的传递或影响的主从关系，或简单的决定与被决定、适应与不适应、选择与被选择的关系。

6.答：第二种观点正确。

（1）企业是在价值创造过程中履行社会责任。通过价值创造，不断通过税收、红利、工资和产品等形式为国家、股东、员工以及消费者提供财富，其本质就是在履行社会责任。

（2）履行社会责任可以提高企业经济效益。企业承担社会责任，不必然导致企业竞争力的削弱，反而会有助于改善企业形象、吸引更多的客户，同时增加企业的经济效益。可见，企业将履行社会责任融入产品之中会为企业带来额外的收益。

（3）履行社会责任可以实现企业可持续发展。社会责任的履行可以帮助企业规避监管等风险，赢得品牌和声誉，赢得公信力和商机，得到社会尊敬的企业才能进入良性发展的轨道，实现企业价值最大化目标，这也是实现可持续长远发展的根本所在。

7.答：影响诚信和道德价值观的因素有：（1）不切实际的业绩目标，特别是短期业绩的压力；（2）将奖金分配与业绩挂钩；（3）内控制度不存在或无效；（4）组织高度分散，缺少必要的监管；（5）内部审计职能薄弱；（6）管理层对不正确行为的惩罚力度不够或不公开。

六、案例分析题

1.分析提示：

（1）在今天的新经济环境下，和谐的团队文化对团队的成功、成就高效团队具有举足轻重的意义。

"要办大事，就得有很多人；人多了，就要有组织；要维系这个组织，就要有信仰。"这是唐浩明的小说《曾国藩》中描述杨秀清内心的一段话，很耐人寻味。

"如果你想让列车时速再快10公里，只需要加一加马力；若想使车速增加一倍，你就必须要更换铁轨了。资产重组可以提高公司一时的生产力，但若没有文化上的改变，就无法维持高生产力的发展。"这是杰克·韦尔奇的名言。

团队文化是在对团队的发展战略认同的前提下，形成一种积极、易沟通、学习的精神状态。团队文化是团队体制的一个非常重要的组成部分，如果把治理结构、管理制度看作团队体制中的"硬件"，那么团队文化就是"软件"，它会增强团队凝聚力、向心力和持久力，并最大限度地激发团队成员的积极性和创造性，从而确保团队工作取得巨大成效，最终促进团队成长和发展。因此，要想成为高效团队，就必须要有自身的团队文化。

"三流企业卖产品，二流企业卖品牌，一流企业卖文化。"如今社会已经进入文化制胜的时代，用团队文化打造和提升团队核心竞争力已成为团队的最佳选择。

（2）意义一：团队文化维系团队的向心力。相同的文化理念，共同的价值、信念及利益追求，对团队中的每一位成员都具有一种无形的巨大感召力，把团队全体成员凝聚在一起，增强团队的凝聚力。和谐的团队文化作为共同价值观念和共同利益的表现，决定了团队行为的方向及团队的行动目标。在和谐的团队文化的引导下，团队建立起反映团队文化精神实质的、合理的、有效的规章制度，进而引导着团队及其创业成员朝着既定的发展目标前进。

意义二：团队文化维系团队的沟通力。和谐的文化营造良好的沟通，和谐的文化打造卓越的团队。如果仅仅只是单个团队成员之间的技巧和经验，而忽略、忽视了沟通，那么团队终会成为一盘散沙，重蹈"三个和尚没水吃"的覆辙。只有时时刻刻重视建设和谐的团队文化，才能改善沟通渠道，为团队成员之间的沟通创造良好的环境；才能适时发挥团队的协作能力，产生"1+1>2"的效果；才能使团队在激烈的市场竞争中处变不惊，决胜市场。

意义三：团队文化维系团队的执行力。每一种管理制度都反映了团队文化的实质，和谐的团队文化反映在管理制度上，是管理制度的升华，它通过把外在的制度约束内化为自觉的行为，促进团队成员自觉执行任务。而执行的落实与否，则是团队文化的展现。因此，和谐的团队文化中的奖惩杠杆、行之有效的制度是打造团队执行力的两大法宝。

2.政策建议：

（1）将企业社会责任纳入内部控制的范围。在内部控制制度的指引下，保障企业社会责任的履行。针对不同层级的职员制定相关的考核指标，同时，专设部门执行考核程序，真正落实企业的社会责任。例如，对于企业生产过程中存在的污染问题，可设立环境保护部门进行有针对性的监管。企业可根据自身的规模、产品特征等需求设立社会责任管理部门。

（2）加大企业社会责任履行状况的披露力度。深圳证券交易所发布的《上市公司社会责任指引》是现阶段我国关于社会责任披露的规范性文件。该文件从股东和债权人权益保护、职工权益保护、供应商客户和消费者权益保护、环境保护与可持续发展、公共关系和社会公益事业、制度建设与信息披露六个方面作出相关指示。但现实中，企业对公众披露的社会责任承担的信息仍十分有限，尤其是一些中小型企业。建议监管机构加大对企业社会责任披露的要求，让公众更清楚地了解企业为社会做了什么。大家共同监督，减少企业的违法现象。

（3）进一步完善相关的内部控制指引条例，细化内部控制中对于社会责任控制的规定和制度指引。相关监管机构应定期检查企业对社会责任风险的控制情况，委派外部人员就职于企业，对涉及社会责任的内部控制制度和执行情况进行全面审查。对存在"一股独大"现象的企业更要加强审查力度和频率，通过外部手段约束企业的行为，避免企业管理层凌驾于内部控制之上、危害利益相关者行为等现象的发生。

第四章　风险评估

五、练习题

（一）单项选择题

1.A　2.C　3.D　4.C　5.D　6.B　7.C　8.A　9.B　10.A　11.B　12.C　13.D　14.B　15.A　16.A　17.A　18.C　19.B　20.B

（二）多项选择题

1.ABDE　2.ABCE　3.ACDE　4.ABCD　5.CD　6.ABCDE　7.BCD　8.ADE　9.ABDE　10.ABC　11.CD　12.AB　13.AE　14.BCD　15.ABCD

（三）判断题

1.√　2.×　3.√　4.√　5.√　6.√　7.×　8.√　9.√　10.√　11.×　12.×　13.×　14.√　15.√

（四）简答题

1.答：风险识别包括两方面的内容：（1）感知风险。通过调查和了解，识别风险的存在。按风险的来源，企业风险可以划分为内部风险和外部风险；按风险的层级，企业风险可以划分为组织层面的风险与交易层面的风险。（2）分析引起风险的内外部因素。通过归类分析，掌握引起风险的原因和条件，以及风险具有的性质。这两者是相辅相成、互相联系的。

2.答：风险识别的方法主要有财务报表分析法、流程图分析法、事件树分析法、现场调查法、保单对照法等。

（1）财务报表分析法

优点：能综合反映一个风险管理单位的财务状况，将其所存在的许多问题都能通过财务报表真实、可靠地反映出来。

缺点：①该方法专业性较强，缺乏财务相关的专业知识就无法识别；②它不能反映以非货币形式存在的问题，如人员素质、体制改革和其他经济因素的变化等，运用该方法需要辅以其他识别方法。

（2）流程图分析法

优点：促使工作人员熟悉主体运作中技术层面的问题，将复杂的生产过程或业务流程简单化，从而增加发现公司中一些特殊问题的可能性。

缺点：流程图的绘制要消耗大量的时间，也不能进行定量分析以判断风险发生可能性的大小，其应用仍然具有局限性。

（3）事件树分析法

优点：①运用事件树分析法可以找出防止事故发生的途径，即在分析所有可能的结果时，那些不会导致事故发生的结果就是防止事故发生的各种可能的途径；②运用该方法可以灵活选择解决措施，即根据各环节事件发生的概率以及影响的后果，可以做出灵活的判断；③运用该方法能够找出消除事故的根本措施，即从事件树的分析中可以看出事故发生的起始原因，由此可以从根本上避免事故的发生。

缺点：①事件树的绘制需要专门的技术，只有风险事件造成的损失较大或存在较大的隐患、难以通过其他方法识别风险时才采用事件树分析法对系统进行整体的分析；②采用事件树分析法识别风险的管理成本比较高，因为其需要花费大量的时间，搜集大量的资料；③相关概率的估计主要依靠操作者的经验，主观性大，易受人为操纵，进而直接影响结果的可靠性。

（4）现场调查法

优点：①易获得风险主体从事活动的第一手资料；②了解风险主体的资信状况，避免道德风险的发生；③防止风险事故的发生，由于风险人员对所关注的问题具备一定的感性认识并能关注并不明显的细节，所以更易发现主体的风险事项，将可能发生的风险事项消灭在萌芽状态。

缺点：①耗费时间较长，即要了解主体面临的风险，需要进行大量的现场调查工作，这会耗费大量的时间；②现场调查的管理成本较高，即现场调查需要组织人员亲临现场，必要时需要聘请具有风险管理经验的调查人员或有关专家参加，加大了风险主体的管理成本；③风险管理人员的风险识别能力和水平决定调查的结果，即在现场调查的过程中，受识别、发现风险的能力和水平所限，风险管理人员可能注意不到某些安全隐患，这在一定程度上会影响调查的结果。

（5）保单对照法

优点：该方法从保险的角度，由保险专家设计，突出了对风险管理主体可保风险的调查。

缺点：①该方法对不可保风险事项的识别具有相当的局限性；②该方法的使用需要风险管理人员具有丰富的保险专业知识，并对保单性质和条款有较深的了解。

3.答：风险分析的主要内容是分析风险发生的可能性和影响程度。可能性表示一个给定事项将会发生的概率，影响程度则代表它的后果。

（1）风险发生的可能性分析

可能性分析是假定企业不采取任何措施去影响经营管理过程，将会发生风险的概率。可能性分析通常是通过对实际情况的收集和利用专业判断来完成的，科学的方法是使用数理统计原理，以数值为依据，根据现象特征，采用二项分布、泊松分布等数学模型进行科学的测算。风险可能性分析的结果一般有"很少"、"不太可能"、"可能"、"很可能"和"几乎确定"五种情况。

（2）风险产生的影响程度分析

影响程度分析主要是指对目标实现的负面影响程度分析。风险影响程度的大小是针对既定目标而言的，因此对于不同的目标，企业应采取不同的衡量标准。按照影响的结果（通常是量化的数值），一般将风险划分为"不重要"、"次要"、"中等"、"主要"和"灾难性"五级。

4.答：定性分析法与定量分析法在实际应用中并非相互排斥，而是相互补充，相辅相成。

理论上讲，通过定量分析可以对风险进行精确的分析，且定量分析的结果很直观，容易理解，但定量分析法的应用是以可靠的数据指标为前提的。事实上，在信息系统日益复杂多变的今天，定量分析所依据的数据的可靠性是很难保证的，再加上数据统计缺乏长期性，获得更多的数据需要更高的成本，这都给分析的细化带来了很大的困难。此外，定量分析法虽然较精确，但许多非计量因素无法考虑。例如，国家的方针政策以及政治经济形势的变动，消费者心理以及习惯的改变，投资者的意向以及职工情绪的变动等，这些因素都是定量分析无法量化的。

与定量分析相比较，定性分析的准确性稍好，但精确性不够。定性分析虽然可以将一些非计量因素考虑进去，但估计的准确性在很大程度上受分析人员的经验和能力的影响，这不可避免使风险分析结果因人而异，带有一定的主观随意性，且定性分析的结果也很难有统一的解释。

5.答：选择风险应对策略时应考虑的因素主要有：

（1）风险承受能力。企业抵抗风险的能力决定了企业能够承受多大的风险，也决定了企业应对策略的选择。企业抵抗风险的能力取决于多种因素，包括管理者的风险偏好、企业的资源和财力水平、企业的风险态度等。

（2）成本与效益。实际上每一种风险应对策略在设计和实施过程中都会产生一些直接或间接的成本，这些成本要与其创造的效益相权衡。只有风险应对策略的成本小于其带来的收益时，这种风险应对策略才是可行的。

（3）风险的特性。制定风险应对策略，必须以风险的特性为依据，对不同特性的风险制定相应的应对措施。例如，对于风险较大（超出企业的风险承受度）的业务，企业一般采用风险规避策略；对于自然灾害等不可抗力风险，企业一般采用风险转移策略。

（4）可供选择的措施。对于某一特定风险，如果可以采取多种应对策略，那么风险应对措施的制定就需要在多种策略中进行比较，选择最有效的风险应对措施。

六、案例分析题

分析提示：

奥马电器面临的风险按其来源，可分为内部风险与外部风险。

1.奥马电器面临的内部风险主要是战略风险、营运风险和财务风险。

战略风险：在2015年赵国栋上任后，采取与原有家电业务无关的多元化战略，大肆进军金融行业，收购多家互金企业并入股多家银行，可是，当时的奥马电器只是初具规模的小型家电公司，在原有家电业务发展还未成熟的情况下，消耗巨额资金投资金融领域，扩张速度太过激进，分散公司原有主业的经济资源，没有与公司的真实发展状况相配比。

营运风险：在公司即将面临经营危机时，公司高管没有起到良好的带头作用，没有重新制定经营战略，组织公司上下携手共渡难关，而是频频离职，抛售公司股票，这对中小投资者及公司全体员工极其不负责任，缺乏诚信与道德操守；此外，公司对应收账款管理不当，没有制定完善的应收账款催收策略，出现部分网络借贷项目到期尚未兑付的情况。

财务风险：在互金企业整治过程中，因部分贷款人的资金到期未归还，公司计提大量资产减值损失，并且没有足够现金流偿还平台投资人与债权人的款项，导致公司20多个银行账户和所持的多家子公司股权被冻结，资金周转困境进一步加剧，对日常业务经营造成严重影响。

2.奥马电器面临的外部风险主要是市场风险与法律风险。

市场风险：在2018年，国家加大对互联网金融行业的整治工作，对非法的小型P2P网贷平台和金融机构进行清理，严格控制互联网金融融资风险，这对于互金行业来说是一场大洗礼，许多与奥马电器金融服务有关的合作方都因此次整改被列入出清范围而无法到期兑付相关款项，这使奥马电器的投资人也十分恐慌，导致奥马电器短期内现金流不足与金融服务有关收入下降。

法律风险：由于公司到期无法偿付大量借款，致使多家银行和湖南省资产管理有限公司对其旗下网贷公司提起法律诉讼。

第五章 控制活动

五、练习题

（一）单项选择题

1.D 2.A 3.D 4.D 5.A 6.B 7.C 8.B 9.A 10.C 11.A
12.C 13.D 14.C 15.A 16.D 17.B 18.A 19.D 20.C 21.D 22.C

（二）多项选择题

1.ABCDE 2.ABCDE 3.ADE 4.BDE 5.BE 6.ABCE 7.ACDE
8.ABCDE 9.ACDE 10.CE 11.ABC 12.ABCDE 13.ABDE 14.ABCDE
15.ABD 16.BDE 17.AC 18.AC 19.ACD 20.ABCDE

（三）判断题

1.× 2.× 3.× 4.√ 5.× 6.√ 7.× 8.× 9.√ 10.√ 11.×

12.× 13.√ 14.× 15.√ 16.×

（四）简答题

1.答：内部控制的主要控制活动有不相容职务分离控制、授权审批控制、会计系统控制、财产保护控制、预算控制、运营分析控制、绩效考评控制和合同控制。

这八项控制活动既有区别又有联系。

区别：八项控制活动有各自的特点，对风险控制的角度和侧重点有所不同。

联系：①有共同目标，即作为控制措施，它们的目标都是将风险控制在可承受范围之内。②相辅相成，缺一不可。首先，不相容职务分离控制和授权审批控制贯穿于其他六项控制活动，是其他六项控制活动有效实施的基础，而其他六项控制活动实施过程中又存在交叉协作，相互联系，相辅相成。其次，八项控制活动贯穿于企业所有层级和职能部门，且相互之间又存在相辅相成的关系，任何一项控制活动实施不到位都会造成企业风险控制的失败，因此这八项控制活动缺一不可。

2.答：不相容职务分离控制是指企业全面系统地分析、梳理业务流程中所涉及的不相容职务，实施相应的分离措施，形成各司其职、各负其责、相互制约的工作机制。

一般情况下需要分离的不相容职务分为以下几种：可行性研究与决策审批、业务执行与决策审批、业务执行与审核监督、会计记录与业务执行、业务执行与财产保管、财产保管与会计记录。

3.答：授权审批控制是指企业按照授权审批的相关规定，明确各岗位办理业务和事项的权限范围、审批程序和相应责任。

授权控制的基本种类包括常规授权和特别授权。

审批控制的基本形式包括口头授权和书面授权。

4.答：会计凭证控制，是指在填制或取得会计凭证时实施的相应控制措施，包括原始凭证与记账凭证的控制。

会计凭证控制的内容主要包括：严格审查；设计科学的凭证格式；连续编号；规定合理的凭证传递程序；明确凭证装订与保管手续。

5.答：财务报告控制，是指在编报财务报告时实施的相应控制措施。其具体内容包括按照规定的方法与时间编制及报送财务报告；编制的财务报告必须由单位负责人、总会计师以及会计主管人员审阅、签名并盖章；对报送给各有关部门的财务报告要装订成册，加盖公章。

6.会计账簿控制，是指在设置、启用及登记会计账簿时实施的相应控制措施。其具体内容包括按照规定设置会计账簿；启用会计账簿时要填写"启用表"；会计凭证必须经过审核无误后才能够登记入账；对会计账簿中的账页连续编号；会计账簿应当按照规定的方法和程序登记并进行错误更正；按照规定的方法与时间结账。

7.答：预算控制是指企业通过实施全面预算管理制度，明确各责任单位在预算管理中的职责权限，规范预算的编制、审定、下达和执行程序，强化预算约束。

全面预算的作用主要表现在以下四个方面：

（1）企业实施内部控制、防范风险的重要手段与措施。

（2）企业实现发展战略和年度经营目标的有效方法和工具。

（3）有利于企业优化资源配置、提高经济效益。

（4）有利于实现制约和激励。

8.答：全面预算流程主要包括预算编制、预算执行和预算考核三个阶段。

（1）预算编制阶段。预算编制是企业预算总目标的具体落实以及将其分解为责任目标并下达给预算执行者的过程。在此阶段应该注意的风险是：不编制预算或预算不健全，可能导致企业经营缺乏约束或盲目经营；预算目标不合理，编制不科学，可能导致企业资源浪费或发展战略难以实现。

（2）预算执行阶段。预算执行是全面预算的核心环节，预算执行即预算的具体实施，它是预算目标能否实现的关键。在此阶段应该注意的风险是：预算缺乏刚性、执行不力可能导致预算管理流于形式。

（3）预算考核阶段。预算考核是对企业内部各级责任部门或责任中心预算执行结果进行评价，将预算的评价结果与预算执行者的薪酬相挂钩，实行奖惩制度，即预算激励。在此阶段应该注意的风险是：预算考核不严也可能导致预算管理流于形式。

9.答：运营分析控制是指企业建立运营情况分析制度，经理层综合运用生产、购销、投资、筹资、财务等方面的信息，通过比较分析、比率分析、趋势分析、因素分析、综合分析等方法，定期开展运营情况分析，发现存在的问题，及时查明原因并加以改进。

运营分析控制包括以下四个阶段：

（1）数据收集。企业各职能部门应根据本部门运营分析的目的收集相关数据，一方面在履行本部门职责过程中应注意相关数据的收集与积累，另一方面可以通过外部各种渠道（如网络媒体、行业协会、中介机构、监管部门等）广泛收集各种数据。

（2）数据处理。数据是血液、是资产，但也可能是垃圾。也就是说，不是所有的数据都能够产生有用的信息。企业各职能部门只有对数据进行有效的清理与筛选，即消除噪音和删除不合格的数据，数据才能变成有用的信息。

（3）数据分析。企业各职能部门围绕本部门运营分析的目的采用各种分析方法（包括比较分析法、比率分析法、趋势分析法、因素分析法、综合分析法等）对处理后的数据进行分析，充分挖掘数据背后所隐藏的原因或规律，并对未来经营做出预测。

（4）结果运用。在数据分析结果的基础上形成总结性结论，并提出相应的建议，从而对发展趋势、策略规划、前景预测等提供重要的分析指导，为企业的效益分析、业务拓展提供有力的保障。

具体方法包括：①比较分析法。比较分析法是运营分析的最基本方法，有纵向比较法和横向比较法。②比率分析法，比率分析法是利用两个或若干相关数据之间的某种关联关系，运用相对数形式来考察、计量和评价，借以评价企业运营状况的一种分析方法。③趋势分析法，即根据企业连续若干会计期间（至少三期）的分析资料，通过指数或动态比率的计算，比较与研究不同会计期间相关项目的变动情况和发展趋势的一种财务分析方法。④因素分析法，即通过分析影响财务指标的各项因素，计算其对指标的影响程度，来说明财务指标前后期发生变动或产生差异的主要原因的一种分析方法。⑤综合分析法，是指将反映企业运营各个方面的指标纳入一个有机的整体之中，以系统、全面、综合地对企业运营状况进行分析与评价。

10.答：绩效考评控制是指企业建立和实施绩效考评制度，科学设置考核指标体系，对企业内部各责任单位和全体员工的业绩进行定期考核和客观评价，将考评结果作为确定员工薪酬以及职务晋升、评优、降级、调岗、辞退等的依据。

实践中存在三种绩效考评模式：

（1）会计基础绩效考评模式。主要特点就是采用会计基础指标作为绩效考评指标。

（2）经济基础绩效考评模式。主要特点就是采用经济基础指标作为绩效考评指标。

（3）战略管理绩效考评模式。主要特点就是引入非财务指标并将评价指标与战略相联系。

11.答：一个典型的绩效考评系统应包括评价主体、评价客体、评价目标、评价指标、评价标准、评价方法、评价报告等基本要素构成。

绩效考评系统各要素之间存在相互依存相互支持的关系，具体表现在：评价目标是绩效考评系统的指南和目的，它决定了评价指标的选择、评价标准的设置、评价方法的确立和评价报告的编报。评价目标从定性和定量两个维度又分解为评价指标和评价标准，即评价指标反映评价目标的具体内容，评价标准反映评价目标的具体水平。评价指标和评价标准相互影响。评价指标和评价标准是形成评价方法的基础，其类型的选择会影响评价方法的确立。评价方法不仅是对评价指标和评价标准的具体运用，而且是对实际业绩是否达到评价目标的判断过程和处理过程。评价报告是整个绩效考评系统的输出信息，是对绩效考评系统其他要素的最终反映和综合体现。当然，评价报告的深度、广度与可信度要取决于评价指标、评价标准和评价方法的科学性。

12.答：合同控制是指企业通过梳理合同管理的整个流程，分析关键风险点，并采取有效措施，将合同风险控制在企业可接受范围内的整个过程。

它的主要控制措施包括建立分级授权管理制度、实行统一归口管理、明确职责分工、健全考核与责任追究制度。

六、案例分析题

1.分析提示：

（1）违背了授权审批控制中的"三重一大"制度。对于重大决策、重大事项、重要人事任免及大额资金支付业务等，企业应当按照规定的权限和程序实行集体决策审批或者联签制度。但该公司却出现"一支笔"现象，权力过于集中。

（2）没有进行有效的预算控制。公司进行融资、投资等大额资金活动应该编制相应预算，统筹规划，控制风险。但从该公司这样激进的融资方式来看，很可能在资本运作方面缺乏合理预算和规划。

（3）会计系统控制不到位。会计账簿等会计档案应该由专门的档案部门管理。但该公司却完全由陶寿龙夫妇控制，导致会计账簿在缺乏监管的情况下被全部烧毁。

2.分析提示：

（1）公司违背了授权审批控制要求，对与预算编制有关的机构的职责划分不清晰。在本例中销售部向财务部提出预算调整，并由财务部作出调整决定可以看出，财务部超出了其权限范围，即预算审批和预算调整审批的机构应该是董事会，应由董事会决定是否调整。从本例情况看，很可能是职责规定不清造成的。正确的做法是明确与预算编制有关机构的职责和权限，适度授权，避免预算编制、执行、调整、监督检查等过程中可能出现的紊乱。

（2）公司不符合不相容职务分离控制要求。预算编制机构应该是预算管理机构，即财务部，预算编制和审批是不相容职务，本例中由董事会编制年度预算并自行决定实施的做法显然不符合不相容职务分离控制要求。正确的做法是分设机构办理两项业务。

（3）预算编制机构预算编制不健全。年度预算应该分解为季度和月度预算，而本例到10月才发现实际执行情况与预算有很大差异，说明公司很可能没有编制月度、季度预算，以致不能及时发现预算执行中可能存在的问题，正确的做法应该是制定月度、季度预算，以便及时发现预算执行中的问题。

（4）预算在执行过程中缺乏刚性、执行不力。单纯认为实际情况与预算有较大偏差，预算失去了意义就立即进行调整，使原先预算不能按计划进行。正确的做法应该是重点对预算执行中的偏差进行分析，找出原因，然后判断是否应该调整，是否需要采取其他奖惩措施等。

3.分析提示：

公司至少在以下几个方面存在内部控制活动方面的问题：

（1）建造合同的签订和审批职务未分离。如果公司让合同的签订和审批由不同的人员负责，且当职者具备良好的工作素质和责任心，则很容易发现合同中的错误。但是公司却未发现这宗巨款合同中存在的问题，说明公司未使合同的签订和审批职务分离。

（2）对固定资产预算控制不足。该项固定资产支出超出100万元，说明公司很可能没有编制固定资产预算或预算流于形式。在购建固定资产之前，应编制资本支出预算，以便控制资本支出。

（3）在合同实施过程中未实行统一归口管理。公司在签订合同过程中未发现支付价款中存在的问题，说明公司很可能没有将财务部门作为归口管理部门，使之无法在合同审核中发挥作用。

（4）事后未进行责任追究，不符合合同管理要求。

应采取的措施：

（1）使建造合同的签订和审批职务相分离，减少失误的发生。

（2）完善企业预算管理制度，编制固定资产预算，有效实施预算控制。

（3）在合同管理过程中实行统一归口管理，必要时将法律部门、财务部门等作为归口管理部门，避免出现合同疏漏。

（4）健全考核与责任追究制度，开展合同后评估，对合同订立、履行过程中出现的违法违规行为，应当追究有关机构或人员的责任。

4.分析提示：

（1）对C市市容市政管理委员会采取了公众评判法。

理由：公众评判法是指通过专家评估、公众问卷及抽样调查等对财政支出效果进行评判，评价绩效目标实现程度的一种方法。B区、P区主要通过专家评估、公众调查评分的方法进行了绩效考评。

（2）对C市文化局的绩效评价适宜采用最低成本法。

理由：最低成本法是指对效益确定却不易计量的多个同类对象的实施成本进行比较，评价绩效目标的实现程度。该方法适用于公共管理与服务、社会保障、文化、教育支出等领域支出的绩效评价。文化生活因其成本易于计算，而取得的效益很难用货币计量，适宜采用最低成本法进行绩效评价。

（3）对下岗再就业培训的绩效评价适宜采用成本效益分析法。

理由：成本效益分析法是指将一定时期内的支出与效益进行对比分析以评价绩效目标实现程度的一种方法。该方法适用于成本、效益都能准确计量的项目绩效评价。对再就业培训，很容易计算出投入的成本，对其效益即再就业的人数也容易计算，因此，适宜采用成本效益分析法。

5.分析提示：

（1）支票、印鉴的管理制度设计不恰当。理由：因为如果财务处长与财务人员乙同时出差，则空白支票、签署支票的个人名章、财务专用章、银行预留印鉴将全部落入副处长之手。同样地，如果副处长与财务人员乙同时出差，空白支票、签署支票的个人名章、财务专用章、银行预留印鉴将全部落入处长之手，这就违反了签发支票的全部印鉴不能由一个人掌管的规定，难以防止银行存款被贪污的情况。

建议：财务处长、副处长外出期间，分别指定与货币资金支付无关的专门人员掌管印鉴。

（2）货币资金的支付制度设计不当：一是未对财务经理的审批权限规定任何限制，违反了"对重要货币资金支付业务，应当实行集体决策"的规定，无法防范贪污、侵占、挪用货币资金的行为；二是货币资金支付在前，复核在后，至多能及时发现问题，而无法防止问题的发生。

建议：经董事会指定财务经理的审批权限，对超过权限的货币资金支付业务，实行集体决策；支付货币资金之前，应由专职的复核人员进行复核，复核货币资金的批准范围、权限、程序、手续、金额、支付方式、支付单位等是否妥当。复核无误后交出纳员办理支付业务。

（3）出纳业务由主管会计代理不当，违背了不相容职务相分离的原则。

建议：当出纳会计因事不在班时，指定一名非会计岗位人员接管其工作。

（4）出纳与会计属于不相容职务，主管会计与出纳结婚不能保证两个不相容岗位的有效分离。

建议：在主管会计李海建与出纳会计秦志简结婚后，应将夫妻双方至少一方调离原工作岗位，以保证实现真正的职务分离。

（5）费用报销程序履行不当，业务执行与审核不应由一人兼任，违背了不相容职务分离的要求。

建议：如果销售部门经理经常外出，应指定主管销售业务的公司高层管理人员负责审批。

6.分析提示：

（1）销售过程中存在的问题：

①A公司在销售方面的内部控制严重不足，尤其是授权审批这一内部控制措施严重缺失，最终给其带来了严重的后果。

②企业为保证销售量，规定任何销售人员都可以签订销售合同，可见其销售合同并没有经授权人员审批。

③合同拟订者同时也是合同签订者，其内部不相容职务分离控制也是缺失的。

（2）建议：

①企业应当加强对赊销业务的管理，应在调查了解被赊销公司基本情况的基础上，经过信用部门的授权审批才能签发销售通知单；

②对于超过销售政策和信用政策规定的赊销业务，必须实行集体决策审批，否则就不能销售。

第六章　信息与沟通

五、练习题

（一）单项选择题

1.B　2.A　3.D　4.B　5.A　6.C　7.A　8.B　9.B　10.A　11.A　12.A　13.C　14.C　15.A

（二）多项选择题

1.CDE　2.ABCDE　3.ABCDE　4.AB　5.ABDE　6.ACE　7.ABDE　8.ABCE　9.BCE　10.ABCDE　11.BCDE　12.ABC　13.ABDE　14.ABCDE　15.DE　16.ABCDE　17.ABCDE　18.ABCDE　19.CDE　20.ABCD　21.CD　22.ABCDE　23.ABCDE　24.ABC　25.ACD

（三）判断题

1.√　2.×　3.×　4.×　5.×　6.√　7.√　8.×　9.×　10.×　11.×

12.√　13.×　14.√　15.×　16.√　17.√　18.×　19.√　20.×　21.×

22.√　23.√　24.√　25.×

（四）简答题

1.答：内部报告，亦称内部管理报告，是企业在管理控制系统中为企业内部各级管理层以定期或者非定期的形式记录和反映企业内部管理信息的各种图表和文字资料的总称。这是企业最为重要的、最普遍的信息传递形式。

内部报告在企业内部控制中起着非常重要的作用：一方面，内部报告可以为管理层提供更多的企业生产、经营和管理信息，为管理层合理有效地制定各种决策提供支持和服务；另一方面，内部报告还可以反映检查和反馈管理层决策的执行情况，帮助管理层监控和纠正政策执行中出现的错误和偏差。

2.答：及时有效性原则是指在信息传递过程中，必须做到在经济业务发生时及时进行数据搜集，尽快进行信息加工，形成有效形式并尽快传输到指定地点和信息使用者。

及时有效性原则有二重含义：一是搜集信息要及时，对企业发生的经济活动应及时在规定期间内进行记录和存储，而不延至下期；二是报送及时，信息资料，如管理报告应在决策制定时点之前，及时报送到指定的信息使用者。

反馈性原则是指在信息传递过程中，相同口径的信息能够频繁地往返于信息使用者和信息提供者之间，把决策执行情况的信息及时反馈给信息使用者，帮助信息使用者证实或者修正先前的期望，以便其进一步决策的活动。

及时性原则有二重含义：一是要建立多种渠道，及时获得决策执行情况的反馈信息；二是用户要科学地分析和评价所获得的反馈信息，恰当地调整决策。

预测性原则是指企业传递和使用的经营决策信息需要具备预测性的功能。此项功能旨在提高决策水平从而发现差别、分析和解释差别，进而在差别中减少不确定的信息。

预测性原则同样也有二重含义：一是提供给使用者的信息不一定就是真实的未来信息，因为未来往往是不确定的；二是预测信息与未来的信息必须有着密切的关联，必须具有符合未来变化趋势的可预测的特征，即具有相关性。同时还要注意排除过多的、相关的冗余信息。避免信息过载造成的信息传递成本增加，耗费管理当局的精力，导致决策效率和效果降低。

3.答：企业各职能部门将搜集的有关资料进行筛选、抽取，然后根据各管理层级对内部报告的需求和先前制定的内部报告指标，提取有效数据并进行汇总、分析，形成结论，提出建议，编制提交报告。编制完成的内部报告要经过有关部门和人员的审核，只有经过审核的内部报告，才能进行传递。

在编制及审核内部报告的过程中，主要风险点具体可细分为以下方面：

第一，内部报告内容不完整或难以理解。

第二，内部报告编制不及时。

第三，未经审核即向有关部门传递。

相对应可采取的控制措施是：

第一，及时取得指标计量信息，获取符合分析模型要求的信息，确保报告信息完整性。提高人员出具内部报告的能力，使报告的可理解性更强。

第二，提高工作人员的信息敏感性以及工作能力，确保内部信息报告编制及时有效。

第三，建立独立于报告编制岗位的报告审核岗位，严格审核报告，确保报告的高质量。

4.答：信息系统建设基本流程一般要经过系统规划期、系统开发期和系统运行与维护期三个主要阶段。

（1）信息系统规划时期，主要应该考虑实现企业发展战略向信息化流程的转变。以信息系统战略规划的管理控制作为出发点，分析企业流程，研究信息技术的发展趋势，实现信息系统战略规划与企业发展战略的匹配，并由此制定信息系统管理、业务和技术三个方面的规范，同时信息系统管理部门应与企业各个层面的管理者、业务部门和最终用户进行充分的沟通，实现业务需求向信息化流程的转移，在此基础上根据信息系统规划进行项目立项和可行性研究，以确定信息系统建设方案。

（2）信息系统开发时期的任务是完成软件的设计和实现，具体包括系统分析、系统设计、系统实施三个阶段。

①系统分析阶段又称为用户需求分析，系统分析人员和用户单位的管理人员、业务人员在深入调查的基础上，详细描述业务活动涉及的各项工作以及用户的各种需求，从而建立未来目标系统的逻辑模型。

②系统设计阶段是根据系统需求分析阶段所确定的目标系统逻辑模型建立信息系统的物理模型。

③系统实施阶段是编程和测试阶段。这个阶段的任务包括计算机等设备的购置、安装和调试、程序的编写与调试、人员培训、数据文件转换、系统调试与转换等。

（3）信息系统运行和维护时期，系统投入运行后，需要经常维护和评价，记录系统的运行情况，根据一定的标准对系统进行必要的修改，评价系统的工作质量和经济效益。信息系统的运行与维护主要包含三方面的内容：日常运行维护、系统变更和安全管理。

5.答：信息系统开发方式主要有自行开发、外购调试、业务外包等方式。各种开发方式有其各自的优缺点和适用条件，企业应根据自身实际情况合理选择。

（1）自行开发：自行开发指企业依托自身力量完成整个开发过程。

优点：开发人员熟悉企业情况，可以较好地满足本企业的需求，尤其是具有特殊性的业务需求。通过自行开发，还可以培养、锻炼自己的开发队伍，便于后期的运行和维护。

缺点：开发周期较长、技术水平和规范程度较难保证，成功率相对较低。

自行开发方式的适用条件通常是企业自身技术力量雄厚，而且市场上没有能够满足企业需求的成熟的商品化软件和解决方案。

（2）外购调试：外购调试的基本做法是企业购买成熟的商品化软件，通过参数配置和二次开发满足企业需求。

优点：开发建设周期短；成功率较高；成熟的商品化软件质量稳定，可靠性高；专业的软件提供商具有丰富的实施经验。

缺点：难以满足企业的特殊需求；系统的后期升级进度受制于商品化软件供应商产品更新换代的速度，企业自主权不强，较为被动。

外购调试方式的适用条件通常是企业的特殊需求较少，市场上已有成熟的商品化软件和系统实施方案。

（3）业务外包：业务外包是指委托其他单位开发信息系统。

优点：企业可以充分利用专业公司的专业优势，量体裁衣，构建全面、高效满足企业需求的个性化系统；企业不必培养、维持庞大的开发队伍，相应节约了人力资源成本。

缺点：沟通成本高，系统开发方难以深刻理解企业需求，可能导致开发出的信息系统与企业的期望有较大偏差；同时，由于外包信息系统与系统开发方的专业技能、职业道德和敬业精神存在密切关系，也要求企业必须加大对外包项目的监督力度。外包信息系统也可能泄露企业机密信息。

业务外包方式的适用条件通常是市场上没有能够满足企业需求的成熟的商品化软件和解决方案，企业自身技术力量薄弱，或出于成本效益原则考虑不愿意维持庞大的开发队伍。

6.答：信息系统战略规划是信息化建设的起点，战略规划是以企业发展战略为依据制定的企业信息化建设的全局性、长期性规划。

制定信息系统战略规划的主要风险是：

第一，系统架构无法有效服务战略规划的风险，即缺乏战略规划或规划不合理，可能造成信息孤岛或重复建设，导致企业经营管理效率低下。

第二，信息技术无法有效满足业务需求的风险，即没有将信息化与企业业务需求结合，降低了信息系统的应用价值。

对此可以采取的措施有：

第一，企业必须制定信息系统开发的战略规划和中长期发展计划，并在每年制订经营计划的同时制订年度信息系统建设计划，促进经营管理活动与信息系统的协调统一。

第二，企业在制定信息化战略过程中，要充分调动和发挥信息系统归口管理部门与业务部门的积极性，使各部门广泛参与，充分沟通，提高战略规划的科学性、前瞻性和适应性。

第三，信息系统战略规划要与企业的组织架构、业务范围、地域分布、技术能力等相匹配，避免相互脱节。

7.答：日常运行维护的目标是保证系统正常运转，主要工作内容包括系统的日常操作、系统的日常巡检和维修、系统运行状态监控、异常事件的报告和处理等。

这一环节的主要风险是：第一，没有建立信息系统日常运行管理规范，计算机软硬件的内在隐患易于爆发，可能导致企业信息系统出错。第二，没有执行例行检查，导致一些人为恶意攻击会长期隐藏在系统中，可能造成严重损失。第三，企业信息系统数据未能定期备份，可能导致损坏后无法恢复，从而造成重大损失。

相应的控制措施有：第一，企业应制定信息系统使用操作程序、信息管理制度以及各模块子系统的具体操作规范，及时跟踪、发现和解决系统运行中存在的问题，确保信息系统按照规定的程序、制度和操作规范持续稳定运行。第二，切实做好系统运行记录，尤其是对于系统运行不正常或无法运行的情况，应对异常现象、发生时间和可能的原因作出详细记录。第三，企业要重视系统运行的日常维护，在硬件方面，日常维护主要包括各种设备的保养与安全管理、故障的诊断与排除、易耗品的更换与安装等，这些工作应由专人负责。第四，配备专业人员负责处理信息系统运行中的突发事件，必要时应会同系统开发人员或软硬件供应商共同解决。

8.答：云计算具有以下特点：（1）超大规模；（2）虚拟化；（3）高可靠性；（4）通用性；（5）高可扩展性；（6）按需服务；（7）成本较低；（8）潜在的危险性。

云计算存在以下三种常见的服务模式：

（1）Iaas（Infrastructure as a Service），基础架构即服务。Iaas为客户提供虚拟主机、服务器、存储设备、网络硬件和数据中心等基础服务。

（2）Paas（Platform as a Service），平台即服务。Paas为客户提供开发和分发应用的解决方案，提供计算平台，增加了操作系统和运营环境等服务，用户可以直接自行安装自己需要的应用。

（3）Saas（Software as a Service），软件即服务。Saas为客户提供了

整套服务，包含软件服务。通过网络，任何远程服务器均可以接入运行。

9.答：区块链技术是分布式数据存储、点对点传输、共识机制、加密算法等计算机技术的新型应用模式。区块链本质上是去中心化的分布式数据库，是服务于分布式账簿的互联网点对点底层技术。

区块链技术因其去中心化、分布式储存以及多中心协作等特点，逐步与会计工作的技术与方法相结合，增强了财务信息的真实性和可靠性。

首先，区块链便于信息追溯，提高了会计信息质量。公司利用区块链技术，建立分布式的财务系统，公司中的员工将经济活动录入区块链，经过其余员工的确认核实后经济活动才能被录入财务系统。录入时的员工核实、信息追溯以及录入后的全网监控，保证了公司经济活动信息的准确性和真实性。

其次，区块链增强了财务数据的稳定性和可靠性。公司的财务信息经过验证，添加至区块链后，就会被永久地存储起来，同时，如果试图修改数据库中的信息，少于51%节点的会计人员是无效的。区块链的不可篡改性阻碍了由于自身利益或者被迫篡改资料信息的行为的发生。

10.答：充分的内部沟通对企业控制环境、控制活动、风险评估等各方面都起着至关重要的作用。企业所采取的沟通方式要达到顺畅沟通的目的，使员工了解自己应承担的责任、应实现的目标以及这些目标对企业的影响。有效的信息沟通需要合理考虑来自不同部门和岗位、不同渠道的相关信息，并进行合理筛选和相互核对。

11.答：企业员工应当采取电子沟通、书面沟通、口头沟通等多种方式，实现所需的内部信息、外部信息在企业内部准确、及时地传递和分享，确保董事会、管理层和企业员工之间有效沟通，其中：

（1）电子沟通包括互联网、电子邮件、电话传真、视频、微信等方式。这种沟通方式在现代企业中已经开始扮演越来越重要的角色，尤其是在互联网信息时代的背景下，网络媒介多元化蓬勃发展，随之而来的就是内部沟通方式的多种多样。但是由于网络的开放性及技术上的要求，信息的安全性是值得考虑的问题。

（2）书面沟通包括例行或专题报告、调查研究报告、员工手册、内部刊物、教育培训资料等方式。书面沟通以文字为媒体，其优点是比较规范、信息传递准确度高、信息传递范围广、有据可查、便于保护。但是，书面沟通也存在缺点，如为了形式规范而耗用较长的时间，导致成本效益不对等，并且缺少反馈或反馈机制不灵敏等。

（3）口头沟通包括例行会议、专题会议、座谈会、讲座等形式。在这种形式下，沟通迅速、灵活且反馈及时，但是往往由于信息的汇总及传递机制不到位导致信息失真的可能性较大。

12.答：有效的外部沟通既可以扩大企业的影响力，又可以使企业获得很多有效内部控制的重要信息。通过开放的沟通渠道，客户和供应商就能够对产品或服务的设计或质量提供非常重要的信息，从而使公司能够应对不断变化的客户需求和偏好。政府出台相关政策法律，对企业的生产、运营管理实行外部监督；同时企业提供的税务、社会责任等信息为政府的行业监管提供依据。银行通过管理层提供的财务报告了解企业的现金流量情况和偿债能力。外部审计师对主体经营和相关业务活动以及控制体系的了解，可以为管理层和董事会提供重要的控制信息；同时通过财务报告检验企业财务信息的真实可靠性并为外部信息使用者出具审计意见。

六、案例分析题

1.分析提示：

信息系统业务外包开发的主要优点是：企业可以充分利用专业公司的专业优势，量体裁衣，构建全面、高效满足企业需求的个性化系统。企业不必培养、维持庞大的开发队伍，相应节约了人力资源成本。其缺点是沟通成本高，系统开发方难以深刻理解企业需求，可能导致开发的信息系统与企业的期望产生较大偏差。同时，由于外包信息系统与系统开发方的专业技能、职业道德和敬业精神存在密切关系，也要求企业必须加大对外包项目的监督力度。

2.分析提示：

B公司在信息与沟通方面存在的突出问题有：

第一，在接手A公司的ERP系统建设订单前，B公司与A公司的交流沟通不足，对客户生产经营状况和项目实施难度缺乏足够了解。同时，B公司对违约赔偿金的市场平均水平了解不够，也说明其在信息搜集方面存在严重不足。

第二，在系统建设过程中，针对存在的问题，B公司未能与A公司进行灵活有效的沟通，导致问题被搁置而贻误了妥善解决问题的时机。

第三，对于C公司仍然无法解决的技术难题，B公司显得束手无策。实际上，B公司可以寻求其他软件商的技术帮助，力争避免赔偿或将损失降到最低，这也反映了B公司在信息搜集、处理、利用等方面的能力确实比较薄弱。

3.分析提示：

材料中的风险主要是在信息系统的安全与维护方面：

第一，业务部门信息安全意识薄弱，对系统和信息安全缺乏有效的监管手段。少数员工可能恶意或非恶意滥用系统资源，造成系统运行效率降低。该信息系统的开发与操作王某都有参与，缺乏监督机制，就给案例中的行为提供了机会。

第二，系统使用后需要确认系统是不是适合企业，有没有漏洞，有没有高效地帮助企业提高管理效率。案例中没有做到定期维护、检测系统，使王某的行为可以持续一年多而没有被发现。

相应可以采取的控制措施有：

第一，企业应当建立信息系统开发、运行与维护等环节的岗位责任制度和不相容职务分离制度，防范利用计算机舞弊和犯罪。一般而言，信息系统不相容职务涉及的人员可以分为三类：系统开发建设人员、系统管理和维护人员、系统操作使用人员。开发人员在运行阶段不能操作使用信息系统，否则就可能掌握其中的涉密数据，进行非法利用。信息系统使用人员也需要区分不同岗位，包括业务数据录入、数据检查、业务批准等，在他们之间也应有必要的相互牵制。

第二，企业应定期对信息系统进行检测、维护，确保系统安全没有漏洞，使系统能更高效地发挥自己的作用。

4.分析提示：

（1）本案发生的主要原因有以下几个方面：

第一，系统开发阶段未对系统的安全性设计周全，在系统设计时没有全面考虑可能发生的风险，使罪犯有机可乘。

第二，业务部门信息安全意识欠佳，对系统和信息安全缺乏有效的监管手段。系统维护工作不到位，没有定期的专业维护，导致案件在很长时间以后才被发现。

第三，系统使用者的权限安排没有做到严格控制，以咨询员和收银员的身份就可以将非法应用程序安装到超市收银系统，由此可以再次看出超市的收银系统本身就存在漏洞。

第四，没有做好企业人员培训工作，没有使工作人员形成保守内部机密的意识，应签订保密合约并说明违约的法律后果。

（2）针对此案例，超市可以在以下方面加强内部控制：

第一，系统开发方面，在设计系统时要使信息系统适应周围环境，应充分考虑环境中已存在和潜在的风险，为系统安全做好初步服务。

第二，系统维护方面，做好系统的日常维护工作，及时发现问题并予以修改。

第三，系统安全方面，提高业务部门信息安全意识，建立对系统和信息安全有效的监管手段。建立对信息系统操作人员的严密监控，避免任何导致舞弊和利用计算机犯罪的可能。企业应当有效利用信息系统技术手段，对硬件配置调整、软件参数修改严加控制。企业也可以委托专业机构进行系统运行与维护管理，并与其签订正式的服务合同和保密协议。

第四，针对POS系统，POS系统是直接管理货币循环的一种方式，每扫一次码，仓库、收银、财务同时自动更新数据，降低传统内部控制失灵的可能。使用POS系统时，应做好不相容职务分离的工作，操作人员和技术、维护人员职权分离，使收银人员没有机会接触到系统的技术环节从而修改系统。

5.分析提示：

案例中的企业在内部消息传递控制中出现了问题。由于硬件设备条件有限，销售部门不能把数据信息在第一时间进行最快的更新与分析，并且传递到生产部门以便及时调整生产计划，这是最重要的原因之一。服装行业的成功来自于每一季较短的产品生命周期和对市场的敏锐洞察与把握，对销售数据做快速、准确地采集与传递和进一步细致分析的要求较高。服装行业对信息化的要求是内生的。

相应可以采取的措施主要有以下三方面：

第一，在公司设置信息经理（CIO）及相关的部门，负责处理业务信息相关事务，如数据搜集更新、分析处理、传递共享等。

第二，根据本企业对信息的要求，清理信息在企业内部传递流通的种类和渠道，并针对不同业务情景进行定义与细化，明确员工在信息流中的责任。还应该建立相应的规章制度，规范信息的种类、要求、搜集及传递范围和具体作业员工的行为。

第三，选择适合服装业的软件进行信息化改革，提高各部门的沟通效率，增强企业竞争力。

6.分析提示：

三泰集团信息系统内部控制的风险点主要有：①前期规划阶段，缺乏整体规划或者规划不合理，可能导致企业形成信息孤岛、重复建设、资源浪费。②信息系统开发阶段，系统开发不符合内部控制要求，授权管理不当，可能导致无法利用信息技术实施有效控制。③信息系统运行与维护阶段，系统运行维护和安全措施不到位，可能导致信息泄露或毁损，系统无法正常运行。

关键控制点主要有：①明确规范职责分工、权限范围和审批程序，机构设置和人员配备科学合理。②信息系统开发、变更和维护流程。③访问安全建设、操作权限、信息使用、信息管理制度的有效性，硬件管理和审批程序的合理性。

相应的控制措施主要有：①根据企业内部控制要求建立信息系统岗位责任制。根据信息系统开发要求设定系统分析、编程、测试、程序管理、数据控制信息系统管理岗位，明确岗位职责。②明确系统开发和变更过程不相容岗位和职责，开发或变更、立项、审批、编程、测试环节要分离；系统访问过程申请、审批、操作、监控不相容岗位和职责要分离。信息系统战略规划、重要信息系统政策等重大事项应当经由管理层审批通过后，方可实施。③成立专门的信息系统安全管理机构，由企业主要领导负总责，并制定信息系统安全实施细则来规范信息的使用和管理；要采取安装安全软件等措施防范信息系统受到病毒等恶意软件的感染和破坏，应有相应措施对硬件进行控制。

7.分析提示：

（1）内部控制的要素包括控制环境、风险评估、控制活动、信息与沟通和内部监督。解释见本章第四节内部控制的要素。

（2）该案例中体现了内部控制的信息与沟通要素。信息与沟通在这五个要素中处于一个承上启下、沟通内外的关键地位。控制环境与其他组成因素之间的相互作用需要通过信息与沟通这一桥梁才能发挥作用。风险评估、控制活动和内部监督的实施需要以信息与沟通结果为依据，它们的结果也需要通过信息与沟通渠道来反映。缺少了信息传递与内外沟通，内部控制其他因素就可能无法保持紧密的联系，整合框架也就不再是一个有机的整体。

第七章　业务活动控制

五、练习题

（一）单项选择题

1.A　2.C　3.C　4.A　5.B　6.A　7.B　8.D　9.B　10.C　11.B　12.B　13.C　14.D　15.A　16.A　17.C

（二）多项选择题

1.ABCD　2.ABCDE　3.ABCDE　4.ABCDE　5.ABDE　6.ABCD　7.ABCDE　8.ACDE　9.ABD　10.ABCE　11.ABCDE　12.AD

（三）判断题

1.×　2.√　3.×　4.×　5.√　6.×　7.√　8.×　9.√　10.√　11.×　12.×

（四）简答题

1.答：（1）筹资活动关键风险点：拟订筹资方案、筹资方案论证、筹资方案审批、筹资计划的编制与实施、筹资活动的会计系统控制；

（2）投资活动的关键风险点：拟订投资方案、投资方案可行性论证、投资方案决策审批、投资计划的编制与实施、投资项目的到期处置、投资活动的会计系统控制；

（3）资金营运活动的关键风险点：资金平衡、预算管理、有效调度、会计控制。

2.答：（1）完善采购管理制度。企业应当结合实际情况，全面梳理采购业务流程，完善采购业务相关管理制度，统筹安排采购计划，明确请购、审批、购买、验收、付款、采购后评估等环节的职责和审批权限。确保管理流程科学合理，能够较好地保证物资和劳务供应顺畅。

（2）严格执行与监控。企业各部门按照规定的审批权限和程序办理采购业务，落实责任制，建立价格监督机制，定期检查和评价采购过程中的薄弱环节，采取有效控制措施，确保物资和劳务采购能够经济高效地满足企业生产经营需要。

3.答：（1）存货管理的流程：存货取得、验收入库、存货保管、领用发出以及销售处置等。

（2）固定资产管理业务流程：资产取得、资产验收、登记造册、资产投保、运行维护、定期评估、更新改造以及淘汰处置等。

（3）无形资产管理业务流程：无形资产取得与验收、资产的使用与保护、技术升级和更新换代、无形资产处置。

4.答：（1）销售计划管理；

（2）客户信用管理；

（3）确定定价机制和信用方式；

（4）订立销售合同；

（5）发货；

（6）客户服务；

（7）收款；

（8）会计系统控制。

5.答：研究与开发项目立项主要包括立项申请、评审和审批。该环节的主要风险包括：研发项目与国家或企业的科技发展战略不符；项目评审和审批不严，可能造成项目创新不足、项目必要性不大或资源浪费等。

6.答：工程项目业务复杂，不仅涉及众多内部职能部门，如规划发展部门、工程管理部门、设计部门、物资采购部门、财会部门等，还涉及外包施工单位、监理单位等外部相关主体。应当明确相关部门和岗位的职责权限，做到可行性研究与决策、概预算编制与审核、项目实施与价款支付、竣工决算与审计等不相容职务相互分离。

7.答：担保业务的基本流程包括受理担保申请、调查评估、审批、订立担保合同、担保合同执行与监控等。对担保业务控制的总体要求：①完善担保业务管理制度；②规范各环节工作流程。

8.答：业务外包审核批准环节的关键风险包括：审批制度不健全，审批程序不规范；审批不严，如未对业务外包的成本和风险进行深入权衡等，造成业务外包决策失误。一般措施包括：第一，建立和完善审核批准制度，明确审核批准的权限、程序等，规范审核批准工作；第二，总会计师或分管会计工作的负责人应当参与重大业务外包的决策，重大业务外包方案应当提交董事会或类似权力机构审批；第三，在对业务外包实施方案进行审查和评价时，应当着重对比分析该业务项目在自营与外包情况下的风险和收益，确定外包的合理性和可行性。

9.答：业务外包承包方至少具备下列条件：①承包方是依法成立和合法经营的专业服务机构或其他经济组织，具有相应的经营范围和固定的办公场所；②承包方应当具备相应的专业资质，其从业人员符合岗位要求和任职条件，并具有相应的专业技术资格；③承包方的技术及经验水平符合本企业业务外包的要求。

10.答：财务报告对外提供前，财务部门负责人需要审核财务报告的准确性；总会计师或分管会计工作的负责人需要审核财务报告的真实性、完整性、合法合规性；企业负责人需要审核财务报告整体的合法合规性，并分别签名盖章。

六、案例分析题

1.分析提示：

资金投资活动的主要风险点包括：在拟订投资方案时，投资方案与公司发展战略不符、风险与收益不匹配、投资项目未突出主业等；投资方案的可行性论证不全面、不科学；投资方案决策审批缺乏严密的授权审批制度、审批不严等；投资计划的编制与实施不科学、缺乏对项目的跟踪管理；投资项目的到期处置不符合企业利益、缺乏责任追究制度等；投资活动缺乏有效的投资会计系统控制，会计记录和处理不及时、不准确等。

本案例主要违背了拟订投资方案、会计系统控制两个风险关键点。

首先，在拟订投资方案方面，华源集团没有根据发展战略、投资目标和规划来拟订投资方案、合理确定投资规模和权衡投资项目的收益和风险，而是依赖银行短期贷款不断"并购–重组–上市–整合"来盲目扩大企业规模，最终引发整个集团资金链的断裂。

其次，华源集团缺乏有效的会计系统控制，导致其下属公司因融资和业绩压力而进行财务造假。同时，会计信息失真也与管理层对下属公司的压力密切相关。

2.分析提示：

（1）存在不合理之处。仓库只填一张"请购单"，无法核对采购部门所订立的材料是否为本公司所需，也不宜发现采购部门未经公司领导批准前自行订货现象。建议：仓库填制的"请购单"应该为"一式三联"。"请购单"的处理程序：A.仓库填写"请购单"后，交生产计划部门审批；B.生产计划部门审批后，一联留存、一联退回仓库备查、一联交采购部门办理订货和采购手续；C.仓库将批准的"请购单"内容与原采购计划不一致的，由公司领导审查批准。

（2）存在不合理之处。虽然要求材料采购按计划执行，但因无相应的检查措施，加上对采购业务的批准与执行均由一个部门来负责，因而缺乏必需的控制。建议：采购业务的审批，应由生产计划部门负责，采购部门只负责材料的采购业务。

（4）存在不合理之处。供货合同的副本数目不够，只考虑了仓库与财务部门备查的需求，而没有考虑生产计划部门的需求。建议：增加一份采购合同副本，转给生产计划部门，以便与批准的"请购单"相核对。

（3）、（6）存在不合理之处。采购部门未设立材料明细账，不便于随时掌握材料的收发动态，不便于确定相适当的采购时间。建议：采购部门增加一套材料明细账（可只记数量），以便随时掌握材料的增减变动。

3.分析提示：

销售业务的关键风险点包括：销售计划管理、客户信用管理、确定定价机制和信用方式、订立销售合同、发货、客户服务、收款、会计系统控制。本案例中永进公司主要识别和控制的关键风险点是：

（1）销售计划管理，该环节的主要风险包括：销售计划缺乏或不合理，或未经授权审批等，导致产品结构和生产安排不合理，库存积压。永进公司根据本公司发展战略，结合销售预测、生产能力以及客户订单情况，制定年度、月度销售计划；建立了严格的授权审批制度。

（2）客户信用管理，该环节的主要风险包括：客户信用档案不健全，缺乏对客户资信的评估，可能造成客户选择不当、款项不能及时收回或遭受欺诈，影响企业现金流和正常经营。永进公司建立并不断更新、维护客户信用动态档案，关注重要客户的资信变动情况，采取有效措施防范了信用风险。

（3）合同订立，该环节的主要风险包括：销售价格、结算方式、收款期限等不符合企业销售政策，导致企业经济利益受损；合同内容存在重大疏漏或欺诈、订立合同未经授权，导致侵害企业的合法权益。永进公司在销售合同订立前，结合企业的销售政策，与客户进行业务洽谈、磋商或谈判，并关注了客户的信用状况、销售定价、结算方式等相关内容。由于其产品的特殊性，公司规定所有的炸药合同最终都要由总经理审批才可办理；公司规定，部门分管领导和财务部门共同参与审批，并对销售合同草案进行严格审核。

（4）发货，该环节的主要风险包括：未经授权发货、发货不符合合同约定或者发货程序不规范，可能造成货物损失或发货错误，引发销售争议，影响货款回收。永进公司规定发货和仓储部门应当对销售通知进行审核，严格按照所列项目组织发货，确保货物的安全发运；建立了关键环节的岗位责任制，并以运输合同的形式明确了运输方式、商品短缺、毁损或变质的责任、到货验收方式、运输费用承担、保险等内容，货物交接环节应做好装卸和检验工作，确保货物的安全发运，由客户验收确认。

（5）收款，该环节的主要风险包括：结算方式选择不当、账款回收不力、票据审查和管理不善，使企业经济利益受损。永进公司结合销售政策和信用政策，选择恰当的结算方式，并对赊销进行了严格的控制；公司建立了完善的应收款项管理制度，落实责任，严格考核，实行奖惩。

4.分析提示：

工程项目业务活动的关键风险点主要包括：工程立项、工程设计和造价、工程招标、工程建设、工程验收、项目后评估。本案例在工程立项阶段存在明显控制缺陷。本案例在工程立项、工程建设、工程验收和项目后评估方面存在明显的内部控制缺陷。

第一，在工程立项方面，本案由A公司总经理提出项目建议，又由总经理决定实施，违背了应将"项目建议、可行性研究与项目决策"等不相容岗位相分离的要求。不相容岗位还有"概预算编制与审核，项目实施与货款支付，竣工决算与竣工审计"等。本案由总经理作出实施项目的决策，违背了"严禁个人单独决策"的规定，相应地，也严禁个人擅自改变集体决策意见。对争议很大的可行性研究，应组织专家进行论证，或者咨询有关专家或部门。本案没有进行专家论证。造成决策失误和重大亏损就难以避免。

第二，在工程建设方面，工程价款应在有权批准的人员批准以后才能支付，本案没有按规定经过总经理签字就直接支付款项，使企业处于被动，也是造成损失的原因之一。

第三，在工程验收方面，应组建专门人员严格进行预决算的审查。本案由于A公司财务总监及财务部门不懂预决算，造成较大的损失。。

第四，在项目后评估方面，公司应该建立相关责任追究制度，对本案中存在失职的部门和人员在造成损失的额度内追究经济赔偿责任和行政责任。

5.分析提示：

担保业务的关键风险点主要包括：受理申请、调查评估、审批、签订担保合同、日常管理、会计系统控制、反担保财产管理、责任追究、及时终止担保关系或代为清偿、权利追索。该案例主要违背的关键风险点是：

（1）调查评估，该环节的主要风险包括：资信调查和风险评估不深入、不细致，造成担保决策失误，给企业带来担保损失。A集团在受到起诉后才着手调查，说明它之前并没有对所要担保对象作深入的资信调查等。主要控制措施：第一，企业在对担保申请人进行资信调查和风险评估时，应当重点关注以下事项：①担保业务是否符合国家法律法规和本企业担保政策等相关要求；②担保申请人的资信状况，一般包括基本情况、资产质量、经营情况、偿债能力、盈利水平、信用程度、行业前景等；③担保申请人用于担保和第三方担保的资产状况及其权利归属；④企业要求担保申请人提供反担保的，还应当对与反担保有关的资产状况进行评估。第二，明确不予担保的情况。对于以下几种情形不予担保：①担保项目不符合国家法律法规和本企业担保政策的；②已进入重组、托管、兼并或破产清算程序的；③财务状况恶化、资不抵债、管理混乱、经营风险较大的；④与其他企业存在较大经济纠纷，面临法律诉讼且可能承担较大赔偿责任的；⑤与本企业已经发生过担保纠纷且仍未妥善解决的，或不能及时足额交纳担保费用的。第三，调查评估结果应出具书面报告。企业也可委托中介机构对担保业务进行资信调查和风险评估工作。

（2）及时终止担保关系，该环节的主要风险包括：未及时终止担保关系，使担保展期等。A集团在发现问题后，仍未终止其对SD公司的担保业务，为其之后的重大损失埋下了伏笔。控制措施：企业应当在担保合同到期时，全面清查用于担保的财产、权利凭证，按照合同约定及时终止担保关系。

6.分析提示：

业务外包的关键风险点主要包括：制订业务外包实施方案、制定审核批准、选择承包方、签订业务外包合同、业务外包的实施与管理、验收、会计系统控制。该案例甲、乙两公司违背的主要风险点：

业务外包的实施与管理，该环节的主要风险包括：与承包方的对接工作不到位，沟通协调不力；缺乏对承包方履约能力的持续评估以及应急机制，造成业务外包失败和生产经营活动中断；对承包方的索赔不力。案例中甲、乙公司对业务外包的不同处理结果反映了业务外包的实施与管理的重要性。企业必须执行严格的控制措施：第一，严格按照业务外包制度、工作流程和相关要求，组织开展业务外包，并采取有效的控制措施，确保承包方严格履行业务外包合同。第二，做好与承包方的对接工作，加强与承包方的沟通与协调，及时搜集相关信息，发现和解决外包业务日常管理中存在的问题。第三，对承包方的履约能力进行持续评估，有确凿证据表明承包存在重大违约行为，导致业务外包合同无法履行的，应当及时终止合同。对于重大业务外包，建立相应的应急机制，避免业务外包失败造成本企业生产经营活动中断。第四，承包方违约并造成企业损失的，企业应当按照合同对承包方进行索赔，并追究责任人责任。

第八章　内部监督

五、练习题

（一）单项选择题

1.A　2.C　3.D　4.D　5.D　6.B　7.C　8.B　9.A　10.B　11.B　12.A　13.B　14.D　15.C

（二）多项选择题

1.ABD　　2.ABCDE　　3.ABC　　4.ABCDE　　5.ABC　　6.ABCD　7.ABCDE　8.ABCDE　9.ACD　10.ABCD　11.AB

（三）判断题

1.√　2.×　3.×　4.×　5.√　6.×　7.√　8.√　9.√　10.×　11.√　12.√　13.×　14.√　15.×

（四）简答题

1.答：（1）内部监督是企业对内部控制建立与实施情况进行监督检查，评价内部控制的有效性，发现内部控制缺陷，并及时改进。

（2）内部监督与内部控制自我评价密不可分，内部监督是内部控制自我评价的直接依据和底稿来源，而内部控制自我评价是内部监督的成果表现。内部监督的主要目的是检查内部控制是否存在缺陷，而内部控制缺陷又是影响内部控制有效性的不利因子，一旦出现一处重大缺陷，内部控制自我评价报告将会出现内部控制无效的结论。

2.答：在内部控制体系框架内，企业各层级监督主体通过遵循风险导向原则和成本效益原则，优化内部监督的责、权、利配置，合理分配内部监督资源和能力，以各监督机构的有机协调为路径，以内部控制自我评价为主要手段，从而实现内部监督目标。

3.答：内部监督的程序如下：

（1）建立健全内部监督制度。内部监督制度主要内容包括但不限于：明确监督的组织架构、岗位设置、岗位职责、相关权限、工作方法、信息沟通的方式以及各种表格及报告样本等。

（2）制定内部控制缺陷标准。内部控制缺陷是指内部控制的设计存在漏洞,不能有效防范错误与舞弊,或者内部控制的运行存在弱点和偏差,不能及时发现并纠正错误与舞弊的情形。内部控制缺陷的认定大致可以分为三个层次:有无内部控制缺陷、有无重要内部控制缺陷、有无重大内部控制缺陷,以上三个层次是按照内部控制缺陷的重要程度来划分的,与之相对应,内部控制缺陷可以分为一般缺陷、重要缺陷和重大缺陷。按照缺陷的来源,内部控制缺陷也可分为设计缺陷与执行缺陷。

(3)实施监督。对内部控制建立与实施情况进行监督检查,最直接的动机是查找企业内部控制存在的问题和薄弱环节。一方面,针对已经存在的内部控制缺陷,及时采取应对措施,减少内部控制缺陷可能给企业带来的损害。另一方面,针对潜在的内部控制缺陷,采取相应的预防性控制措施,尽量限制缺陷的产生,或者当缺陷发生时,尽可能降低风险和损失。对于为实现单个或整体控制目标而设计及运行的控制不存在重大缺陷的情形,企业应当认定针对这些整体控制目标的内部控制是有效的。对于为实现某一整体控制目标而设计及运行的控制存在一个或多个重大缺陷的情形,企业应当认定针对该项整体控制目标的内部控制是无效的。

(4)记录和报告内部控制缺陷。企业应当以书面或者其他适当的形式,妥善保存内部控制建立与实施过程中的相关记录或者资料,确保内部控制建立与实施过程的可验证性。按照内部控制要素分类,相关文档记录包括:内部环境文档、风险评估文档、控制活动文档、信息与沟通文档和内部监督文档。企业应制定相关的管理规定,明确缺陷报告的职责、报告的内容,对缺陷报告程序及跟进措施等方面进行规范。内部控制缺陷报告对象至少应包括与该缺陷直接相关的责任单位、负责执行整改措施的人员、责任单位的上级单位。针对重大缺陷,内部监督机构有权直接上报董事会、审计委员会和监事会。

(5)内部控制缺陷整改。通过内部监督,可以发现内部控制建立与实施过程中存在的问题和缺陷,进而采取相应的整改计划和措施,切实落实整改,改进内部控制系统。

4.答:(1)内部监督的方式有两种,即日常监督和专项监督。在日常工作中,两种监督方式应彼此配合,以实现最优的监督效果。

日常监督是指企业对建立与实施内部控制的情况进行常规、持续的监督检查。日常监督通常存在于单位基层管理活动之中，能较快地辨别问题，日常监督的程度越大，其有效性就越高，则企业所需的专项监督就越少。

专项监督是指在企业发展战略、组织结构、经营活动、业务流程、关键岗位员工等发生较大调整或变化的情况下，对内部控制的某一或者某些方面进行有针对性的监督检查。

（2）日常监督的主体一般分为管理层监督、单位（机构）监督、内部控制机构监督、内部审计监督等。董事会和经理层等管理层充分利用内部信息与沟通机制，通过种种措施获取适当的、足够的相关信息来验证内部控制是否有效设计和运行，并对日常经营管理活动进行持续监督。企业所属单位及内部各机构采取种种措施定期对职权范围内的经济活动实施自我监督，向经理层直接负责。有条件的企业应当设置专门的内部控制机构。内部控制机构结合单位（机构）监督、内外部审计、政府监管部门的意见等情况，根据风险评估结果，对企业认定的重大风险的管控情况及成效开展持续性的监督。内部控制机构还可以通过内部控制自我评估的方法，召集有关管理层和员工就企业内部控制制度设计和执行中存在的特定问题进行面谈和讨论，同时可以通过开展问卷调查和管理结果分析等方式进行监督测试。内部审计机构接受董事会或经理层委托，通过种种措施对日常生产经营活动实施审计检查。

参与专项监督的人员必须具备相关专业知识和一定的工作经验，且不得参与对自身负责的业务活动的评价。企业内部控制（审计）机构、财务机构和其他内部机构都有权参与专项监督工作，也可以聘请外部中介机构参与。

5.答：日常监督的具体方式包括以下几种：

（1）获得内部控制执行的证据，即企业员工在实施日常生产经营活动时，取得必要的、相关的证据证明内部控制系统发挥功能的程度。内部控制执行的证据包括：企业管理层搜集汇总的各部门信息、出现的问题，相关职能部门进行自我检查、监督时对发现问题的记录及解决方案等。

（2）内外信息印证。内外信息印证是指来自外部相关方的信息支持内部产生的结果或反映出内部的问题。主要包括来自监管部门的信息和来自客户的信息。来自监管部门的信息是指企业接受监管部门的监督，汇总、分析监管反馈信息；来自客户的信息是指企业通过各种方式与客户沟通所搜集的信息。

（3）数据记录与实物资产的核对。例如企业定期核对会计记录的数据与实物资产实有数，记录存在的差额并分析原因。

（4）内外部审计定期提供建议。审计人员评估内部控制的设计并测试其有效性，识别潜在的缺陷并向管理层建议采取替代方案，同时为作决策提供有用的信息。

（5）管理层对内部控制执行的监督。管理层主要通过以下渠道进行监督：审计委员会接收、保留及处理各种投诉及举报，并保证其保密性；管理层在培训、会议上了解内部控制的执行情况；管理层审核员工提出的各项合理建议等。

6.答：（1）专项监督的范围和频率取决于以下因素：一是风险评估的结果。重要业务事项和高风险领域所需的专项监督频率通常较高；对于风险发生的可能性较低但影响程度大的业务事项（突发事件），进行日常监督的成本很高，为此应更多地依赖专项监督。二是变化发生的性质和程度。在内部控制各要素发生变化，可能对内部控制有效性产生较大影响的情形下，企业应当组织实施独立的专项监督，分析研究该变化的影响程度。三是日常监督的有效性。日常监督根植于企业日常、反复发生的经营活动中，如果日常监督扎实有效，可以迅速应对环境的变化，对专项监督的需要程度就较低；反之，对专项监督的需要程度就较高。

（2）专项监督主要关注以下两个方面：一是高风险且重要的项目。审计部门依据日常监督的结果，对风险较高且重要的项目进行专项监督。考虑到成本效益原则，对风险很高但不重要的项目或很重要但是风险很小的项目可以减少个别评估的次数。应该将高风险且重要的项目作为评估对象。二是内部控制环境变化。当内部控制环境发生变化时，要进行专项监督，以确定内部控制是否还能适应新的内部控制环境。

7.略。

8.略。

六、案例分析题

分析提示：

中国石油监事会在"诚信、规范、公正、稳健"原则基础上，坚持会议监督和过程监督相结合、事后监督和事前事中监督相结合、财务监督和业务监督相结合的工作方式。

具体来看，中国石油成立了专门办事机构，夯实日常基础工作。现阶段，公司监事基本上都是兼职，从精力上难以保障监事会全面工作。监事会办公室作为监事会的日常办事机构，是监事会日常工作的执行者，对监事会履行职责的程度和工作水平等有着至关重要的影响。中国石油监事会办公室 2000 年 2 月份成立以来，恪尽职守，踏实苦干，不断进行工作探索和研究，以实际行动推进了监事会职能落实及各项工作的有效开展，避免了一些工作因无人落实只能停留在"口头"尴尬局面。

同时，建立较为完善的工作制度，依法规范运作。一是制定了监事会组织和议事规则，使其成为监事会日常工作开展基础性规定；二是建立监事巡视制度，为监事履行现场监督职责提供制度保障；三是制定公司监事履职管理办法，进一步规范监事履职行为；四是编制《工作手册》，使监事会及其办事机构的工作实现标准化、规范化和程序化。为把《中华人民共和国公司法》和公司章程赋予监事会的职权落到实处，探索开展了财务抽样调查、监事巡视、专项调查、专题工作研究、审阅公司财务报告、召开听证会、召开监事会会议、列席董事会会议和列席总裁班子会议等九种工作方式。

值得注意的是，中国石油监事会的工作得到了中国证券监督管理委员会和国内外学者、专家，以及新闻界的较好评价。

中国证券监督管理委员会认为："在中国上市公司监事会大部分流于形式的情况下，中国石油监事会做了大量工作，实实在在地发挥了作用。"美国安然事件后，北京大学、人民大学，以及英国加的夫大学，开始研究中国的监事会制度，并到中国石油监事会进行"实例考察"，对中国石油监事会的工作给予了高度评价，认为"有许多方面值得推广"。

对于今后的打算和设想，中国石油表示要加强公司法人治理结构理论的研究工作，理顺监督职能；多种措施并举，逐步完善监事会监督工作；加强对重大违规事项的处理力度，提高监督影响力；发挥联合监督优势，建立听证会制度；加强监事会日常办事机构建设，不断提升工作保障能力；加强业务学习培训，使监事会监督向专业化发展；明确监事提名程序，完善监事产生制度；推进监督经验交流平台建设，营造监事会监管外部大环境。

中国石油认为，监事会是公司法人治理结构的重要组成部分，监事会的工作是公司内部控制监督的一个重要内容和主体，应该得到加强。作为上市公司，应建立以监事会为中心、上下一体化的内部监督体系。尽管监事会在运作过程中从理论上和实践上还存在这样或那样的问题，应该靠政策和制度的完善加以解决，而不应简单"摒弃"或"取缔"。从国内一些上市公司监事会运作成功的经验看，只要勤勉尽职，规范运作，监事会的工作不是没有作为，而是大有作为。

第九章 内部控制评价

五、练习题

（一）单项选择题

1.C 2.B 3.A 4.A 5.D 6.D 7.A 8.B 9.A 10.C 11.A 12.B 13.A 14.C 15.C 16.D 17.A 18.D 19.C 20.A 21.D

（二）多项选择题

1.ABCDE 2.ACD 3.ABCDE 4.ABC 5.ACE 6.BCD 7.ABCDE 8.AB 9.AB 10.DE 11.AC 12.ABCDE 13.BE 14.ACD 15.ABC 16.ABC 17.ACD 18.ABCE

（三）判断题

1.× 2.× 3.× 4.× 5.× 6.√ 7.√ 8.× 9.× 10.× 11.√ 12.× 13.× 14.× 15.√ 16.× 17.× 18.× 19.× 20.√ 21.× 22.× 23.×

（四）简答题

1.答：内部控制的目标包括合规目标、资产目标、报告目标、经营目标和战略目标。因此，内部控制评价的内容应是对以上五个目标的内部控制有效性进行全面评价。

具体地说，内部控制评价应紧紧围绕内部环境、风险评估、控制活动、信息与沟通、内部监督五要素进行。

具体的内部控制评价内容可通过设计内部控制评价指标体系来确定。评价指标是对内部控制要素的进一步细化，评价指标可以有多个层级，大体可分为核心评价指标和具体评价指标两大类，企业可根据实际情况进行细分。

2.答：企业评价内部控制至少应当遵循下列原则：

（1）全面性原则。全面性原则强调的是内部控制评价的涵盖范围应当全面。具体来说，是指内部控制评价工作应当包括内部控制的设计与运行，涵盖企业及其所属单位的各种业务和事项。

（2）重要性原则。重要性原则强调内部控制评价应当在全面性的基础之上，着眼于风险，突出重点。具体来说，主要体现在制订和实施评价工作方案、分配评价资源的过程之中。它的核心要求主要包括两个方面：一是要坚持风险导向的思路，着重关注那些影响内部控制目标实现的高风险领域和风险点；二是要坚持重点突出的思路，着重关注那些重要的业务事项和关键的控制环节，以及重要业务单位。

（3）客观性原则。客观性原则强调内部控制评价工作应当准确地揭示经营管理的风险状况，如实反映内部控制设计和运行的有效性。只有在内部控制评价工作方案制订、实施的全过程中始终坚持客观性，才能保证评价结果的客观性。

3.答：个别访谈法、调查问卷法、专题讨论法、穿行测试法、实地查验法、抽样法和比较分析法。

4.答：（1）制订评价工作方案。内部控制评价机构应当以内部控制目标为依据，结合企业内部监督情况和管理要求，分析企业经营管理过程中影响内部控制目标实现的高风险领域和重要业务事项，确定检查评价方法，制订科学合理的评价工作方案，经董事会批准后实施。评价工作方案应当明确评价主体范围、工作任务、人员组织、进度安排和费用预算等相关内容。评价工作方案应以全面评价为主，也可以根据需要采用重点评价的方式。

（2）组成评价工作组。评价工作组是在内部控制评价机构领导下，具体承担内部控制检查评价任务。内部控制评价机构根据经批准的评价方案，挑选具备独立性、业务胜任能力和职业道德素养的评价人员实施评价。评价工作组成员应当吸收熟悉企业内部相关机构情况、参与日常监控的负责人或业务骨干参加。企业应根据自身条件，尽量建立长效内部控制评价培训机制。

（3）实施现场检查测试。首先，充分了解企业文化和发展战略、组织机构设置及职责分工、领导层成员构成及分工等基本情况；其次，在此基础上评价工作组根据掌握的情况进一步确定评价范围、检查重点和抽样数量，并结合评价人员的专业背景合理分工（检查重点和分工情况可以根据需要进行适当调整）；最后，评价工作组根据评价人员分工，综合运用各种评价方法对内部控制设计与运行的有效性进行现场检查测试，按要求填写工作底稿、记录相关测试结果，并对发现的内部控制缺陷进行初步认定。

（4）汇总评价结果。评价工作组汇总评价人员的工作底稿，初步认定内部控制缺陷。评价工作底稿应进行交叉复核签字，并由评价工作组负责人审核后签字确认。评价工作组将评价结果及现场评价的结果向被评价单位进行通报，由被评价单位相关责任人签字确认后，提交企业内部控制评价机构。

（5）编制企业内部控制评价报告。内部控制评价机构汇总各评价工作组的评价结果，对工作组现场初步认定的内部控制缺陷进行全面复核、分类汇总，对缺陷的成因、表现形式及风险程度进行定量或定性的综合分析，按照对控制目标的影响程度判定缺陷等级。内部控制评价机构以汇总的评价结果和认定的内部控制缺陷为基础，综合内部控制工作整体情况，客观、公正、完整地编制内部控制评价报告，并报送企业经理层、董事会和监事会，由董事会最终审定后对外披露。

（6）报告反馈与追踪。对于认定的内部控制缺陷，内部控制评价机构应当结合董事会和审计委员会要求，提出整改建议，要求责任单位及时整改，并跟踪其整改落实情况；已经造成损失或负面影响的，企业应当追究相关人员的责任。

5.答：一般来说，内部控制缺陷可按照以下标准分类：

（1）按照内部控制缺陷的成因分类，内部控制缺陷划分为设计缺陷和运行缺陷。设计缺陷是指企业缺少为实现控制目标所必需的控制措施，或现有控制设计不适当，即使正常运行也难以实现控制目标。运行缺陷是指设计有效（合理且适当）的内部控制由于运行不当（包括由不恰当的人执行、未按设计的方式运行、运行的时间或频率不当、没有得到一贯有效运行等）而影响控制目标的实现所形成的内部控制缺陷。内部控制存在设计缺陷和运行缺陷，会影响内部控制设计有效性和运行有效性。

（2）按照内部控制缺陷的性质，即影响内部控制目标实现的严重程度分类，内部控制缺陷分为重大缺陷、重要缺陷和一般缺陷。重大缺陷是指一个或多个控制缺陷的组合，可能导致企业严重偏离控制目标。当存在任何一个或多个内部控制重大缺陷时，应当在内部控制评价报告中作出内部控制无效的结论。重要缺陷是指一个或多个控制缺陷的组合，其严重程度低于重大缺陷，但仍有可能导致企业偏离控制目标。重要缺陷的严重程度低于重大缺陷，不会严重危及内部控制的整体有效性，但也应当引起董事会、经理层的充分关注。一般缺陷，是指除重大缺陷、重要缺陷以外的其他内部控制缺陷。

6.答：与财务报告内部控制相关的内部控制缺陷所采用的认定标准直接取决于由于该内部控制缺陷的存在可能导致的财务报告错报的重要程度。其中，所谓"重要程度"主要取决于两个方面的因素：①该缺陷是否具备合理可能性导致企业的内部控制不能及时防止或发现并纠正财务报告错报。②该缺陷单独或连同其他缺陷可能导致的潜在错报金额的大小。

一般而言，如果一项内部控制缺陷单独或连同其他缺陷具备合理可能性导致不能及时防止或发现并纠正财务报告中的重大错报，就应将该缺陷认定为重大缺陷。一项内部控制缺陷单独或连同其他缺陷具备合理可能性导致不能及时防止或发现并纠正财务报告中错报的金额虽然未达到和超过重要性水平，但仍应引起董事会和管理层重视，就应将该缺陷认定为重要缺陷。不构成重大缺陷和重要缺陷的内部控制缺陷，应认定为一般缺陷。

一旦企业的财务报告内部控制存在一项或多项重大缺陷，就不能得出该企业的财务报告内部控制有效的结论。因此，财务报告内部控制重大缺陷的认定十分关键，而区分一项财务报告内部控制缺陷是否构成了重大缺陷的分水岭是"重要性水平"，重要性水平之上的为重大错报，重要性水平之下的为重要错报或者一般错报。

7.答：（1）财务报告内部控制缺陷的认定步骤：

结合财务报告内部控制缺陷的认定标准，财务报告内部控制缺陷的认定步骤如下：

第一步，结合财务报告内部控制缺陷的迹象，判断是否可能存在财务报告内部控制缺陷。

第二步，确定重要性水平和一般水平，以此作为判断缺陷类型的临界值。可采用绝对金额法或者相对比例法进行确定。

第三步，抽样。按照业务发生频率的高低和账户的重要性确定抽样数量。

第四步，计算潜在错报金额。根据控制点错报样本数量和样本量，在《潜在错报率对照表》中查找对应的潜在错报率，之后统计出相应账户的同向累计发生额，计算控制点潜在错报金额。其计算公式为：

潜在错报金额=潜在错报率×相应账户的同向累计发生额

第五步，如果重要性水平和一般水平是绝对金额，那么可直接将潜在错报金额合计数与其比较，判断缺陷类型；如果重要性水平和一般水平是相对数，需进一步计算错报指标再进行比较判断。错报指标的计算公式如下，其中，分母所选用的指标应与确定重要性水平的指标保持一致。

错报指标=潜在错报金额合计数/当期主营业务收入（或期末资产）

（2）非财务报告内部控制缺陷的认定步骤：

第一步，结合相关迹象，判断是否可能存在非财务报告内部控制缺陷。

第二步，采用定性或者定量的方法确定认定标准。

第三步，根据标准分别对每起事故进行认定。

8.答：出现以下迹象之一，通常表明财务报告内部控制可能存在重大缺陷：

（1）董事、监事和高级管理人员舞弊；

（2）企业更正已公布的财务报告；

（3）注册会计师发现当期财务报告存在重大错报，而内部控制在运行过程中未能发现该错报；

（4）企业审计委员会和内部审计机构对内部控制的监督无效。

出现以下迹象通常表明非财务报告内部控制可能存在重大缺陷：

（1）违反法律、法规；

（2）除政策性亏损原因外，企业连年亏损，持续经营受到挑战；

（3）缺乏制度控制或制度系统性失效，如企业财务部、销售部控制点全部不能执行；

（4）并购重组失败，或新扩充下属单位的经营难以为继；

（5）子公司缺乏内部控制建设，管理散乱；

（6）企业管理层人员纷纷离开或关键岗位人员流失严重；

（7）被媒体频频曝光负面新闻；

（8）内部控制评价的结果特别是重大或重要缺陷未得到整改。

9.答：内部控制评价作为优化内部控制自我监督机制的一项重要制度安排，是内部控制体系的重要组成部分。对于这一定义，可从以下三个角度进行理解：

（1）内部控制评价的主体是董事会或类似权力机构；

（2）内部控制评价的对象是内部控制的有效性；

（3）内部控制评价是一个过程。

10.答：根据《企业内部控制评价指引》第二十一条和第二十二条的相关规定，内部控制评价报告一般包括以下内容：董事会声明、内部控制评价工作的总体情况、内部控制评价的依据、内部控制评价的范围、内部控制评价的程序和方法、内部控制缺陷及其认定、内部控制缺陷的整改情况、内部控制有效性的结论。

六、案例分析题

1.分析提示：

（1）企业内部控制评价是指企业董事会或类似权力机构对内部控制的有效性进行全面评价，形成评价结论、出具评价报告的过程。

内部控制评价的主体是董事会或类似权力机构。董事会对内部控制评价承担最终的责任，对内部控制评价报告的真实性负责。

内部控制评价的对象是内部控制的有效性，所谓内部控制的有效性，是指企业建立与实施内部控制对实现控制目标提供合理保证的程度。

（2）企业内部控制评价的作用：

①内部控制评价有助于企业自我完善内部控制体系。

②内部控制评价有助于提升企业市场形象和公众认可度。

③内部控制评价有助于实现与政府监管的协调与互动。

企业评价内部控制至少应当遵循下列原则：

①客观性原则。

②全面性原则。

③重要性原则。

（3）①加强员工对于内部控制的认识。一方面，应加强全体员工对内部控制的认识，提高全员参与、促进、完善内部控制的积极性。另一方面，应加强每位员工对内部控制基本原理的学习和理解，使工作流程控制、岗位分离、绩效考评等内部控制中最基本的制约和监督原则深入到员工的工作理念中，促使员工自觉执行相关岗位职责。

②完善企业内部控制的内部监督与反馈机制。首先，企业应当鼓励全员参与建立内部控制的内部监督。其次，采取适当的激励奖惩措施是完善企业内部控制的内部监督所必需的。

③由多个专业中介机构共同完成对企业内部控制的外部评价。为完整地识别企业风险，应该将企业内部控制评价分为财务部分与非财务部分，其中财务部分可以由会计师事务所完成，而非财务部分内部控制应由具备企业实践管理经验的人员或者相关领域的学者与专家来评价，这样才能够有效识别企业的风险，真正体现评价中的风险导向性原则和公允性原则。

④逐步探索企业内部控制的评价体系。企业自身也要不断积累经验，采取各种科学方式探寻适合自身特点的企业内部控制评价体系。

2.分析提示：

（1）内部控制评价的组织机构大致可以分为三个层次：内部控制评价的责任主体、内部控制评价的实施主体、其他相关部门。

①甲公司内部控制评价的责任主体是甲公司的董事会。

②甲公司内部控制评价的实施主体是内部审计部门。

③甲公司内部控制评价的其他相关部门包括甲公司的经理层、各专业部门、企业所属单位和监事会。

（2）内部控制评价程序一般包括制订评价工作方案、组成评价工作组、实施现场测试、汇总评价结果、编报评价报告等。这些程序环环相扣、相互衔接、相互作用，构成了内部控制评价的基本流程。

（3）内部控制缺陷是内部控制在设计和运行中存在的漏洞，这些漏洞将不同程度地影响内部控制的有效性，影响控制目标的实现。

按照内部控制缺陷的成因分类，内部控制缺陷包括设计缺陷和运行缺陷。

按照内部控制缺陷的性质即影响内部控制目标实现的严重程度分类，内部控制缺陷分为重大缺陷、重要缺陷和一般缺陷。

按照影响内部控制目标的具体表现形式，还可以将内部控制缺陷分为财务报告内部控制缺陷和非财务报告内部控制缺陷。

一般而言，如果一项内部控制缺陷单独或连同其他缺陷具备合理可能性，导致不能及时防止或发现并纠正财务报告中的重大错报，就应将该缺陷认定为重大缺陷。

一项内部控制缺陷单独或连同其他缺陷具备合理可能性，导致不能及时防止或发现并纠正财务报告中错报的金额虽然未达到和超过重要性水平，但仍应引起董事会和管理层重视，就应将该缺陷认定为重要缺陷。

不构成重大缺陷和重要缺陷的内部控制缺陷，应认定为一般缺陷。

（4）报告一般采用定期的方式，即企业至少应该每年进行一次内部控制评价并由董事会对外发布内部控制评价报告。年度内部控制评价报告应当以 12 月 31 日为基准日。如果企业在内部控制评价报告年度内发生了特殊的事项且具有重要性，或因为具有了某种特殊原因（如企业因目标变化或提升），需要针对这种特殊事项或原因及时编制内部控制评价报告并对外发布。这种类型的内部控制评价报告属于非定期的内部控制评价报告。

3. 分析提示：

（1）万福生科的内部控制缺陷从性质上分类属于重大缺陷，从形式上分类属于财务报告内部控制缺陷。万福生科更正了已公布的财务报告，而且 2012 年的年报存在虚假记载和重大遗漏，并出现虚增营业收入和营业利润的情况，由此可以判断其内部控制缺陷属于财务报告内部控制重大缺陷。

　　财务报告内部控制重大缺陷的认定标准：一般而言，如果一项内部控制缺陷单独或连同其他缺陷具备合理可能性，导致不能及时防止或发现并纠正财务报告中的重大错报，就应将该缺陷认定为重大缺陷。

　　重大缺陷的处理办法：对于重大缺陷，应当由董事会予以最终认定，企业要及时采取应对策略，切实将风险控制在可承受范围之内。

　　（2）根据《企业内部控制评价指引》第二十一条和第二十二条的相关规定，内部控制评价报告一般包括以下内容：

　　①董事会声明。

　　②内部控制评价工作的总体情况。

　　③内部控制评价的依据。

　　④内部控制评价的范围。

　　⑤内部控制评价的程序和方法。

　　⑥内部控制缺陷及其认定。

　　⑦内部控制缺陷的整改情况。

　　⑧内部控制有效性的结论。

4.分析提示：

　　（1）从被曝光的涉案情形来看，余思友等人的作案手法并不复杂，但需要内部多个环节互相配合，而且这样的窝案能够持续如此长时间才被发现，只能说明南航在内部管理上存在不小的问题。

　　①信息系统内部控制缺失

　　此次南航贪腐窝案在很大程度上是对信息系统监管不力造成的。首先是信息系统权限分配的设置是否合理。对销售系统中乘机人信息进行修改是该作案手段的关键节点，而此修改的权限设置是否合理成为该业务流程的重要风险点。其次，很多企业开始重视内部监察机制的建立，但是对信息系统的监控却不甚重视。拿南航贪腐窝案来说，信息系统会有操作日志，如果能定期检查操作日志，那就能发现大量的乘客信息修改操作以及其他的蛛丝马迹。

　　②权力过分集中，缺乏内部监督

　　窝案的发生往往是缺乏部门之间的权力制衡和相互监督。在国内航空公司内部，营销委相对独立，很多业务既是执行者（运动员）又是监督者（裁判员），营销委的过大权力成为贪腐窝案滋生的温床。

（2）①对于设计缺陷，应从企业内部的管理制度入手查找原因，需要更新、调整、废止的制度要及时进行处理，并同时改进内部控制体系的设计，弥补设计缺陷。对于运行缺陷，则应分析出现的原因，查清责任人，并有针对性地进行整改。

②对于重大缺陷，应当由董事会予以最终认定，企业要及时采取应对策略，切实将风险控制在可承受范围之内。对于重要缺陷和一般缺陷，企业应当及时采取措施，避免发生损失。

③企业应当编制内部控制缺陷认定汇总表，结合实际情况对内部控制缺陷的成因、表现形式和影响程度进行综合分析和全面复核，提出认定意见和改进建议，确保整改到位，并以适当形式向董事会、监事会或者经理层报告。

5.分析提示：

（1）第一项工作存在不当之处。

不当之处：经理层对内部控制有效性负全责，审计部审定内部控制重大缺陷。

理由：董事会对建立健全和有效实施内部控制负责以及审定内部控制重大缺陷。

（2）第二项工作存在不当之处表现。

①不当之处：组织架构相关内容不纳入公司层面评价范围。

理由：组织架构是内部环境的重要组成部分，直接影响内部控制的建立健全和有效实施，应当纳入公司层面评价范围。

②不当之处：在实施业务层面评价时，主要评价上海证券交易所重点关注的对外担保、关联交易和信息披露等业务。

理由：业务层面的评价应当涵盖公司各种业务和事项（或体现全面性原则），而不能仅限于上海证券交易所关注的少数重点业务事项来展开评价。

③不当之处：为了减轻评价工作对正常经营活动的影响，在本次内部控制评价中，仅采用调查问卷法和专题讨论法实施测试和评价。

理由：评价过程中应按照有利于收集内部控制设计、运行是否有效的证据的原则，考虑所收集证据的适当性与充分性，综合运用评价方法。

（3）第三项工作存在不当之处。

①不当之处：现场评价报告无须和被评价单位沟通。

理由：现场评价报告应向被评价单位通报。

②不当之处：现场评价报告只需评价工作组负责人审核、签字确认后报审计部。

理由：现场评价报告经评价工作组负责人审核、签字确认后，应由被评价单位相关责任人签字确认后，再提交审计部。

（4）第四项工作存在不当之处。

不当之处：对于重大缺陷及其整改情况，只进行内部通报，不对外披露。

理由：对重大缺陷及其整改情况，必须对外披露。

（5）第五项工作存在不当之处。

不当之处：会计师事务所的内部控制审计重点审计该公司内部控制评价的范围、内容、程序和方法等。

理由：会计师事务所实施内部控制审计，可以关注、利用上市公司的评价成果，但必须按照《企业内部控制审计指引》的要求，对被审计上市公司内部控制设计与运行的有效性进行独立审计，不能因为被审计上市公司实施了内部控制评价就简化审计的程序和内容。

6.分析提示：

（1）事项存在缺陷。

理由：①总经理过于冒进，在对期货交易不十分了解的情况下，就进行大额投资。对大额投资，公司缺乏相关控制，未对期货交易的风险进行正确评估。②董事会未履行相关的职责，没有很好地监督管理层。重大投资项目，应当按照规定的权限和程序实行集体决策或者联签制度。

（2）事项存在缺陷。

理由：

①投资决策控制存在缺陷，重大投资项目应当按照规定的权限和程序实行集体决策或联签制度。②未对投资项目进行可行性研究。③资产投出环节的控制存在缺陷。没有投资合同，不得对外拨付资金。

（3）事项存在缺陷。

理由：资产保护控制未得到执行，应当严格限制未经授权的人员直接接触资产。

（4）事项存在缺陷。

理由：采购环节的验货付款控制未得到执行。企业应当建立科学的供应商评估与准入制度以及严格的采购验收制度。

（5）事项存在缺陷。

理由：①按照内部控制制度的要求，出纳人员只是不得兼任收入、支出、费用、债权债务账目的登记工作，但可以兼任现金日记账等账目登记工作。②严禁将办理资金业务的相关印章和票据集中一人保管。

（6）事项存在缺陷。

理由：对于重大担保业务，应当报经董事会或类似权力机构批准。

（7）事项存在缺陷。

理由：应当就内部控制的日常监控情况向董事会做书面报告，而不仅仅是口头说明。

（8）事项存在缺陷。

理由：①存货盘点的内部控制制度执行不利。即使是下大雪，也应当在雪融化后，及时盘点或者实行替代审计程序，而不能直接确认会计记录的数据。②根据内部控制制度的要求，企业至少应当于每年年度终了开展全面盘点清查。

第十章　内部控制审计

五、练习题

（一）单项选择题

1.A　2.B　3.A　4.C　5.B　6.D　7.D　8.C　9.C　10.C　11.C　12.C　13.A

（二）多项选择题

1.ABCDE　2.ACDE　3.ABCDE　4.BCDE　5.AC　6.ABCDE　7.AB　8.ABCDE　9.ABD　10.ABD　11.AD　12.ABCD　13.BC　14.ABCD　15.ABCDE　16.CD　17.ABDE　18.ABCDE　19.ACDE　20.DE

（三）判断题

1.√　2.√　3.×　4.√　5.√　6.√　7.√　8.×　9.×　10.√　11.×　12.×　13.√　14.√　15.×　16.×

(四) 简答题

1.答：一是注册会计师的胜任能力。注册会计师的领域主要在会计、审计、税法、财务管理、公司战略、财务报告内部控制等方面。对于其他领域的内部控制，超出了注册会计师的知识、技能和经验，需要其他领域的专家进行鉴证。

二是成本效益的约束。注册会计师对财务报告内部控制的审计带来巨大的效益，推进了公司治理和内部控制的完善，提高了财务报告质量；但巨大的收益也伴随着巨大的成本，执行财务报告内部控制审计的费用超出了预期，大幅增加了企业的成本。因此，如果将内部控制审计的范围扩展至其他方面，势必进一步加剧审计的成本效益矛盾。

三是投资者的需求。注册会计师对内部控制进行审计的主要目的是满足投资者等信息使用者的需求，保护投资者权益。如果财务报告内部控制有效，可以使投资者对上市公司财务报告的可靠性有更多的信心，从而帮助投资者进行投资决策。

四是对非财务报告内部控制审计的做法。从国外的情况看，内部控制审计主要局限在财务报告内部控制。目前国际上尚未形成对非财务报告内部控制有效性进行评价的依据或标准，在判断上存在较大的主观因素，结果缺乏可比性，对投资者的影响也很不确定。

2.答：财务报告内部控制审计的目标是对公司财务报告内部控制的有效性发表意见。如果存在重大缺陷，则被审计单位的财务报告内部控制是无效的。因此，注册会计师必须计划并执行审计，以取得在管理层评估日被审计单位内部控制是否存在重大缺陷的证据。

3.答：在实施审计工作阶段，按照自上而下的方法，注册会计师的工作主要包括从财务层面初次了解内部控制整体风险，识别与评价企业层面控制，识别重要账户、列报及其相关认定，了解错报的可能来源，选择拟测试的控制，测试控制设计的有效性，测试控制运行的有效性。

4.答：财务报告内部控制缺陷的处理：注册会计师在已执行的有限程序中发现财务报告内部控制存在重大缺陷的，应当在内部控制审计报告中对重大缺陷作出详细说明。

非财务报告内部控制缺陷的处理：

（1）注册会计师认为非财务报告内部控制缺陷为一般缺陷的，应当与企业进行沟通，提醒企业加以改进，但无须在内部控制审计报告中说明。

（2）注册会计师认为非财务报告内部控制缺陷为重要缺陷的，应当以书面形式与企业董事会和经理层沟通，提醒企业加以改进，但无须在内部控制审计报告中说明。

（3）注册会计师认为非财务报告内部控制缺陷为重大缺陷的，应当以书面形式与企业董事会和经理层沟通，提醒企业加以改进；同时应当在内部控制审计报告中增加"非财务报告内部控制重大缺陷描述段"，对重大缺陷的性质及其对实现相关控制目标的影响程度进行披露，提示内部控制审计报告使用者注意相关风险。

5.答：我国《企业内部控制审计指引》指出，内部控制审计报告分为四种类型：标准内部控制审计报告、带强调事项段的无保留意见内部控制审计报告、否定意见内部控制审计报告和无法表示意见内部控制审计报告。

当注册会计师出具无保留意见的内部控制审计报告不附加说明段、强调事项段或任何修饰性用语时，该报告成为标准内部控制审计报告。

注册会计师认为财务报告内部控制虽不存在重大缺陷，但仍有一项或者多项重大事项需要提醒内部控制审计报告使用人注意的，需要在内部控制审计报告中增加强调事项段予以说明。注册会计师需要在强调事项段中指明，该段内容仅用于提醒内部控制审计报告使用者关注，并不影响对财务报告内部控制发表的审计意见。

注册会计师认为财务报告内部控制存在一项或多项重大缺陷的，除非审计范围受到限制，需要对财务报告内部控制发表否定意见。注册会计师出具否定意见的内部控制审计报告，还需要包括重大缺陷的定义、重大缺陷的性质及其对财务报告内部控制的影响程度。

注册会计师只有实施了必要的审计程序，才能对内部控制的有效性发表意见。注册会计师审计范围受到限制的，需要解除业务约定或出具无法表示意见的内部控制审计报告，并就审计范围受到限制的情况，以书面形式与董事会沟通。

六、案例分析题

1.分析提示：

（1）会计人员乙同时登记产成品总账和明细账，不相容职务未进行分离。应建议Y公司由不同的会计人员登记产成品总账和明细账。

（2）验收单未连续编号，不能保证所有的采购都已记录或不被重复记录。应建议Y公司对验收单进行连续编号。

（3）付款凭单未附订购单及供应商的发票等，会计部无法核对采购事项是否真实，登记有关账簿时，在金额或数量上可能就会出现差错。应建议ABC公司将订购单和发票等付款凭单一起交会计部。

（4）会计部月末审核付款凭单后才付款，未能及时将材料等采购、债务登账和按约定时间付款，应建议Y公司采购部及时将付款凭单交会计部，按约定时间付款。

（5）银行出纳员编制银行存款余额调节表，不相容职务未能分离，凭证和记录未得到控制。应建议Y公司银行存款余额调节表由出纳以外的会计人员编制。

2.分析提示：

（1）属于重大控制缺陷，应出具否定意见的内部控制审计报告。

（2）略。